荷李活道

尋覓往日風華

主編

鄭宏泰　周文港

中華書局

編按：

本書封面照片別具意義，中華書莊雖不是中華書局，但原來以「中華」商號經營文化事業者，曾在1920年代落腳於荷李活道。相中筆誤「HOLLEYWOOD R.D.」，甚有錯體郵票或鈔票價值不菲的意味。足見此照片讓人倍覺珍貴。

封底照片同樣十分具有時代意義，既有1880年代大館往日風華，亦有當時警隊步操的場景，令我們撫今追昔之時，更加思潮起伏、感慨良多。

（圖片提供：高添強）

插扉圖片：

第一篇：荷李活道的歷史見證：從開埠到抗戰
1905年位於荷李活道與鴨巴甸街交界的街皇仁書院（圖片提供：皇仁書院校史館）

第二篇：八面玲瓏的社會精英：跨國集團與文化商人
1920年代的荷李活道（圖片提供：高添強）

第三篇：東方之珠的神秘幽微：監獄、公廁、廟宇與妓院
由差館上街西望荷李活道（圖片提供：鄭寶鴻）

目　錄

前言

令人入迷的荷李活道

對不少非本地人而言，香港很多街道的中文名稱可謂千奇百怪，有些由洋人名字或外文翻譯過來的，尤其發人深思、引人入勝，就算是本地人相信亦對其了解不多，所知有限。在云云街道中，荷李活道（Hollywood Road）便是其中之一。英國軍隊於 1841 年 1 月侵佔香港島，在水坑口登陸不久，便開始修築幹線道路，大有中國民間俗語的「路通財通」意味，荷李活道則成為其中一條香港開埠後隨即修築的重要道路。

相對於同樣屬開埠初期修築的道路，如皇后大道、德輔道、羅便臣道、般咸道，甚至是堅道、亞厘畢道等容易讓人知悉到底是為了紀念何人的街道名字，荷李活道的名稱，顯然帶有不少神秘色彩。不但對於所欲紀念者到底是何許人所知不多，就連以此命名所欲何事亦知之有限。坊間更不乏按字面推斷之說，甚至指是因當年該處生長了不少冬青樹（Holly）之故。

對此，香港歷史博物館前總館長丁新豹博士曾指出，「荷李活」的名字，應是為了紀念第二任港督戴維斯（John F. Davis）。因他的封邑在「荷李活」，銜頭則為 Davis Baronets, of Hollywood。這一說法無疑更接近事實，符合情理，但為甚麼他不像其他港督或官員般「行不改名、坐不改姓」，採用本名為街道命名呢？坊間顯然再沒解釋。

　　資料顯示，漢學根底深厚的戴維斯，擔任港督期間，社會治安惡劣、經濟貿易陷於低谷，政府財政緊拙。為此，他任內先後以提升地稅、專利稅、財產稅等不同方法增加庫房收入，惟這樣卻被指是針對有錢一群，令當時的英商十分不滿，覺得他領導無方，批評甚烈。戴維斯則認為商人財大氣粗、貪得無厭，並對他們的不滿和抗議視若無睹，政商關係自然惡劣，甚至勢成水火。在這種背景下，要將當時一條僅次於皇后大道的主幹線道路，直接以戴維斯的名字命名，以茲紀念，或者會令那些掌握當時香港經濟與財政命脈、又可進言直達倫敦政府的英商們更為反感，因而作出阻撓或者破壞。以封邑命名，而非戴維斯之名，看來應是各方各讓一步的「折衷式」安排。到底真實情況是否如此？相信沒人可以提出確實答案，所以很可能成為一則「歷史懸案」。

　　這樣一條連名字也充滿疑竇的街道，所揭示或折射的，不只有香港開埠初期的社經狀況和政商關係糾纏，還有香港日後的城市發展、經濟騰飛、社會變遷和文化多元等內涵，因為荷李活道沿香港島北海岸線由東向西延伸，東端是港英政府的管治核心，西端是華人聚集的民間社會，中間有無數各式各樣不同種類的大小店舖，以及不同族群、信仰與社會背景者的大小民居，彼此在明在暗間相信曾經發生微妙而奇特的交往互動。無論是店舖或民居，那怕空間不大，生活條件未必如今天般豐厚優裕，卻可和諧相處，譜寫了史詩式的社區發展歷史，同時亦推動了香港經貿商業和社會的不斷發展，成為以華洋雜處聞名的香港一大特色。

　　對於這條讓人入迷的街道，儘管過去曾有不少介紹和探索，卻仍未得圓滿，因為總是側重社會制度或建築物構造那些冰冷事物之上。有鑑於此，在黃紹倫教授帶領下，我們的研究團隊在完成一個階段性、有關華人家族企業

發展的研究與公開講座後，在 2017 年作出新嘗試，以香港中文大學香港亞
太研究所、嶺南大學潘蘇通滬港經濟政策研究中心、嶺南大學中國經濟研究
部和香港歷史博物館聯合舉辦的模式，於該年 12 月連續三個周末的下午，
舉行三場公開講座，集中探索香港島由中環伸延到上環的那條帶有謎般色彩
的荷李活道。主題或視角則是那些曾在荷李活道上留下足跡，身處不同時
代、階層、種族或性別的大小人物，目的是藉着他們的傳奇故事與經歷，訴
說香港社會的起落興替，從而折射中華大地、亞洲，乃至全世界的彼此相連
和巨大社會變遷。

令人驚喜的是，這次新嘗試獲得了極好的反應，不但三場演講均座無虛
席，其中一場更要另闢課室，以視像「直播」的方式招待向隅的民眾，各方
面的好評與稱頌紛至沓來，可見市民對於身邊社區的人物故事與變遷興趣甚
為濃厚，亦說明以人物故事為切入點的歷史與文化分析，更加有血有肉和更
有吸引力，所以值得日後作更多推廣。

一如過往，為了讓更多民眾可以了解我們的研究成果，知悉香港歷史、
社會和文化的發展進程與特質，我們將講座中發表的文章輯錄成書，交付中
華書局（香港）有限公司出版，與更多有興趣了解當中各個故事的讀者們
分享。

本書收錄九篇文章，藉不同人物或群體的故事，訴說他們和荷李活道，
乃至於香港社會的淵源和關係。由黃文江博士撰寫的〈理雅各與荷李活道社
區〉中，對活躍於香港殖民地奠基發展時期的理雅各，一一描繪出他在荷李
活道上的貢獻，認為他帶動了香港的文化和社會發展，聯繫了中國與世界的
交流，影響深遠。黃博士更認為，從宗教研究的角度而言，理雅各和荷李活
道社區的故事，是個人信仰的社區見證、宗教傳播與社會發展的互動關係。

從社會學的視角而言，理雅各和荷李活道社區的故事是社會領袖與社區的動態關係。從歷史學的視角而言，黃博士更認為理雅各和荷李活道社區的故事，是了解近代史上中外文化交流與互動的縮影和重要線索，文中對理雅各作了高度評價。

由許楨博士撰寫的〈皇仁書院畢業生黃作梅與香港抗戰〉中，他對黃作梅 —— 這一位曾就學於「荷李活道 — 鴨巴甸街」時期皇仁書院舊生的一生，娓娓道來。許博士認為，皇仁書院是一所特別而人才輩出的中學，和眾多參與自清末以降歷次革命的皇仁書院先輩一樣，黃作梅也由此走上內地與香港的政治舞台。在短促而又豐富的 39 年當中，黃氏的生與死，貫穿了從戰爭到和平，以及中國並不平凡的現代化歷程。從戰時到戰後、從戰場到商場，香港始終是中國與世界及英美的超級聯繫人；七十多年前，黃作梅和港九大隊所領導的情報和救援行動，跨越了膚色和政治信仰界限，成為國際人道主義合作重要一環，是值得港人銘記的和平功臣。

我們業師黃紹倫教授撰寫的〈英商、印商抑或巴斯商人：塔塔集團在荷李活道的早期足跡〉中，介紹了創立於 1868 年、至今已有 150 年歷史的塔塔集團；但較少為人所知的，是它在創立初期的 50 年間，和香港有頗密切的關係。塔塔集團今日揚名世界，但它的早期經歷，卻在香港的集體記憶中隱沒無聞。不過，塔塔集團早期事跡在香港記憶中淡出，只是第二次世界大戰以後的狀況。在香港淪陷之前，塔塔集團在香港仍然享負盛名。在這篇論文中，黃教授重新把塔塔集團在香港的發展歷史呈現出來。至於塔塔集團之後何故在港日漸隱沉，文中更以引人入勝的筆法讓讀者深入了解，值得細閱。

第四篇為李建深博士撰寫的〈荷李活道與文物交易〉，此文以結合近、現代中國和香港發展史的角度，對中國內地文物的流出與香港當時的角色，

做了一次極為仔細的分析。李博士認為，研究荷李活道的交易史，可以讓我們更好地了解 20 世紀中後期中國藝術品的集散過程、歐美日等地收藏中國藝術品的過程、世界著名收藏家和收藏機構的發展歷史。這對於研究中國藝術品的收藏歷史，乃至全世界的收藏史，都有着重大的貢獻；而收藏史則是全球政治、經濟、軍事的風向標，對揭示全球治亂、財富流向的歷史，有莫大關聯。文中對過去曾在荷李活道出現過的不同文物，作出細緻分類和分析，值得入門者深入了解。

作為一位一直努力不懈於研究華人華僑史的青年學者，閻靖靖博士撰寫的〈紅塵裏的遠親近鄰：《華僑日報》與岑氏父子的一個世紀〉中，點出了荷李活道一個影響香港以至中國報業非常深遠的數據：《明報周刊》曾做過統計，自 1850 年以降，先後有數以百計的報館坐落於荷李活道。在這許多報館當中，閻博士選取《華僑日報》作為代表 —— 它創刊於 1925 年、停刊於 1995 年，橫跨 70 載歲月，並且是本地第一份每日出版的日報，在日據時期亦持續印行，綿長而連續地記載了香港社會的變遷，是一份陪伴香港由亂到治、從衰轉盛的報章。該文回顧岑氏父子與《華僑日報》在這一個世紀的榮辱浮沉，梳理那些起落所依附的時事脈絡，並由此透視香港在鄰近幾個政權與華人社會之間的種種政治拉扯與親疏關係。該文尤其值得未了解香港紙媒發展重要性的年青朋友認真閱讀，補回香港報紙以至文化出版界發展史這重要一課。

孫文彬博士撰寫的〈域多利監獄中的胡志明案：背後的較量〉中，通過對不同史料的綜合分析，對 1930 年代初越南共產黨領袖胡志明曾兩度在香港遭捕，並曾遭囚禁於荷李活道 10 號「中區警署建築群」中域多利監獄的遭遇，與讀者一起回憶。孫博士認為，胡志明是聞名歐亞的革命者、共產國際

在亞洲的關鍵人物，同時還是堅定的反對殖民統治的愛國者。這樣一個穿梭於東南亞傳播愛國思想、鼓動革命、謀劃推翻殖民統治的人，是英法殖民政府都嚴加防範和痛恨的人物。那麼，他在香港是如何被捕、又如何能虎口脫險呢？到底是哪些因素的共同作用，使他逃過這一劫難？本文藉着回顧胡志明在港被捕、入獄、上庭及脫險的過程，把整個故事放入歷史脈絡之中，並嘗試從資本主義與社會主義兩大陣營較量的思路作出梳理。

莊玉惜博士撰寫的〈以經濟角度管理公共衛生：造就「公廁大王」點糞成金〉中，以糞為題，別出心裁且相當系統地指出能夠帶來巨大利潤的糞廁，成就了殖民地的主要公廁制度；官商在糞便收益上分享着共同利益，作為一門生意，衛生顯然為次要。話雖如此，在荷李活道設廁雖以利益出發，但畢竟為當區衛生提供了基本保障。在利潤驅使下，公廁不一定為公眾利益而設，而是充作糞便收集站，正正因為有利可圖，為殖民政府解決了公共衛生問題，節省了不少公帑和土地。一言以蔽之，商業公廁盛行實為多種條件組合而成：（1）歐洲人尤其是軍人在疫症中死亡比率偏高，觸發英國政府對疾病傳染的恐懼；（2）適逢順德與國際絲綢市場接軌，對優質糞便有所需求，為過剩的香港糞便提供出路，亦激發港商經營商業公廁；（3）蓬勃的地產市場，令公廁租金上揚，吸引地產商或地主大舉進入商業公廁市場，各取所需。就在這些不同條件組合下，商業公廁大行其道，營辦者和地主均從中獲利，甚而致富。以經濟角度管理公廁，大大複雜化了官商在城市公共衛生管治上的角色，但同時亦讓一大批在糞便堆中謀生的商人富起來。所以說行行可以出狀元，不是沒有可能。

由鄭宏泰博士、鄭心翹小姐合寫的〈暴發速亡的盧亞貴與文武廟〉中，書寫了一位從致富到敗亡步伐急速，且充滿神秘色彩的「時代人

物」——盧亞貴，因他牽頭創立了文武廟，在當時亦被視為社會領袖，主持了不少公眾會議。文武廟既見證不少人——如盧亞貴——在香港社會的暴發速亡，亦見證無數家族在香港書寫傳奇，更見證了殖民地政府管治哲學與施政理念的特質和變遷。盧亞貴是一位極具爭議性的人物，因他曾被滿清政府指為漢奸，又認為他當過海盜，但卻成為香港開埠初期「居於華人社會與殖民地統治者之間最有權力的中間人」。文武廟的興建，看來應是用來塑造盧亞貴在華人社會中的領袖角色與形象，為政治吸納製造理由。然而，文武廟的興建卻無助盧亞貴「洗底」（即以捐獻方式清洗過去的不良公眾形象），究竟盧亞貴的爭議和傳奇之處為何？值得我們深入閱讀了解。

本書的最後一篇，鄭宏泰博士撰寫的〈青樓妓院：遊走於燈紅酒綠的何娣顏〉中，回顧了在港英時期香港的娼妓行業歷史。鄭博士認為，娼妓行業曾在這個前英國殖民地合法經營了接近一個世紀，雖然因此而衍生出不少問題，卻同時為這個缺乏天然資源的城市注入經濟活力、創造財富，以及讓當時人口結構嚴重失衡的社會解決了不少問題。與此同時，其發展歷程又記錄了無數婦女走過辛酸苦澀但又充滿傳奇的道路。此外，娼妓業亦有不少鮮為人知的社會生活和社會關係。該文利用各種檔案資料和紀錄，就行業帶來的利弊與時代背景作了深入的探討和分析。

對於講座能夠圓滿完成、此書能夠出版，要特別鳴謝研究助理梁凱淇小姐和李明珠小姐兩位的全力籌辦、安排，以及出版時的用心校對。其次，亦要感謝鍾雪怡小姐、俞亦彤小姐、甄定軒先生、譚永康先生、吳彥龍先生等的幫忙協助，他們為了搜集資料與支援講座，努力不懈，我們心存感激。此外，十分感謝西門菲沙大學心理學榮休教授 Marilyn Laura Bowman、倫敦大學亞非學院、世界傳道會、陳天權先生、鄭寶鴻先生與高添強先生慷慨提供

照片和圖片，好讓讀者能夠從文字以外，也能感受到當時荷李活道的繁榮昌盛；亦衷心感謝皇仁書院校史館（http://www.qc1862.org）榮譽館長余尚賢先生與榮譽助理館長（藏品及研究）郭浩揚先生熱心提供皇仁書院的歷史圖片，以及校友黃作梅學生時代的珍貴照片和校刊《黃龍報》之有關報道，使大家能從照片中看到當時荷李活道上具文化素養的一面。最後，更要感謝香港中文大學副校長暨香港亞太研究所聯席所長張妙清教授和嶺南大學社會科學院院長、潘蘇通滬港經濟政策研究中心主任暨中國經濟研究部總監魏向東教授等的大力支持，使本系列講座及出版得以成功舉辦和完成。

出版本書期間，儘管我們已經努力校訂和增補，礙於才疏學淺所限，難免可能出現一些糠粃錯漏，敬請各家專家、學者、相關家族的後人和普羅讀者見諒。如蒙惠賜南針，請致函香港沙田香港中文大學利黃瑤璧樓五樓香港亞太研究所（或電郵 vzheng@cuhk.edu.hk）予宏泰，又或者致函至香港屯門嶺南大學新教學大樓三樓 NAB321 室中國經濟研究部（或電郵 mkchow2@ln.edu.hk）與文港聯絡。

鄭宏泰、周文港

2018 年 6 月

作者簡介 （按筆劃順序排名）

李建深

2015 年從美國普林斯頓大學藝術與考古系取得博士學位，現於香港浸會大學歷史系任職助理教授，興趣範圍包括藝術史、考古等，以及結合科研創新的人文研究。

孫文彬

香港大學香港人文社會研究所榮譽研究員。於英國布里斯托大學（University of Bristol）獲碩士和博士學位，專修社會學。曾先後任職於香港大學亞洲研究中心、香港大學人文社會研究所和香港特區政府中央政策組，從事中國內地社會經濟發展等學術研究，以及香港在國家發展戰略中的角色、香港與內地的關係、香港管治和社會發展等議題的政策研究。現任職於團結香港基金。

莊玉惜

香港大學社會學博士，現任香港中文大學亞太研究所副研究員，同時為

香港文物保護師學會專業會員，主要從事城市管治、公共衛生、小販政策、客家社團等研究，著有《街邊有檔報紙檔》、《香港棉紡世家：識變、應變和求變》及《有廁出租：政商共謀的殖民城市管治（1860－1920）》等。

許楨

倫敦政經學院社會科學碩士、香港大學亞洲研究中心博士，現任香港中文大學未來城市研究所管理委員會副主席、香港智明研究所研究總監。研究範疇包括：

（一）城市學及土地經濟：法蘭克福學派及社會市場經濟（SOME）、地稅、老齡化社會、印太城市網絡；（二）國際關係：中美經貿關係、印太安全形勢、台港政黨發展及選舉政治；（三）中國歷史：中古史、北亞及中亞遊牧民族史、香港抗戰史。曾先後於中大全球政治經濟社會科學碩士課程、港大 SPACE 中國商業學院任教。政經社評論見諸：新華社、中國中央電視台（CCTV）、英國廣播公司（BBC）、德國之聲（Deutsche Welle）、今日俄羅斯（RT）、自由亞洲電台等媒體。

黃文江

香港浸會大學歷史系副教授，講授香港歷史、口述歷史、中港時事選論、中國研究導論等科目。先後出版中、英文專書和論文集二十種，論文四十餘篇。專著包括：《跨文化視野下的近代中國基督教史論集》（2006）、*For the Future: Sir Edward Youde and Educational Changes in Hong Kong*（2007）；合編：《香港社會與文化史論集》（2002）、《法流十道：近代中

國基督教區域史研究》（2013）、《變局下的西潮：基督教與中國的現代性》（2015）、《恆與變之間：1949 年以來的中國基督教史論集》（2017）、*A Documentary History of Public Health in Hong Kong*（2018）；合著：《篤信力行 —— 香港浸會大學五十年》（2006）、《香港浸會大學六十年發展史》（2016）、*Health Policy and Disease in Colonial and Post-colonial Hong Kong, 1841-2003*（2016）等。論文見於下列國際期刊：*Monumenta Serica - Journal of Oriental Studies*（德國）、*Studies in World Christianity*（英國）、*International Bulletin of Missionary Research*（美國）、*Fides et Historia*（美國）、*Comparative Civilizations Review*（美國）、*China: An International Journal*（新加坡）、《東方學志》（南韓）、*Christianity and History in Korea*（南韓）、*KIATS Theological Journal: Journal of the Korea Institute for Advanced Theological Studies*（南韓）、《外交評論》（中國）等多種。

黃紹倫

香港樹仁大學校務委員會主席（2010－2017 年）、香港大學榮休社會學講座教授、香港中文大學香港亞太研究所榮譽高級研究員、香港中文大學中國文化研究所當代中國文化研究中心榮譽高級研究員、香港大學香港人文社會研究所（亞洲研究中心）名譽教授等。先後在香港大學及香港中文大學取得社會學學士及碩士，之後負笈英國牛津大學，獲得文學碩士及哲學博士學位，曾擔任香港大學亞洲研究中心主任。除華人家族企業外，主要從事企業家精神、商業網絡、華人社會文化、移民現象、香港社會調查與分析、中國社會學的發展等研究。

鄭心翹

現就讀香港大學法律學院，主要研究方向為公司法、遺囑與信託法，並對家族企業的發展與傳承甚有興趣，經常參與其中。

鄭宏泰

現任香港中文大學香港亞太研究所助理所長、香港中文大學全球中國研究計劃總監、香港中文大學社會與政治發展研究中心聯席主任、香港中文大學中國文化研究所當代中國文化研究中心副主任、香港大學人文社會研究所名譽助理教授。在香港大學先後考獲工商管理學士、哲學碩士及哲學博士學位，主要從事華人家族企業、企業家精神與社會網絡、華人社會變遷與身份認同、香港金融市場變革與發展研究、香港和澳門社會調查與分析，以及中國軟實力與一帶一路研究等。

閻靖靖

香港智明研究所數碼媒體經理。北京大學新聞與傳播學院學士，香港大學亞洲研究中心碩士及博士。時事評論文章散見於香港《亞洲週刊》、《明報》、《蘋果日報》、中國內地《南方週末》、馬來西亞《燧火評論》、《當代評論》等媒體。同時從事漫畫創作。研究及創作興趣包括華人移民、文化產業、飲食文化等。

第一篇

荷李活道的歷史見證：

從開埠到抗戰

理雅各與荷李活道社區

—— 黃文江

前言

理雅各牧師（Rev. James Legge，1815－1897）翻譯的中國經典是多年來西方認識中國文化的媒介，留名歷史。關於他的生平事跡，頗為引人注目的是他出任首位牛津大學漢學教授的二十多年教研生涯，以及他豐碩的研究及出版成果。[1] 余英時教授曾強調理雅各在港 30 年的傳教生活奠下他在中外文化交流歷史上不可或缺的地位。[2] 除了擔任倫敦傳道會（London Missionary Society）香港區會資深宣教士之外，理雅各先後成為英華書院的校長、愉寧堂（Union Chapel；現稱「佑寧堂」Union Church）的主任牧師、帶領三名華人學生觀見英女皇維多利亞（Queen Victoria）的社會領袖、倡議成立中央書院（The Central School）的教育家、香港殖民地政府「官學生計劃」（Cadet Scheme）的非受薪中文導師等。[3]

荷李活道一帶是理雅各在香港生活及工作的社區空間。荷李活道的一端是德己立街，另一端是士丹頓街、鴨巴甸街和伊利近街的交界。社區的一方有中區警署建築群，另一方有文武廟。兩者標誌社會

的治安與秩序，這不單是警力或華人社會領袖領導力足夠與否的問題，更顯示華洋社群如何看待彼此的社會角色。倫敦傳道會在香港的辦事處、英華書院以及日後因此而衍生出來的中華印務總局、中央書院等機構不是位於荷李活道，就是處於相距數分鐘路程的地點。理雅各活躍於香港殖民地奠基發展時期，他的工作與貢獻不單影響身處的社區發展，更帶動了香港的文化和社會發展，聯繫了中國與世界的交流。

一、假若這些事情的發展是 …… 理雅各就來不了香港

　　近年學術界對於理雅各的生平事跡有頗多的研究，故現不贅言。[4]然而，他來香港之前兩次可能改變人生軌跡的際遇並無引起太多注意。本文無意以「反事實思維」（counterfactual thinking）的方式推斷他不來香港的際遇。[5]反之，本文意在就此二事了解他的才情與個性，以了解他日後成就的基本原因。

　　第一次可改變理雅各人生軌跡的際遇是福布施教授（Prof. Patrick Forbes，1776－1847）的挽留。1835年，理雅各以優異成績於阿伯丁大學（The University of Aberdeen）考取碩士學位，並獲得人文學院內最高榮譽的「侯頓獎」（Huttonian Prize）。畢業後，他在英國蘭開夏郡（Lancashire）一所中學任教拉丁文和數學。1837年，他入讀海布里神學院（Highbury Theological College）接受訓練，預備參加海外傳道工作。這個消息傳到他的母校後，福布施教授有意挽留他將來接

理雅各與第二任夫人漢娜（Hannah Mary Legge）
（圖片提供：Prof. Marilyn L. Bowman、資料來源：H. E. Legge, *James Legge, Missionary and Scholar* (UK: Religious Tract Society, 1905), p. 123.）

任其人文學講座教授（Chair of Humanity）一職。理雅各記錄了這番
對話：

> 福布施：若果你不是成為前往海外宣教的牧師，你會考慮從
> 事什麼職業呢？
>
> 理雅各：沒有其他職業比出任人文學講座教授更合乎我心意。
>
> 福布施：怎麼！難道你一直希望我早些去世，然後繼承我的
> 教授職位嗎？
>
> 理雅各：並非如此。我只是認為沒有其他比教授拉丁語更好
> 的工作，這正如教授你的工作一樣。
>
> 福布施：理雅各先生，你可能感到奇異！我的確考慮過由你
> 來接任人文學講座教授的職位。成為牧師與出任講座教授並不一
> 定存在矛盾。你可以在我們教會找一個牧區工作，並繼續研習拉
> 丁語。到我離世的一天，我想就再沒有人比你更具資格繼承我的
> 講座教授職位。[6]

福布施教授這番出於個人經驗的勸說應對理雅各有一定影響力。
福布施在阿伯丁大學兼任人文學及化學兩個講座教授的職銜，享有
良好聲望。他從阿伯丁大學碩士畢業後，成為聲名顯赫的奧格爾維
教授（Prof. William Ogilvie，1736－1819）的入室弟子（即學徒，
apprentice）。在 24 至 40 歲期間，他接受教會安排前往蘇格蘭不同牧
區打理教會和牧養信眾。[7] 1817 年，踏入 41 歲的福布施繼承奧格爾維

在阿伯丁大學的職位。故此，具有 16 年牧養教會經驗的福布施深明理雅各的宗教情懷，但他給予理雅各的建議亦是他自己一路走來的歷程——學徒式的師承方式。當然，理雅各是衷心敬佩這位既學問淵博又虔誠的老師。因此，這次老師的邀請對於只有二十多歲、正處於規劃人生的關鍵時刻的理雅各應有相當衝擊。

經一星期的考慮後，理雅各初衷不改，拒絕福布施教授的好意，毅然踏上到中國傳教的道路。但這次會面對理雅各的影響可以從兩條線索說明。其一，他深信自己的學術能力，堅定不移地透過翻譯及研究中國經籍尋找通向中國人心靈世界的道路。其二，雖然理雅各沒有成為福布施的學徒，但老師的關懷啟發他日後成為關愛學生以及華人同工的仁師。

第二次可改變理雅各人生軌跡的際遇是截然不同的經驗——在馬六甲英華書院遭校長伊雲士牧師（Rev. John Evans，1803－1840）的排斥。1840 年 1 月，理雅各出任馬六甲英華書院的校長助理。時任校長伊雲士自 1834 年擔任該職位後，幾年之間挽救了瀕臨瓦解的英華書院，學生人數也從 32 名增長至 70 名。這增強了倫敦傳道會對英華書院的信心和投資學校的意欲。[8] 起初，伊雲士十分歡迎理雅各加入學校團隊，並為他請來學習閩南語的中文老師和作出各種安排。由於理雅各過度用功學習，每日睡不過四小時，日積月累的疲憊造成身心健康的問題。歷史學者赫理遜（Brian Harrison）「疑中留情」（benefit of the doubt），認為理雅各仍未適應當地節奏，感到無助和孤立，因而去函倫敦傳道會抱怨和挑剔英華書院的師生，又批評書院無事可為和難

成大器。無可否認，他難於與人合作，終成為伊雲士校長的眼中釘。
同年 11 月，伊雲士校長終於向倫敦傳道會投訴和要求撤換理雅各：

> 最近的一段日子，我因那位剛加入我們團隊的年青同工感到
> 困擾。他毫不了解本地人的風俗習慣，執意推行他的構想，並
> 一廂情願的以為他的想法是可行的 …… 我非常沉重地向本會報
> 告，我和偉力符（Heinrich Christian Werth）先生基於理雅各上述
> 的行為，認為我們必須承擔一個具有良知的責任 —— 開除理雅
> 各先生。準確而言，他先與我們割席斷交 …… 我們彼此之間不
> 再存在合作空間。我仍會勉力為之，履行所有必須的責任，直到
> 董事會派出理雅各先生的繼任人選。在未來的五至六個月，我們
> 將可能發生令人十分不悅的事情，無奈這是別無選擇而必須堅定
> 走下去的路。[9]

根據伊雲士在英華書院的良好紀錄以及比較兩人分別與倫敦傳道
會的書信來往而言，理雅各必須離去的原因以伊雲士的觀點較為可
取。不過，同月伊雲士因霍亂不幸病逝，而戰亂亦不利於倫敦傳道會
隨意調動傳教士的崗位。如此，理雅各不必回國，也沒有被調派別
處。由於理雅各在馬六甲是最高學歷的傳教士，故此獲倫敦傳道會委
任為英華書院校長。這樣峰迴路轉的人生際遇確是出乎意料。

雖然換了崗位的理雅各在英華書院不再受排擠，但他仍繼續投
訴書院過往的所謂成就是名過其實，並批評以往的主事者沒有道德

勇氣向倫敦傳道會報告真相。理雅各反擊伊雲士的問題頗多，甚至指控他中飽私囊。[10] 隨着鴉片戰爭帶來的新局勢，他聚焦說服倫敦傳道會放棄馬六甲，等待機會遷往中國。不久，馬儒翰（John Robert Morrison，1814－1843）建議倫敦傳道會把傳教基地遷往香港。由於馬儒翰是馬禮遜牧師（Rev. Robert Morrison，1782－1834）的兒子，既是英國隨軍翻譯員，更於 1841 年 1 月 26 日英軍登岸佔領香港時獲委任為政府的華文秘書，故他的意見得到倫敦傳道會的充分重視。[11] 1841 年底，倫敦傳道會指示理雅各逐步結束馬六甲英華書院。1842 年 2 月，倫敦傳道會在回信中認同理雅各遷移英華書院到中國的建議。同年 8 月，中英兩國正式簽定《南京條約》，理雅各與其他傳教士部署到中國傳教。1842 年 9 月，他把印刷器材移交倫敦傳道會新加坡傳道站。[12] 1843 年 4 月，理雅各出售英華書院的物業與禮拜堂的堂址予當地教會，並於一個月後帶同英華書院內的中文印刷器材以及圖書館的藏書，取道新加坡前赴香港。[13] 理雅各自此走進香港，寫下倫敦傳道會在中國傳播基督教信仰與香港歷史的新一頁。

二、理雅各與荷李活道社區（之一）：住處

1843 年 5 月，理雅各在澳門逗留數天後抵達香港。[14] 初到香港的數個月，他入住摩利臣山上的馬禮遜學校。[15] 馬禮遜學校由馬禮遜教育協會在澳門創辦，而該協會由一群活躍於廣州及澳門的歐美商人組成。在馬儒翰穿針引線下，馬禮遜學校不單從澳門遷到香港，

更得到時任香港總督的財政支持。[16]1843 年 11 月 1 日，馬禮遜學校正式開課。[17] 因為它是一所寄宿學校，故此理雅各在開課前遷入位於德己立街的一間大宅。該地點日後發展成為得忌利士洋行，月租高達 130 元，鄰近地點發展成為 1846 年開幕的「香港會」（The Hong Kong Club）。[18]1844 年底，理雅各遷入一間位於荷李活道、由他興建的房屋。根據他於 1872 年在大會堂的自述，此住處多年來成為倫敦傳道會印刷部。[19] 這裏所指的是理雅各與合信醫生（Dr. Benjamin Hobson，1816－1873）在 1844 年 1 月購入位於荷李活道、士丹頓街、鴨巴甸街和伊利近街交界的兩幅 38,247 平方呎相連地皮。在這地皮之上，理雅各先興建了傳教士的宿舍、圖書館、英華書院神學部、其預備學校的教室、學生宿舍、印刷部廠房、印刷品貨倉、工人及助手的宿舍等。年底，理雅各旋即遷入建好的宿舍。1845 年，理雅各再透過公開籌募集資興建愉寧堂。[20] 建屋期間，理雅各與家人暫時租住別處，另購入鄰近中環街市的另一單位，讓其他倫敦傳道會的傳道同工和助手居住。[21] 及後，當倫敦傳道會在荷李活道的建築群落成後，中環街市附近的住處改為佈道所。理雅各在香港生活的日子之中，絕大部分時間都生活在荷李活道社區。

有關理雅各在荷李活道近 30 年的日常生活的紀錄不多，惟可知的有兩點。其一，他到郵政局取信件包裹時，郵政署長（Postmaster）往往委託他代為分發鄰居的郵件。[22] 這可以說明他認識荷李活道社區的居民，並且建立了良好關係；其二，理雅各積極於傳教及建立教會，為此他每日抽出若干小時進行家訪、關懷華洋教友及開拓聖工。他表

明除了妓院外，曾多次到訪維多利亞城及鄉村的每一個家庭，更自誇沒有一戶不當他是朋友，[23] 荷李活道社區當然也不例外。理雅各在香港的日子遠較馬六甲時平易近人，因而在香港可作出更深遠的貢獻。

三、理雅各與荷李活道社區（之二）：學校

　　如前文所述，理雅各與伊雲士就馬六甲英華書院的發展路向存在嚴重的意見分歧。英華書院遷到香港後，理雅各決心確立書院的功能為訓練宣教場上的傳道者和教會的牧師，並以向外籌募經費等營運神學院的方針來推動所有工作。他在神學院之外另加一所預備學校，教授中、英語對譯、聖經知識、數學、物理、歷史、音樂等科目。[24] 預備學校的平均學生人數從 1844 至 1849 年的 26 男 7 女（33 人），增加至 1850 至 1856 年的 52 男 10 女（62 人）。[25] 學生人數的增長提升了傳教士的士氣，其後更培養了三位成為英國以及香港新聞人物的學生：李金麟、吳文秀及宋佛儉。

　　這事要從 1845 年理雅各返英休假說起。當時理雅各在倫敦傳道會荷李活道的建築群落成後本可大展拳腳，可是他不幸抱恙，醫生建議他回國養病。他不想就此終止傳教的工作，故此帶同三位華人男生與一位女生返回英國，繼續訓練他們。從起居飲食到生活的瑣碎事，他們都似是近身學徒，接受理雅各在品德與學問上的教導。最重要的是，這三名男生決定在理雅各家鄉蘇格蘭的亨特利（Huntly）的教會接受基督教洗禮。值得一提的是，英華書院創校校長米憐牧師（Rev.

William Milne，1785－1822）也是受該教會差派而來華傳教的。這三名男生的洗禮標誌着基督教成功在中國傳播。其後有關的消息不脛而走。1848 年 2 月 9 日，英女皇維多利亞親自接見他們，天南地北的談了一個下午。[26] 理雅各帶同學生覲見英女皇的新聞使英華書院開始廣受注意，並吸引了更多學生入讀預備學校。但是，神學部一直只有七名學生，而且沒有一人成為教會的傳道者。[27] 對此，捐助英華書院以資助基督教發展而非英文教育的外商便逐漸不滿。[28] 最終英華書院在 1856 年關閉，取而代之的英華日校（Anglo-Chinese Day-School）亦在 1858 年結束。[29] 1860 年代，倫敦傳道會分別在上環太平山區、灣仔區等不同地點開辦學校，但不復以英華書院為校名，亦不再坐落於荷李活道。

　　1862 年，在理雅各提倡下，香港殖民地政府在與倫敦傳道會荷李活道的建築群相距約 350 米的歌賦街 44 號建成中央書院最早期的校舍。[30] 理雅各從英華書院的經驗中觀察到在香港建立一所資源充足的官立學校的需要，提供社會所需的世俗教育（Secular Education）。故此，他建議香港政府結合區內四所學校的師生建立中央書院，並聘任學問淵博及良好品格的歐籍校長（European Master），提供中、英雙語教育、人文與自然科目並重的課程。[31] 其後，香港政府致函亞伯丁大學、愛丁堡大學的校長及倫敦大學的教務長，邀約他們推薦合適畢業生。[32] 最終，香港政府聘請畢業於亞伯丁大學、有志於教育事業的史劍域博士（Dr. Frederick Stewart，1836－1889）。他在香港積極推動學校發展 19 年後，先後出任裁判司、撫華道、輔政司等要職。[33]

Queen's College.

1890 年代的明信片，上面印有位於荷李活道與鴨巴甸街交界的皇仁書院全貌。
（圖片提供：皇仁書院校史館）

1903 年皇仁書院大禮堂正舉行考試。
（圖片提供：皇仁書院校史館）

雖然英華書院和中央書院兩校的辦學宗旨以及發展方向截然不同，但是兩校均與理雅各關係密切。兩校所培育的畢業生對香港以至近代中國社會產生十分巨大的影響。英華書院的畢業生以何獻墀（又名何亞美，1838－1901）在 19 世紀香港的事跡最為顯赫。他不單在澳洲及紐西蘭建立成功的礦業生意，回港後又涉獵金融、電報等商業業務。其後，他成為香港總商會（The Hong Kong Chamber of Commerce）首名華人會員，又帶領華商領袖向香港政府要求取消只適用於華人的另類宵禁 ——「夜紙制度」（Night Pass System），甚至與康有為亦師亦友。[34] 中央書院畢業生成為本地政商領袖、影響力廣及中國與亞洲的人物更是多不勝數，如改變中國命運的孫中山（1866－1925）、19 世紀香港首富何東（1862－1956）、首名獲英國封爵的華人何啟（1859－1914）、與何啟一同出任立法局議員的韋玉（1849－1921）等。[35] 不過，受理雅各親炙的學生只有何獻墀，與訪英的三位學生李金麟、吳文秀、宋佛儉等；他與其他中央書院學子的接觸甚至更少。他認識韋玉及何啟等人全因與他們兩人的父親私交甚篤。但是無可否認，受益於理雅各教育宏業之理念的學生不計其數，並為社區、香港以至中國帶來深遠影響。

四、理雅各與荷李活道社區（之三）：印刷部

1856 年，雖然英華書院的神學部及預備學校結束，但它作為出版社的功能直到 1873 年出售予中華印務總局才終止。英華書院的印刷

業務可分為分銷書院所製作的活字及代購印刷機，與印行書本雜誌兩
個部分。根據蘇精教授的詳細研究，英華書院所造的活字為全中國所
獨有，其四大類顧客分別為各傳教會、報社、外國政府團體及中國官
民。[36] 英華書院印行的書本雜誌除了委辦版的《聖經》外，[37] 有四份
出版物尤為重要。按時序而言，它們分別為《遐邇貫珍》、《初學粵音
切要》、《智環啟蒙塾課初步》及《中國經籍》。《遐邇貫珍》為中國
人了解西方事物的關鍵渠道。有論者指出「《遐邇貫珍》所載內容，
前半部分主要介紹西洋文明的長篇文章，後半部分是新聞。所謂西洋
文明的介紹，從傾向看，最初是以政治、歷史為中心，後來則把重點
轉為西洋醫學、地理與化學等知識性文章。」[38] 倫敦傳道會教士湛約
翰牧師（Rev. John Chalmers，1825－1899）編的《初學粵音切要》作
為學習粵語的重要工具書，是當時傳教士編寫中文或方言的工具書的
重要例子，反映香港在這方面的重要貢獻。[39] 香港政府指定的《智環
啟蒙塾課初步》（1856 年初版，1864 年再版）為津貼學校課本。此書
在日本明治維新時期被日本先進分子視為引進西學的啟蒙讀物，被翻
印 13 版次。[40] 理雅各的英譯及註解《中國經籍》的出版最為複雜，
涉及大量中、英文對照以及正文與註腳的排版工作，其出版年份因
而起自 1860 年第一部分的《四書》，終於 1872 年最後一冊的《春秋
左傳》。

　　英華書院出版物不單傳播新知，更有助中外文化交流。理雅各
認為這項工作可讓西方人士尤其是傳教士了解中國的宗教、道德、
社會及政治思想，有助基督教在中國的傳播。[41] 此外，周佳榮的研究

發現，「1860 年代日本的歐美考察團，都以香港作為接觸西方的第一
站，而到英華書院訪問和購書，是必備的行程之一。」[42] 換言之，日
本的考察團當然會路經荷李活道社區，體驗香港的社會與文化面貌。
英華書院的出版物間接促進了中西以至東西文化交流。

英華書院因其持續經營的出版社，得以在 1856 年後仍活躍於社
會。值得注意的是印刷部主任黃勝（1825－1902）的事跡。他從 1854
至 1864 年以及 1867 至 1871 年出掌印刷部，而 1864 至 1867 年間應
丁日初的邀請前赴廣方言館教學。黃勝不單與理雅各及一眾倫敦傳道
會傳教士保持十分良好的關係，更井然有序地處理印務及管理工作，
扭轉了印刷部以往的形象，其工作表現多次獲得表揚。[43] 黃勝憑藉在
香港西人社群享有的美好名聲、與中國官紳的聯繫、在廣方言館的
教學經驗以及英華書院的背景，與 12 位華商翹楚在文武廟公所共襄
盛舉，創立東華醫院和出任董事會成員，地位與其他本地華人巨賈無
異。1872 年，殷商韋光與黃勝建立姻親，其兒子韋玉迎娶黃勝女兒黃
玉卿。1884 至 1890 年，黃勝獲委任為香港立法局議員，其社會地位
毋庸置疑。[44]1896 年，韋玉出任立法局議員，成為香港史上首對翁婿
議員的佳話。理雅各更多次在公眾場合表揚黃勝，有助奠定他的社會
認受性。從文武廟到東華醫院的創立，黃勝使英華書院與元發行等南
北行執牛耳的店舖齊名，在荷李活道社區以至香港社會建立了深厚的
網絡關係。

1873 年倫敦傳道會傳教士出售英華書院印刷部，箇中原委及經過
等問題已經有詳盡的研究。[45] 陳言在購入英華書院印刷部所有物資後

開辦的中華印務總局，承包部分英華書院之前的出版，如以原價印刷《聖經》。中華印務總局遷址至荷李活道 29 號，其核心出版包括由黃勝與王韜創辦的《循環日報》。[46] 王韜是理雅各翻譯《中國經籍》的助手，曾應約前赴蘇格蘭，增廣見聞，成為中國知識界推介新知識的先驅人物。[47] 從這些意義來看，英華書院出版部的文化影響力已從荷李活道的社區延伸出去。

五、理雅各與荷李活道社區（之四）：教會

1844 年 8 月 19 日，理雅各取得其他在港倫敦傳道會教士同意後，呼籲香港的西人社群共同建立一所兼用中、英文舉行主日崇拜的教會。這所教會不拘泥於宗派之間的歧見，尋求信徒合一，因而取名「愉寧堂」（「union」的譯音）。在教堂仍未落成時，已有聚會舉行於理雅各家中，是為愉寧堂的起點。[48] 理雅各曾指出「此次的呼籲頗受支持，結果興建了一座室內面積有 50 呎乘 36 呎的教堂。」[49]1845 年，位於倫敦傳道會荷李活道建築群之中的愉寧堂落成啟用。周日早上是西人信眾的教堂聚會；下午三時後便是華人信眾的聚會，由何福堂（1817－1871）出任牧師。華人信眾根據教堂的建築特色，稱愉寧堂為「大石柱堂」。[50] 當然，作為傳教士的理雅各會定期向華人信眾宣講聖經教義、主持教會聖禮等。1865 年，愉寧堂遷往鄰近的士丹頓街。1886 年，愉寧堂內的華人信眾於荷李活道成立「道濟會堂」，從愉寧堂獨立出來。1890 年，愉寧堂遷離荷李活道社區至堅尼地道。換

真神堂

1848 年的愉寧堂
（圖片提供：Prof. Marilyn L. Bowman、
資料來源：*The Missionary Magazine
and Chronicle*, Vol. 22, (February 1848),
p. 18.）

言之，愉寧堂最初的四十多年都與荷李活道社區緊靠一起。

　　雖然香港西人群體投入資金興建教堂，但這並不意味他們是虔誠的基督教信徒。此外，從英國先後派來的牧師都不適應愉寧堂以及香港的工作環境。經多番嘗試，愉寧堂的西人信眾邀得理雅各兼任他們的牧師。[51]1849 年，理雅各要求他們接受一份信仰宣言，並巧妙地訂定會內的規章，理順教會的一些問題。當理雅各離開香港時，西人信眾尊他為「愉寧堂之父」，並表揚他在四方面的貢獻：推動籌建愉寧堂、確立信仰與鞏固教務、解決教會內二次危機中帶來的困境，以及準備愉寧堂的獨立。[52]

　　雖然理雅各在協助成立愉寧堂時把教會與倫敦傳道會結連一起，但在 1865 年他草擬了一份計劃書，計劃逐步使愉寧堂從倫敦傳道會之中獨立。箇中原因有二：士丹頓街的新教堂落成以及信眾人數增長。1861 年度的《香港藍皮書》錄得愉寧堂信徒共 220 人，然而該堂只有 200 個座位。[53] 換言之，當時已有建築一座規模更大、可容納 400 人的教堂的需要。[54] 此外，增長的信徒增加了愉寧堂的收入，理雅各又以理想的價錢出售荷李活道原址的教堂。這除了可以支付士丹頓街新址的建築費外，餘數更成立了支持向華人傳教工作的基金。1866 年，倫敦傳道會有以下的決議：「是次會議聽取理雅各的聲明，其中懇切地要求倫敦傳道會繼續其在香港的工作。牧養愉寧堂的工作不必由傳教士主理，並隨着本地人口結構的需要而發展其宗教活動。但倫敦傳道會的董事仍然十分熱切關注於愉寧堂的發展，並願意全力代為招聘合適的牧師。」[55] 如此，倫敦傳道會物色了牧養愉寧堂

的人選，接任恰巧返回蘇格蘭以專注完成翻譯《中國經籍》的理雅各。
但繼任者與教眾的不和令教會發展一落千丈，困境拉鋸逾年。1870
年，理雅各返港，其原意是在英華書院完成《中國經籍》最後一部分
的編輯與出版工作，但無可奈何只得重掌愉寧堂的教務。[56] 此後，愉
寧堂恢復昔日活力並且穩定發展。[57] 1872 年，理雅各有見愉寧堂發
展重回正軌，認為正是該堂邁向獨立的理想時機，從而在返英正式退
休前妥善處理愉寧堂的未來發展。倫敦傳道會也樂見愉寧堂的獨立，
以免其派駐香港的傳教士分心處理堂內西人信眾的問題。1872 年 3
月 27 日，倫敦傳道會決定放棄在 1865 年所達成的協議，確定愉寧堂
享有買賣堂址及聘任牧師的權力。然而好景不常，愉寧堂的發展在理
雅各離港後再度出現起伏。1884 年 7 月下旬，愉寧堂牧者與信眾再
次不和，信眾人數嚴重流失導致財政拮据及牧師離任。[58] 愉寧堂既無
牧師也無宗教聚會，處於倒閉的邊緣。1884 年 11 月，歐德理（E. J.
Eitel，1838－1908）以義務牧師的身份重新籌備愉寧堂的宗教活動，
為教會帶來中興。[59] 1890 年，該堂遷址至灣仔堅尼地道，成為倫敦傳
道會最後一個告別荷李活道建築群的建築物。

　　荷李活道社區的愉寧堂是一個中西社群與文化融合的實驗的社會
生活空間。在理雅各的努力下，西人信眾與華人信眾理論上共同分
享教堂的資源，從而達到「合一」（union）的理念，但在實踐上兩個
信眾群體仍有各自的宗教活動。愉寧堂與倫敦傳道會在兩者之間的信
託條款、委任牧師的權力與義務等事務上出現芥蒂時，均指向華人信
眾長期使用愉寧堂可行性的問題。從社會學的角度而言，任何組織在

倫敦傳道會辦事處（原圖為彩圖。由 Eliza Legge 繪畫、Prof. Marilyn L.
Bowman 填色）
（圖片提供：Prof. Marilyn L. Bowman、資料來源：H. E. Legge, *James
Legge, Missionary and Scholar* (UK: Religious Tract Society, 1905), p.
79.）

發展了一段時間後就得面對體制、組織結構、權力關係等問題。這原本不足為奇。經歷了三、四十年的信徒生活的華人信眾開始思考與倫敦傳道會以及其差派的傳教士的關係。從何福堂牧師去世起的十多年始，華人信眾與傳教士之間對於由哪一位承接牧師一職存在頗嚴重的分歧。即使到了道濟會堂自立階段，傳教士的權力問題仍然具有爭議性。在整個 1880 年代，華人信眾一方面排除萬難把道濟會堂建立起來，另一方面拉攏黃勝、何啟等與倫敦傳道會有親密關係的社會領袖，以取信於社會各界。[60] 道濟會堂選址於荷李活道與鴨巴甸街交界，標誌其延續英華書院以及大石柱堂與這個社區的歷史關係。相比倫敦傳道會辦事處和傳教士宿舍於 1886 年遷往般咸道，以及愉寧堂於 1890 年遷址堅尼地道，道濟會堂更具承先啟後的歷史象徵意義。

結語

理雅各於 1843 至 1873 年活躍於香港。就他個人而言，28 至 58 歲是人生的黃金時期。香港是他傳教事業的第二個據點。排除在馬六甲的各種阻滯，理雅各遇上香港開埠的歷史時機，得以全力以赴在此展開建立教會、開辦學校、研究和翻譯中國經籍、出版印刷等具長期價值的工作。理雅各以荷李活道社區為其發展根據地，正印證了「千里之行始於足下」這句話。

從宗教研究的角度而言，理雅各和荷李活道社區的故事是個人信仰的社區見證、宗教傳播與社會發展的互動關係。從社會學的視角而

1869 至 1872 年期間的愉寧堂
（John Thomson 攝）
（圖片提供：Prof. Marilyn L. Bowman、
資料來源：Wellcome Library no. 18732i）

言，理雅各和荷李活道社區的故事是社會領袖與社區的動態關係。他
建立的不同組織各有其發展推力和規律，而華人信徒與英國傳教士又
在這些組織的不同歷史階段爭論族群、權力和權威問題，關係微妙。
另一方面，理雅各栽培的學生在荷李活道社區的兩個權力中心（中
區警署及文武廟）擔當重要位置。出入中區警署的有總緝捕官田尼
（Walter Meredith Deane，1840－1906），[61] 而出入文武廟議事的有黃
勝、何獻墀、韋玉、何啟等。從歷史學的視角而言，理雅各和荷李
活道社區的故事是了解近代史上中外文化交流與互動的縮影和重要線
索。理雅各本人在推動中外文化交流固然重要，但也不容忽視他栽培
的學生與同工的作用。從英華書院到黃勝、從王韜到中華印務總局、
從神學院到中央書院等，築成千絲萬縷的網絡和影響力，對香港和中
國的歷史發展具有舉足輕重的影響力。

注　釋

1　研究理雅各的專書，見 N. J.
Girardot, *The Victorian Translation
of China: James Legge's Oriental
Pilgrimage* (Berkeley: University of
California Press, 2002); L. F. Pfister,
*Striving for 'the Whole Duty of
Man': James Legge and the Scottish
Protestant Encounter with China:
Assessing Confluences in Scottish
Nonconformism, Chinese Missionary
Scholarship, Victorian Sinology, and
Chinese Protestantism* (2 vols) (New
York: Peter Lang Publishing, 2004);
M. L. Bowman, *James Legge and
the Chinese Classics: A Brilliant Scot
in the Turmoil of Colonial Hong
Kong* (Victoria, B. C.: Friesen Press,
2016)。2018 年 1 月 15 日，筆者
在《中國期刊全文數據庫》輸入
「理雅各」，搜得 678 篇論文。

2　1992 年 10 月 3 日，余英時教
授在獲頒香港大學名譽文學博
士學位時，以理雅各的生平與成
就說明香港對世界歷史的貢獻。
他說："There can be no question
that Legge, the missionary, came to
Hong Kong primarily for the purpose
of preaching the Western Way to

the Chinese. But in the end it is
the cunning of history that his true
immortality lies in his transmitting of
the Chinese Way back to the West.",
"The Honorary Graduates' Speeches,
144th Congregation, 3 October 1992,"
*The University of Hong Kong
Gazette*, Vol. 39, No. 3 (23 August
1993): 60。

3　有關理雅各在香港的活動，筆者
曾發表一些相關的研究，見〈英
華書院（1843－1873）與中西
文化交流的歷史意義〉，載《ア
ジア史諸問題：深澤秀男教授退
官紀念論文集》（盛岡：岩手大
學人文社會學部アジア史研究
室，2000），頁 23－39；〈十九
世紀香港西人群體研究：愉寧
堂的演變〉，載劉義章、黃文
江合編《香港社會與文化史論
集》（香港：香港中文大學聯合
書院，2002），頁 37－56；"The
Use of Sinology in the Nineteenth
Century: Two Perspectives Revealed
in the History of Hong Kong," in
Pui-tak Lee ed., *Colonial Hong Kong
and Modern China: Interaction and
Reintegration* (Hong Kong: Hong

Kong University Press, 2005), pp. 135-154。

4　有關理雅各的生平，見 N. J. Girardot, "Legge, James (1815-1897), Sinologist and missionary," *Oxford Dictionary of National Biography*, Oxford Dictionary of National Biography, retrieved from http://www.oxforddnb.com/view/10.1093/ref:odnb/9780198614128.001.0001/odnb-9780198614128-e-16354 [date of access:1-15-2018]。

5　史學界對此有一番熱烈的討論，見 M. Bunzl, "Counterfactual History: A User's Guide," *The American Historical Review*, Vol. 109, No. 3 (June 2004): 845-858, retrieved from https://doi.org/10.1086/ahr/109.3.845。

6　譯自 J. Legge, "Notes on My Life," (An unpublished manuscript in the Papers of James Legge, deposited in the Bodleian Libraries, University of Oxford), pp. 56-57。

7　L. A. Ritchie, "Ogilvie, William (1736-1819), Classical Scholar and Advocate of Common Property in Land," *Oxford Dictionary of National Biography*, retrieved from http://www.oxforddnb.com/view/10.1093/ref:odnb/9780198614128.001.0001/odnb-9780198614128-e-20589 [date of acess: 1-12-2018].

8　B. Harrison, *Waiting for China: The Anglo-Chinese College at Malacca, 1818-1843, and Early Nineteenth-century Missions* (Hong Kong: Hong Kong University Press, 1979), pp. 124-125.

9　Ibid., pp. 105-106.

10　J. Paquette, "An Uncompromising Land: The London Missionary Society in China, 1807-1860," Ph.D. Dissertation, University of California, 1987, p. 137.

11　馬儒翰的一生，見 C. Y. Leung, "A Bilingual British 'Barbarian': A Study of John Robert Morrison (1814-1843) as the Translator and Interpreter for the British Plenipotentiaries in China between 1839 and 1843," M. Phil. Thesis, Hong Kong Baptist University, 2001。

12　蘇精：《基督教與新加坡華人，1819－1846》（新竹：國立清華大學出版社，2010），頁 70。

13　有關英華書院在馬六甲最後兩、三年的詳情，見 B. Harrison,

Waiting for China, pp. 105-110。

14　赫理遜和蘇精分別指出理雅各到
　　達香港的不同日子，本文以理雅
　　各在大會堂的自述為基礎，指
　　出他是在 1843 年 5 月到達。詳
　　見 "The Colony of Hongkong: From
　　a Lecture by the Rev. James Legge,
　　D.D., L.L.D., On Reminiscences of a
　　Long Residence in the East, Delivered
　　in the City Hall, 5 November 1872,"
　　*The China Review, or notes & queries
　　on the Far East*, Vol. 1, No. 3 (1872):
　　163。

15　Ibid., p. 165.

16　有關馬禮遜學校的簡史以及其教
　　學上的表現，見筆者所著 "The
　　Contexts and the Texts of Pupils'
　　Sample Scripts from the Morrison
　　School"，載王成勉編：《十字架前
　　的思索 — 文本解讀與經典詮釋》
　　（台北：黎明文化，2010），頁
　　463－521。

17　E. J. Eitel, *Europe in China: The
　　History of Hongkong from the
　　Beginning to the Year 1882* (London:
　　Luzac & Co.; Hongkong: Kelly &
　　Walsh, 1895), p. 190.

18　V. England, *Kindred Spirits: A
　　History of the Hong Kong Club*
　　(Hong Kong: The Hong Kong Club,

2016).

19　"The Colony of Hongkong," *The
　　China Review*, p. 166.

20　C. Su, "The Printing Presses of the
　　London Missionary Society among
　　the Chinese," Ph.D. Dissertation,
　　University of London, 1996, pp.
　　347-79.

21　Ibid., p. 346.

22　郵政署長對他說："Here are letters
　　also for so and so, and so and so, and
　　so and so, in your neighbourhood.
　　Please oblige me by taking them
　　with you, and sending your coolie
　　on with them."，見 "The Colony of
　　Hongkong," *The China Review*, p.
　　166。

23　理雅各自言："I could say that,
　　excepting the brothels, there was
　　hardly a house in Victoria and the
　　villages in which I had not repeatedly
　　been, and where I was not known
　　as a friend."，見 "The Colony of
　　Hongkong," *The China Review*, p.
　　169。

24　"Missions in China," *The China Mail*,
　　1 May 1867; K. H. Leung, "The
　　Impact of Mission Schools in Hong
　　Kong (1842-1905) on Traditional
　　Chinese Education - A Comparative

Study," Ph.D. Thesis, University of London, 1987, p. 117-119.

25 E. J. Eitel, "Materials for a History of Education in Hongkong," *The China Review, or notes & queries on the Far East*, Vol. 19, No. 5 (1891): 308-324.

26 Y. S. Leung, "Some Found It, Some Lost It – Legge and the Three Chinese Boys from Malacca," *Asian Culture* 1 (February 1983): 55-59; C. T. Smith, *A Sense of History: Studies in the Social and Urban History of Hong Kong* (Hong Kong: Hong Kong Educational Pub., 1995), pp. 339-349.

27 "Missions in China," *The China Mail*, 1 May 1867.

28 E. J. Eitel, *Europe in China: The History of Hongkong from the Beginning to the Year 1882*, p. 347.

29 E. J. Eitel, "Materials for a History of Education in Hongkong," *The China Review*, p. 335.

30 1870 年代，部分香港政府文件將「Hongkong Government Central School」翻譯為「香港國家大書院」。

31 詳見 N. H. Ng Lun, *Interactions of East and West: Development of Public Education in Early Hong Kong* (Hong Kong: Chinese University Press, 1984)。

32 G. Bickley, "Plus ca change, plus c'est la même chose: Attitudes towards English Language Learning in Hong Kong - Frederick Stewart's Evidence," *World Englishes* Vol. 9, No. 3 (1990): 293.

33 有關史剑域的生平及教育工作，詳見 G. Bickley, *The Golden Needle: The Biography of Frederick Stewart (1836-1889)* (Hong Kong: David C. Lam Institute for East-West Studies, Hong Kong Baptist University, 1997)。

34 C. T. Smith, *A Sense of History*, pp. 50-63.

35 見 N. H. Ng Lun, "The Role of Hong Kong Educated Chinese in the Shaping of Modern China," *Modern Asian Studies* Vol. 17, No. 1 (February 1983): 137-163；李金強：〈香港中央書院與清季革新運動〉，載李國祁主編：《郭廷以先生百歲冥誕紀念史學論文集》（台北：台灣商務印書館，2005），頁 249－270。

36 當中又以第四種的顧客最為多

元化，這包括太平天國的「干王」洪仁玕、兩廣總督毛鴻賓的兒子、上海道台丁日昌、總理各國衙門等。就筆者所見，蘇精教授在這方面的研究至為精細而深刻，詳見 C. Su, "The Printing Presses of the London Missionary Society among the Chinese," pp. 342-384；蘇精：〈從英華書院到中華印務總局〉，載氏著：《馬禮遜與中文印刷出版》（台北：台北學生書局，2000），頁 259－272；蘇精：〈香港英華書院 1843－1873〉，載氏著：《鑄以代刻：傳教士與中文印刷變局》（台北：國立台灣大學出版中心，2014），頁 229－305。

37　趙維本：《譯經溯源：現代五大中文聖經翻譯史》（香港：中國神學研究院，1993），頁 21。

38　卓南生：〈香港最早的中文報刊 ──《遐邇貫珍》（1853－1856 年）〉，收入氏著：《中國近代報業發展史》（台北：正中書局，1998），頁 89。

39　湛約翰日後又編成英粵字典 *English and Cantonese Dictionary*（1859）；歐德理（E. J. Eitel）亦另有一種粵英字典 *A Chinese Dictionary in the Cantonese Dialect*（1877）。另一方面，以巴黎外方傳教會的拿撒勒印書館的香港天主教教士為例，他們從 1884 至 1934 年刊印 28 種字典。詳見霍啟昌：《香港與近代中國》（香港：商務印書館，1992），頁 53。

40　小澤三郎：《幕末明治耶穌教史研究》（東京：日本基督教團出版局，1973），頁 123－139；周佳榮：《潮流兩岸：近代香港的人和事》（香港：香港中和出版有限公司，2016），頁 49。

41　J. Legge, *Inaugural Lecture, on the Constituting of a Chinese Chair in the University of Oxford: Delivered in the Sheldonian Theatre, October 27, 1876* (Oxford: Trubner and Co., 1876), p. 26.

42　周佳榮：《潮流兩岸：近代香港的人和事》，頁 173。

43　蘇精：〈香港英華書院 1843－1873〉，頁 231－246。

44　E. Sinn, *Power and Charity: The Early History of the Tung Wah Hospital, Hong Kong* (Hong Kong: Oxford University Press, 1989), p. 131.

45　蘇精：〈香港英華書院 1843－1873〉，頁 299－305。

46　陳學霖：〈黃勝 ── 香港華人提

倡洋務事業之先驅），《崇基學報》，第 3 卷，第 2 期（1964 年 5 月），頁 228。

47　理雅各與王韜的合作詳情以及王韜對近代中國的影響，詳見林啓彥、黃文江合編：《王韜與近代世界》（香港：香港教育圖書公司，2000）。

48　愉寧堂分別於 1903、1919 及 1956 年出版本堂歷史，書名均為 *A History of Union Church*。第一版的作者是 G. H. Bondfield 及 J. Dyer Ball、編者為 C. H. Hickling，第二版的編者是 J. Kirk Maconachie，第三版則沒有列明作者姓名。理雅各於 1844 年 8 月 19 日的呼籲標題為："The assistance of the foreign community towards the erection of a Chapel for public worship in the English and Chinese languages, in connexion with the London Missionary Society"。其背後理念是："The desirableness of there being a place of worship in the island in which Protestants of all denominations and of different countries might unite and observe the Ordinance of Christianity, without reference to minor differences in points of doctrine and Church order."。見 G. H. Bondfield & J.

D. Ball, *A History of Union Church* (Hong Kong: Union Church, 1903), p. 5。

49　"Rise and Progress of the Mission at Hong-Kong," *The Missionary Magazine and Chronicle* 12 (Feb 1848): 18-19.

50　王誌信編：《道濟會堂史 —— 中國第一家自立教會（1886－1926）》（香港：基督教文藝出版社，1986），頁 9。

51　G. H. Bondfield & J. D. Ball, *A History of Union Church*, 1903, p. 8.

52　Ibid., pp. 11-12.

53　*Hong Kong Blue Book for The Year 1861*, p. 235.

54　*Hong Kong Blue Book for The Year 1865*, p. 263; *Hong Kong Blue Book for The Year 1866*, p. 277.

55　*Committee Minutes of the Eastern District*, Book 2, 29 May 1866, London Missionary Society (LMS) Archives, School of African and Asian Studies, University of London, pp. 167-168.

56　J. Chalmers, "The History of the Hongkong District from 1870 to 1880 (Unpublished report to the London Missionary Society)," undated,

LMS Archives, South China, Reports, Box 1, School of African and Asian Studies, University of London.

57　G. H. Bondfield & J. D. Ball, *A Hisotry of Union Church*, 1903, p. 13.

58　"The Rev. J. Colville's Farewell to Union Church," *Hong Kong Daily Press*, 1 September 1884.

59　見 *A History of Union Church: The Record of Three Quarters of a Century,* 1919。有關歐德理的生平事跡，詳見筆者所著 "The Limits of Ambiguity in German Identity in Nineteenth Century Hong Kong: With Special Reference to Ernest John Eitel (1838-1908)," R. K. S. Mak & D. S. L. Paau eds., *Sino-German Relations since 1800: Multidisciplinary Explorations* (Frankfurt am Main: P. Lang, 2000),

pp. 73-91。

60　劉紹麟：《中華基督教會合一堂史：從一八四三年建基至現代》（香港：中華基督教會合一堂，2003），頁 110－127。

61　田尼是首批接受理雅各中文訓練的「官學生」之一。詳見 H. J. Lethbridge, "Hong Kong Cadets, 1862-1941," *Journal of the Hong Kong Branch of the Royal Asiatic Society* 10 (1970): 40 & 52。值得一提的是，首批官學生入住的宿舍是連接中央書院大樓側的住宅單位，詳見 1861 年 3 月 23 日立法會會議紀錄（https://www.legco.gov.hk/1861/h18610323.pdf）。換言之，官學生必然是經常出入荷李活道社區。從遷至香港以來，田尼的一生基本上就是與荷李活道社區沒有分割過的。

皇仁書院畢業生
黃作梅與香港抗戰

—— 許楨

前言

　　本文的主人翁 —— 黃作梅（Raymond Wong，1916－1955）就學於「荷李活道 — 鴨巴甸街」時期的皇仁書院（Queen's College）。而該校之前身 —— 中央書院（舊譯「香港國家大書院」、簡稱「大書院」Hongkong Government Central School）在 1862 年創立於荷李活道、歌賦街交界。可以說，從歌賦街到鴨巴甸街、從太平天國到兩次大戰，一條荷李活道見證了該書院的草創及黃金時期，也見證了香港在中英易權之間的起伏跌盪。而黃作梅不只是該段歷史的見證者，也是重要的參與者、推動者之一。

一、從浸信會到城隍廟 —— 皇仁的草創與焚燬

　　回首 1860 年，因為太平天國戰火蔓延，適逢香港作為商埠而勃興，本地華洋人口急增，亟需雙語人才，以利管治與發展。其時，19

所殖民政府資助的皇家書館，已無法滿足時代所需，傳教士理雅各博士（Dr. James Legge）遂向殖民政府教育諮詢委員會（Board of Education）建議，將維多利亞城內四所皇家書館合為中央書院，並委任一歐籍人員為掌院及兼任督學，巡察全港各地大小書館，以提升香港的教育水平。

未幾，即得到港督羅便臣及定例局（立法局前身）採納其議，批出港幣 20,500 元，購入「荷李活道 — 歌賦街」原美南浸信會會堂為校舍。在理雅各舉薦下，蘇格蘭裔史釗域博士（Dr. Frederick Stewart）任首任掌院及全港督學，由是掀起香港教育史新一頁。

1864 年時，大書院有學生 120 名，分中、英文部。中文部以研讀儒學經典為主，包括《論語》、《孟子》、《中庸》等。英文部除英語、地理、數學、歷史外，亦須學習中國經史。1869 年，該校開設化學、幾何等現代學科，但校舍及設備漸見不敷應用。中央書院初創之際，其規模已較其餘皇家書館為大，校舍呈 H 型，兩邊為一層高之教學樓，中間以禮堂相連。然而，每間課室有近百名學子上課，極擠狹之餘，也沒有其他活動空間。殖民政府遂有另覓校舍，以擴充發展。

據史學家施其樂牧師（Rev. Carl T. Smith）之研究，本地華人早於 1843 年已在荷李活道建有城隍廟一座，即今 PMQ 元創方、原警察宿舍位置。[1] 據皇仁書院前校長司徒莊（John Stokes）編撰的 *Queen's College: Its History 1862-1987* 一書所載，該廟宇為殖民時代香港第一座華人社區設施 —— 除作一般祭祀用途外，還起着社區會堂（Town Hall）之作用。當時，鄰居華裔居民，會到城隍廟聚會、排難解紛。

皇仁書院第二代校舍全貌，位於荷李活道與鴨巴甸街交界，有「鴨巴甸街的貴婦」之稱。
二戰時被炸毀。
（圖片提供：皇仁書院校史館）

及至 1852 年，由葡萄牙裔的渣甸洋行會計 Floriano Antonio Rangel 購
入荷李活道相關地段，在城隍廟旁興建 50 間房屋；1876 年，由殖民
政府回購該土地以興建第二代中央書院校舍，城隍廟由是拆卸。

位處荷李活道兩代書院的更替，作為學生的孫中山，也是見證
人。1884 年 4 月 15 日，時年 18 歲的孫中山，以孫帝象之名註冊入讀
位處「荷李活道 — 歌賦街」的中央書院。是月 26 日，「荷李活道 —
鴨巴甸街」新校奠基，由港督寶雲爵士主禮。1889 年 7 月，荷李活道
新校舍耗時五年、耗資 25 萬港元落成啟用，並短暫改稱「維多利亞
書院」（Victoria College），乃當時全港除大會堂外，耗資至鉅之政府
建築 —— 因而被稱為「鴨巴甸街的貴婦」（The Old Lady of Aberdeen
Street）。[2]

「荷李活道 — 鴨巴甸街」的新校舍有課室 21 間，並設實驗室、活
動室、兩個球場及有蓋操場；及後，更建有小賣部、地理室、圖書館、
師範大樓等，硬件比歌賦街時改善不少。1894 年，維多利亞書院易名
皇仁書院，並延用至今。而中央書院在「荷李活道 — 歌賦街」的舊
址，則改由中央女子書院（Central School for Girls）所用。[3]

維多利亞書院啟用時，已有多達 960 名學生，比今天的皇仁書院
還多逾百名。在荷李活道時期，高峰更有近 1,400 名學生，成為重要
的現代教育基地，為華人、歐亞混血兒，及部分來自中國內地、西
方、東南亞國家的學子提供優質中、英文教育，亦由此促成了東西文
化交流，及現代化思潮在東亞的發展與傳播。自晚清始，從中央書院
到皇仁書院，除孫中山外，出於該校的政經、文化領袖尚包括：

　　敦李孝式（Tun Sir Henry Lee Hau Shik，馬來亞聯合邦首任財政部長）、廖仲愷、唐紹儀、王寵惠、王寵益、周壽臣、陳錦濤、胡禮垣、蘇曼殊、黎民偉、黃凌霜、唐福祥、李惠堂、何東、何福、何甘棠、何世禮、袁振英、羅旭龢、何啟、利希慎、簡東浦、律敦治（Jehangir Hormusjee Ruttonjee）、謝纘泰、劉鑄伯、馮柏燎、羅文錦、韋玉、鄧肇堅等。

　　上述活躍於 20 世紀的中外領袖，大多於荷李活道的校舍就學。及至 1941 年，日軍南侵香港，荷李活道皇仁書院受破壞、被迫停學。日本佔領軍徵用皇仁書院，用作騎兵總部。1944 年，校舍招祝融；次年日軍敗退，但皇仁書院舊址已不堪用。戰後該校學生於 1947 到 1950 年期間，遷至堅尼地道 26 至 28 號臨時校舍，即今聖約瑟書院旁，1950 年遷至高士威道現址。

　　日寇凌港，固然摧毀了黃金時期的皇仁書院；該校師生也沒有在該場人類史上最慘烈的戰爭中避席。當中，黃作梅及其表弟周元傑、同志譚幹兄弟，皆是皇仁時代的同學，在戰時參與了抗日事業。皇仁書院貫通中外的歷史角色，也透過其畢業生，在該場世界大戰中發揮作用。像黃作梅、林展等皇仁書院、庇理羅士女子中學的畢業生，代表中共抗日游擊隊，與美國海軍、飛虎隊，以及英國陸軍合作，在情報戰線及人道救援上，與日軍周旋。這種抵抗，從 1941 年 12 月初，日軍跨過深圳河南下起始，一直持續到 1945 年 8 月，日皇宣告無條件投降。在三年零八個月當中，並無休止。

　　皇仁書院和庇理羅士女子中學的畢業生，憑藉自身的中英兼擅，

而將中國抗日戰爭，與英美太平洋戰爭相連結。和眾多參與自清末以降、歷次革命的皇仁書院先輩一樣，黃作梅也由此走上陸、港兩地的政治舞台；在短促又豐富的 39 年當中，黃氏的生與死，貫穿了從戰爭到和平，中國並不平凡的現代化歷程。

二、從皇仁到萬隆 —— 香港抗日情報員與民間外交家

1955 年 4 月 11 日，中國外交部租用的印度客機，自香港啟德機場起飛，原定前往印尼萬隆；同日下午六時半，在印尼上空爆炸解體。飛機遇襲既撼動陸、港、台，亦將英、美、蘇聯、印度、印尼牽涉其中，成為國共相爭國際化的事例。機上所載萬隆會議採訪團，包括中國大陸、越南、奧地利及波蘭人員全體罹難，當中便有原倫敦、香港新華社社長黃作梅。黃氏在二戰期間代表中共游擊隊，在香港及周邊地區與英美合作抗日；因在國際救援、情報戰表現卓越，而於 1947 年成為首獲英皇 M.B.E 勳銜之中共黨員。

作為土生土長的香港記者和情報人員，黃作梅的生與死貫穿了抗戰、反殖等近代亞洲大事；在此，且先行回顧其成長經歷，從側面審視 20 世紀初的陸港關係與社會面貌。本文透過親訪黃作梅弟黃作材、表弟周元傑、長子黃偉健等人士，並參閱英國國家檔案館材料而成。嘗試為本土史補白，反而突出了香港在當代中國和亞洲的獨特角色。

黃作梅，1916 年 2 月 13 日生於香港上水。黃氏祖籍福建，後遷入廣東，世居廣州。黃作梅祖父早年移居香港，於政府學校教授中

1933 年皇仁書院的籃球隊。後排右一為黃作梅。
（圖片提供：皇仁書院校史館）

1934 年出版的皇仁書院校刊《黃龍報》封面
（圖片提供：皇仁書院校史館）

THE YELLOW DRAGON.   141

Ho Wing Scholarship—Ho Ka Lim.
Ho Iu Scholarship—Li King Yin.
Ho Kwong Scholarship—Ng Sui Ching.
Dealy Scholarship—Leung Siu Chun.
Ralphs Scholarship—Hui Chan Kwong.
Ng In Scholarship—Ng Kwok Sun.
Tsang Chung Scholarship—Li Wing Ki.
Sheung Hing Scholarship—Yuen Yuk Luen.

SPECIAL PRIZES.

" Ralphs " Head Prefect Medal.—Mok Kai Wing.
English Composition Prizes.—
    Class 1................Tsai Kam Fong.
      ,,   2................Ng Shun Hung.
      ,,   3................Lo Hing Shung.

Woo Lai Woon Translation Prizes.—

  C. to E.—Classes 1 & 2...1st...Fong Chun Kwan.
                     2nd...Pang Kwok Yee.
           Class 3...1st...Ho Mee Chim.
                     2nd...Fung Yan Yiu.

  E. to C.—Classes 1 & 2...1st...Fung Yee Man.
                     2nd...Wei Chi Yan.
           Class 3...1st...Fong Chung Chak.
                     2nd...Kwan Pak Chuen.

Prizes for Mathematics.—

        Class 1................Wong Tat Ho.
          ,,   2................Ng Shun Hung.

Rumjahn Prize for Literature.—Fong Chun Kwan.

Special Prize for Non-Chinese boy in English.—F. A.
    Curreem.

ENGLISH CLASS PRIZES.

1A.—1st Li Hon Wah, 2nd Cheung Shiu Wan.
1B.—1st Lee Ping Chuen, 2nd Wong Tat Ho.
2A.—1st Wong Tsok Mui, 2nd Man Hung Cho.
2B.—1st Cheung Chung Shing, 2nd Tam Ting Tung.

92   THE YELLOW DRAGON.

The School Certificate Examination

At the School Certificate Examination held for the first time in June, 1935, by the University of Hong Kong, Queen's College headed the list both with the percentage of passes and with the number of Honours obtained. The figures were as follows, those for the whole Colony, (boys) being given underneath :—

	No. Sat	Honours	Passes	Failed	Percentage
Q.C.	46	9	20	17	63
Colony	497	41	138	318	36

The following Queen's College boys were successful: the letters after a candidate's name indicate his eligibility for admission to certain Faculties at the University of Hong Kong, (a) to all Faculties, (b) to Medical Faculty only, (c) to Engineering Faculty, and Arts Faculty Groups 2, 4 (a) and (b), (d) to Arts Faculty Groups 6 and 7, and (e) to Arts Faculty Non-Mathematical groups.

HONOURS.	DISTINCTIONS.
Ahmed, Nazir (b, e)	Urdu.
Chung Pui Sun (a)	Algebra, Trigonometry.
Fong Chun Kwan (a)	English, Elementary Science.
Li Hon Wah (a)	Algebra.
Man Hung Cho (a)	Algebra, Geometry, Geography.
Mok Kai Wing (a)	Algebra, Geometry.
Ng Shun Hung (a)	English, Chinese Elementary Science, Algebra, Trigonometry, Geography.
Pang Kwok Yee (a)	Algebra.
Yuen Yuk Luen (a)	Elementary Science, Geography.

[Ng Shun Hung was one of the only two candidates in the Colony to gain six distinctions (out of a possible nine), and the only candidate in the Colony to gain a distinction in Chinese.]

PASS.

Chan Hon Keung (a)	Li Fook Yuen (c)
Chan Kam Hung (a)	Ma Tang Kow
Chau Kay Ming (b, d, e)	Ngai Kwong Chong (a)
Cheng Chung Shing (a)	Pun Iu Po (a)
Curreem, Farouk Abdul	Pun Poon San (c)
Fok Koon Ying	Tsai Kam Fong (a)
Ho Hung Chung (a)	Tso Shau Ling (c)
Hui Man Kai	Wei Che Yan
*Kung Ping Hong	Wong Chok Mui (a)
Lee Ngok Hung (a)	†Yeung Po Lim (a)

* With distinctions in Algebra and Trigonometry.

1934 年（左）與 1935 年（右）《黃龍報》有關成績優良學生的紀錄，內有黃作梅的考試成績與得獎紀錄，當中更有提及到黃作梅於 1935 年的香港大學入學試成績優異，可入讀港大任何學系。
（圖片提供：皇仁書院校史館）

文。[4] 及至黃作梅祖父過世，其長子念初、幼子文洋（即黃作梅之父親）自穗赴港，並於香港就學。黃念初為其父友人李不懈收養，李氏對黃文洋亦多加照料。是故黃李二族，實為世交，關係極深。李不懈育有三子，長子仁華、次子匡華與幼子援華。黃作梅日後加入中共，即受李氏諸子之影響。

學成後，黃念初繼承父業，亦於政府學校任教，並迎娶李不懈姪女李福初。黃文洋自皇仁書院畢業後，任香港政府文員逾 20 年，直至香港淪陷。黃作梅母，亦出身廣東番禺一秀才家。可見，黃作梅之父祖輩及母系，多受良好教育，投身文教事業者亦多。黃作梅為家中長子，下有弟三名、妹六名。黃作梅五歲於私塾啟蒙，九歲進入敦梅學校；該校為中文小學，位於灣仔，為著名詩人及教育家莫敦梅所創。

1932 年，黃作梅入讀皇仁書院，表現優異；據 30 年代該校校刊《黃龍報》所載，黃氏每每名列第一，連年獲取獎學金。[5] 其家人只曾為其繳交首年學費。由於黃作梅弟妹眾多，其父親之收入，不敷應用；為幫補家計，黃作梅自 1934 年始，以筆名黃懷冰，於《天光報》發表長篇小說《賢妻良母》，賺取稿費。

1935 年 6 月，黃作梅參加香港大學招生試，並以優秀成績獲得入讀任何學系之資格。但由於家貧，黃作梅未能繼續學業。1936 年 1 月，黃作梅加入香港公務員隊伍，任職於灣仔貨倉。同年，黃氏加入由中共領導的青年組織「怒潮讀書會」。該年 9 月，黃作梅參與左派工會組織之「九一八事變」紀念活動，而被殖民地政府拘捕，未幾獲釋。1937 年，黃作梅轉至海軍船塢工作。同年，「七七事變」爆發，

進一步激發香港青年愛國主義。

1938年，黃作梅加入李不懶創立之中華聖教總會。李氏為傳統文人，該會之宗旨為傳揚中國思想與文化。所謂聖教，即儒、釋、道三家。於30年代中，聖教總會由李氏長子仁華主理。李仁華二弟匡華、幼弟援華亦多有參與該會事務，而李匡華實為中共黨員。李仁華等人為響應時勢，於聖教總會多所宣傳抗日思想。黃作梅及其同輩，亦深受影響。李仁華等人之主要活動場所，為聖教總會所設立之學校，該校校長雖多有不滿，亦難以阻撓。其時，黃作梅活躍於聖教總會的歌詠班及螞蟻社研習組。

李氏兄弟亦常邀請左翼記者、學人，如喬冠華、劉思慕、金仲華等到聖教總會演講。香港學振會回國服務團領袖符和褟，也曾到聖教總會歌班報道東江縱隊與政府軍衝突情況。同時，黃作梅亦組織梅花讀書會，與年輕友人研讀左翼文學及社會主義著作。梅花讀書會成員包括袁玉蓮、陳佩雯（陳敏）、鄧瑜碧、梁端華、黃煒英（蘇平）、潘比薇、伍寶珍、黃月仙等，聚會地點為袁氏家中閣樓。

30年代末，黃作梅等聖教總會年輕成員多到香港街頭、鄉間、食肆，以話劇及歌唱形式，宣傳抗日救國思想。黃作梅及其家人於灣仔大王東街之住所，亦成宣傳話劇的排練場所。其時中共在港地下黨領袖楊康華、陳達明，亦常到上址與黃作梅聯絡。及至由中共領導之「華南抗日游擊隊東江縱隊」（東江縱隊）成立，楊、陳與黃作梅皆成為重要成員。[6]此外，前述的宣傳表演工作，亦成為募集款項、支援抗日運動的一種途徑。

　　黃作梅曾多次隨李匡華攜同捐款往見廖仲愷之女廖夢醒，託之轉交中共領導的八路軍。1941年爆發「皖南事變」，中共領導之新四軍與政府軍衝突，幾被全殲，亦一再刺激香港左傾學生的愛國抗日運動。

　　及後，李仁華病逝，李匡華、黃作梅等人受壓離開聖教總會，部分成員轉至香港華人文員協會（文協）。除黃作梅外，原中華聖教總會成員——李匡華、袁玉蓮、譚廷棟、梁益勤等，亦轉入文協。黃作梅並與李氏以外四人組成「五人小組」，於西營盤高街譚廷棟家中開會，討論時局。聖教總會更年輕之成員，則改為加入學餘聯誼社等學生組織。1940年，黃作梅獲選為文協主席。

　　1941年12月，香港淪陷。1942年春，「五人小組」與文協負責人謝錦全、李國安、張虹會面，商議抗日工作，並決定黃作梅、袁玉蓮留港，譚廷棟、謝錦全往南路，其餘人等加入東江縱隊。東江縱隊港九獨立大隊成立後，原聖教總會歌班成員陳佩雯、黃煒英、梁佩雲加入該大隊市區中隊。黃作梅任港九獨立大隊國際工作小組組長，領導林展、譚廷棟弟譚幹等營救被日拘禁的各國官民。黃作梅的八名弟妹，亦先後加入中共抗日游擊隊。

　　黃作梅二弟作標往南路，二妹楚玉加入東江縱隊，兩者較黃作梅更早投入抗日戰爭。黃作梅幼弟作權，亦為東江縱隊游擊隊員，後於抗戰期間殉國。黃作梅父親黃文洋及黃作梅長妹楚妍、五弟作材，亦於淪陷時期加入黃作梅主理之情報站；黃作梅妹楚珊、楚妍於中共游擊隊及新華社電台工作。

三、從抗戰國際救援到盟軍情報合作 ── 黃作梅的人道角色

　　土生土長的黃作梅受到李氏三兄弟之影響，於香港參與抗日活動，並透過左翼青年團體認識馬列。1941 年 6 月，黃作梅加入中共，經四個月候補，於 10 月轉為黨員。是年 12 月底，香港淪陷。黃氏於 1941、42 年之交，短暫北返東江，協助營救困於香港的國際友人及盟軍戰俘。

　　1942 年 2 月，黃作梅返抵香港，動員青年參與抗日。3 月，廣東人民抗日游擊隊（後改稱東江縱隊）港九獨立大隊成立國際工作組，黃作梅任組長，組員包括譚幹、林展、盧陵；黃作梅父、弟妹亦從事掩護工作。成立之初，該小組於九龍彌敦道盧陵家中會面，未幾轉移至深水埗界限街黃氏住處。

　　此前，日軍尚未自粵南下，於 1937 至 1941 年間，大量中國文化人滯留香港以避兵火。日軍陷港後，尚未全面掌控局勢。其時，按周恩來指示，港九大隊協助逾 800 名文化人自香港轉至中國後方，並同時救出以英、印籍等盟軍戰俘，當中包括港大醫學院院長、戰時任駐港軍醫的賴廉士爵士（Sir Lindsay Tasman Ride）。

　　賴廉士及其餘數名英軍獲港九大隊之助，逃離虎口後，遂建議英方成立「英軍服務團」（British Army Aid Group，簡稱 BAAG），從事營救及情報工作。[7] 1942 年 7 月，獲倫敦及重慶應允，賴廉士任服務團首任長官。服務團總部設於桂林，前進指揮部則在惠州。惠州指揮

部負責人祈德尊爵士（Sir John Douglas Clague），亦曾為港九大隊所救。[8] 戰後，賴廉士於 1949 至 1964 年執掌港大，為任期最長、建樹甚廣的校長。

為與英軍服務團合作，黃作梅領導的國際工作小組，於九龍設廣恆雜貨舖，實為情報站，為港九大隊與服務團華籍人員陳養的交接點。就 1946 年 2 月 19 日黃作梅在《華商報》撰文所見，據不完全統計，港九大隊於戰時營救國際友人包括：英國 20 人、美國機師 8 人、印度 54 人、丹麥 3 人、挪威 2 人、俄國 1 人、菲律賓 1 人，共計 89 人。[9]

除領導營救工作，黃作梅亦親身參與中、美、英聯合情報行動。[10] 日軍據港後，以九龍啟德機場為空軍基地，修建飛機掩體及偽裝工事，盟軍難以取得空權。為此，美國第十四航空隊，即援華飛虎隊，亟需實地偵測情報以利空中轟炸，在地面摧毀日本空軍力量。[11]

1942 年 10 月，經英方聯繫，黃作梅率飛虎隊偵照官及翻譯李玉標，從英軍服務團惠陽指揮部，前往西貢赤徑港九大隊部，商討近距查察啟德機場的行動細節，與港九大隊隊長、政委等人與美軍制訂方案。

及後，黃作梅被指派帶領美軍，沿西貢北部高塘、白沙澳，抵達港九大隊管控的深涌交通站；入夜後乘黑從水路抵達沙田海口大水坑，再登山上梅子林村，轉由黃冠芳短槍隊護送，在黎明前急抵獅子山。順利架設偵照裝備後，利用晨光精確拍攝啟德實況，隨即安全返回基地。及後，飛虎隊指揮官陳納德少將（Major General Claire Lee

Chennault）自曲江向東江縱隊致感謝電。[12]

1944 年，太平洋形勢扭轉，美軍反攻。是年夏，飛虎隊在坪山至羅浮山一帶的東江縱隊總部設「觀察組」，以歐戴義少校（Major Merrill Steele Ady）為首作情報互助。東縱亦新設「聯絡處」為對口，袁庚任處長、黃作梅為聯絡員兼翻譯。其時袁庚領導的東江縱隊情報人員已達二百餘人，分佈在東江、西江、北江流域。黃作梅將各地收集的情報翻譯成英文，交歐戴義人員轉為密碼，經電台發予飛虎隊及尼米茲艦隊。

1946 年 3 月 28 日，黃作梅再度於《華商報》撰文，簡述東江縱隊向太平洋美軍提供的重大情報：

1. 日軍駐港、穗之防衛力量及意圖之詳細報告；
2. 啟德、西鄉南頭、廣州白雲諸機場、港穗諸船塢之圖例及說明；
3. 香港海旁、拜亞士灣、沿九廣鐵路、新界各地日軍工事圖解或實地偵照；
4. 日艦在稔平半島、太平、虎門之布防及巡邏實況，當地水文調查；
5. 日本駐港機關、油庫詳圖，駐穗軍政機關、貨倉、船塢、工廠表冊；
6. 日據港府 1945 年 3 月情報總結、極密第 36、40 號情報；
7. 日據港府之組織、軍事手冊、傳染病圖表；

8. 日軍華南艦隊密碼、運輸艦圖解、油類樣本；

9. 日本軍機材料及圖例，日本機師受訓之筆記；及

10. 日本陸軍符號命令，129 師團（波雷部隊）重要文件。

此外，該文轉引飛虎隊機師克爾（Donald W. Kerr）及伊根（J. Egan）獲港九大隊救援後所寫的感謝信。近年，克爾兒子、孫女等後人，亦曾多次抵港，重走克爾被日軍擊落，從九龍到新界遇險、獲救的路線。

結語

從戰時到戰後，從戰場到商場，香港始終是中國與世界及英美的超級聯繫人；七十多年前，黃作梅和港九大隊所領導的情報和救援行動，跨越了膚色和政治信仰界限，成為國際人道主義合作重要一環，尤其值得銘記。[13]

注　釋

1　C. T. Smith, "Notes on Chinese Temples in Hong Kong," *Journal of the Hong Kong Branch of the Royal Asiatic Society*, Vol. 13 (1973): 133-139.

2　維多利亞書院建築圖則複印本，現藏高士威道皇仁書院校史館。

3　該校後改名為庇理羅士女子中學，戰後，原「荷李活道 — 歌賦街」中央書院舊址改為荷李活道官立小學。繼皇仁書院遷往高士威道後，庇理羅士女子中學亦遷至天后廟道，毗連至今。

4　作者嘗試查證黃作梅祖父抵港年份而不果。黃作梅家人亦無相關紀錄。

5　皇仁書院：《黃龍報》（*The Yellow Dragon*），1934、1935。

6　*Extract from Report by Lieutenant-Colonel C. R. Spear*. 14 June 1942. London: The National Archives, WO 208/254; *Extract from GHQ INDIA W.I.S. No. 71*. 12 March 1943. London: The National Archives, WO 208/334.

7　E. Ride, *BAAG: Hong Kong Resistance, 1942-1945* (Hong Kong: Oxford University Press, 1981), pp. 39-46.

8　*Extract from Report by Lieutenant-Colonel C. R. Spear*. 14 June 1942. London: The National Archives, WO 208/254.

9　O. Lindsay, *At the Going Down of the Sun: Hong Kong and South-East Asia, 1941-1945* (London: Hamilton, 1981), p. 108; *Escape Report*. 16 February 1943. London: The National Archives, CO 129/590/22.

10　*L. T. Ride's Letter for Mr. Derry*. 27 May 1946. London: The National Archives, FO 371/53741.

11　"The Canton-Hongkong Guerrillas and Allied Strategy in the Pacific," *Amerasia*, Vol. 8, No. 13 (1944): 215-220.

12　*Major D. R. Holmes to Major Egerton Mott*. 12 July 1944. London: The National Archives, WO 208/451.

13　G. Priestwood, *Through Japanese Barbed Wire* (New York: Appleton-Century, 1943).

第二篇

八面玲瓏的社會精英：

跨國集團與文化商人

英商、印商抑或巴斯商人：
塔塔集團在荷李活道的
早期足跡

—— 黃紹倫

前言

塔塔集團（Tata Group）是今日印度最大的跨國集團，旗下擁有一百多家運營公司，在全球各地僱用員工超過 66 萬人。集團在 2016－17 財政年度的總收入約為 1,004 億美元，其中接近六成半收入來自印度本土以外的業務。根據集團的自我介紹，它旗下的許多公司都在相關行業取得全球領先地位：「塔塔通信公司是世界排名第一的國際語音服務批發商；塔塔汽車公司是世界排名前十位的商用車輛製造商；塔塔鋼鐵公司位列世界前 15 鋼鐵製造商之列；塔塔諮詢服務公司的市值和利潤使其榮膺世界第二大 IT 服務公司；塔塔全球飲料公司是世界第二品牌茶葉公司；塔塔化工公司是世界第二大純鹼生產商。」¹

創立於 1868 年的塔塔集團，至今已有 150 年歷史，但較少為人所

知的，是它在創立初期的 50 年間，和香港有頗密切的關係。塔塔集團
今日揚名世界，但它的早期經歷，卻在香港的集體記憶中隱沒無聞。
不過，塔塔集團早期事跡在香港記憶中淡出，只是第二次世界大戰以
後的狀況。在香港淪陷之前，塔塔集團在香港仍然享負盛名。在 1941
年，香港政府準備慶祝香港開埠 100 周年。但由於四周戰雲密布，慶
祝活動只是低調進行，活動之一是由香港電台廣播一系列講座，邀請
各界知名人士談論香港 100 年來的發展成就。這講座系列後來結集成
書，以英文發表。這本《香港百年紀念廣播談話錄 1841－1941》(*Hong
Kong Centenary Commemorative Talks, 1841-1941*，下稱《百年紀念》)
的卷首，是以香港署理港督岳桐（Edward F. Norton）的談話開始，而
最後則以〈印度籍開拓者〉一文壓軸。在壓軸文章之前，我們看到塔
塔集團始創人任些治・塔塔（Jamsetji Nusserwanji Tata，1839－1904）
的傳記簡介。書中簡介這樣讚揚任些治：「一個偉大工業家和著名印度
工業之父。他是在香港享譽甚隆的塔塔公司創辦人，在大宗紡織品貿
易方面涉獵甚廣。」[2] 在紡織工業之外，簡介亦指出他開創了塔塔鋼
鐵工廠和水電企業，為印度的對華以至世界各地貿易作出大量貢獻。
任些治在 1904 年去世，繼承他遺志的兩個兒子都長駐印度孟買，在那
裏把他的企業鴻圖實現推行，發揚光大。那為甚麼《百年紀念》在他
去世近 40 年後，仍然特別提及他的生平呢？表面的原因，是塔塔集團
在香港和華南地區，仍然後繼有人。《百年紀念》對任些治的簡介便有
指出塔塔家族成員比贊・塔塔（B. D. Tata）在上海經營頗具規模的紗
廠，可說是塔塔集團在華業務的延續。但骨子裏的原因，可能是對時

局的憂慮。簡介提及任些治創立塔塔鋼鐵公司，「它的規範在東方首屈一指，它為英國政府提供種類繁多的頂級鋼材，是過去世界大戰和現時戰爭的寶貴資源」。[3] 任些治的重要性，在戰雲密布的環境下，顯得特別耀眼。

任些治小傳刊登在《百年紀念》書末，是介紹香港巴斯商人的組成部分。巴斯人是印度的少數族裔，源自中東波斯，即現在的伊朗。他們信奉瑣羅亞斯德教，亦稱祆教或拜火教。在 8 至 10 世紀期間，伊斯蘭教在中東地區大為興盛，波斯帝國沒落，一些堅持信仰的祆教徒遷移到印度西岸，定居下來，仍然保持自己的風俗和傳統。他們雖然割斷了和中東的關係，大部分採納了古吉拉特語或其他的印度方言，但在婚姻習俗上奉行族內通婚，沒有完全融入印度社會，一直維持他們作為少數族裔的身份。他們人數不多，在 19 世紀時逐漸聚居孟買。據孟買的 1864 年人口統計紀錄，巴斯居民已接近五萬人，佔孟買總人口約百分之六。其後在 1920－1921 年的印度全國人口普查中，點算了巴斯居民 102,000 人，只佔總人口萬分之三。[4]

巴斯人在印度數量上雖然稀少，但他們歷來精於貿易，聚居孟買之後，經濟表現非常突出。無論是造船、融資或中介經紀的業務，他們都當行出色。在 19 世紀中期，孟買開始工業化，率先建立的 13 家紗廠之中，九家的主要股東是巴斯商人。當孟買銀行在 1840 年啟業時，三百多名股東中巴斯商人佔了三分之一。他們在經濟領域的驕人成就，和英國在印度的殖民統治密不可分。巴斯商賈和英國官商合作無間，可說是如魚得水。英國政府對巴斯商人甚為倚重，讚賞有嘉。

直到 1946 年，英廷一共頒授了 63 個爵士勳銜給印度的巴斯族裔。英國和巴斯人士在印度建立起來的緊密互利關係，可說是獨一無二的。這個緊密連繫的構成，部分是建基於巴斯族裔的文化傳統，特別是在宗教上，他們和英國精英都信奉一神論，而祆教教義中並不排斥從商致富的活動。但主要的成因，應該是源於英國以少數精英統治印度這個大國的需要。英國政治家麥考利（Thomas B. Macaulay）在 1835 年便一語道破這個玄機：「目前我們必須盡力構建一個階層，使它可以成為我們和我們統治的萬千群眾之間的傳譯員。這個階層的人士，要有印度血統和印度膚色，但同時具備英式品味、英式見解、英式品德以及英式才智。」[5] 巴斯族裔人士心領神會，積極英化，把子女送往英式學校，家族中轉說英語，緊握機會，躋身進入這個中介階層，和英國統治精英共存共榮。當英國殖民隊伍遠渡重洋，以武力擴張對華貿易的時候，巴斯商人亦一馬當先，在華南施展拳腳。來華的巴斯商人之中，便有任些治的身影。

一、荷李活道的塔塔足跡

任些治的祖先，在移居印度之後，歷代都是教士，以傳承祆教為志業。直到他的父親才打破家族傳統，棄教從商，遷往孟買設立商號。任些治在孟買接受英式教育，畢業後參加家族生意，在 1859 年被遣派到香港和上海來建立分支。他在香港代父親在荷李活道上成立一間合伙公司，前後運作了五十多年。他在香港和華南居住了四年，

塔塔集團創辦人任些治·塔塔
（圖片來源：F. R. Harris, *Jamsetji Nusserwanji
Tata: A Chronicle of His Life* (Second Edition)
(Bombay: Blackie & Son (India) Ltd., 1958),
frontispiece.）

於 1863 年返回孟買，從此沒有直接管理香港的業務。[6]

在荷李活道的塔塔公司業務，早期由任些治的姑丈打理。在 1873 年以英文出版的《中國、日本和菲律賓的紀事和名錄 1873》（*The Chronicle & Directory for China, Japan, & The Philippines, for the Year 1873*）一書中，我們找到以下的紀錄：

> 蹄打 Tata, D. C., merchant, Hollywood Road.
>
> [Staff:] C. Burjorjee, H. R. Cotwal, D. Burjorjee (Shanghai), R. Pestonjee (do).[7]

由此可知，任些治的姑丈主持那時譯作「蹄打」公司的運作，僱員只有四個，兩名在香港工作，其他兩名則駐在上海。

在那時期，香港政府每年都在憲報刊登陪審員名錄，陪審員都是居住在香港的成年人，需要懂得英語，因為法庭審判是以英語進行。名錄列出陪審員的姓名、職業和地址。在 1884 年的名錄中，我們看到律敦治・塔塔（Ruttonjee D. Tata）的名字。律敦治是任些治姑丈的兒子，他應該在這段時候接替了他父親的職務，主持香港塔塔公司（Tata & Co.）的生意。在這年的名錄裏，陪審員報稱地址在荷李活道的公司，包括以下的著名企業，可見塔塔公司是置身於一條相當繁華和國際化的街道上：

> Tata & Co.; Framjee Hormusjee & Co.; Kowasjee Pallanjee & Co.; D.

Sassoon Sons & Co.; Russell & Co.; G. Sharp; Lusitano Club; Hongkong & Shanghai Bank; Guedes & Co.; Mehta & Co.; Chartered Bank; Belilios & Co.; Holliday Wise & Co.[8]

　　但塔塔公司是在荷李活道哪一處開舖營業的呢？香港陪審員名錄在較後期開始列出陪審員的詳細地址。在 1906 年的名錄中，我們看到三名塔塔公司成員的地址：

N. K. Antia　　　　　49 Hollywood Road

K. D. Mistry　　　　　33 Hollywood Road

B. A. Taraporewala　　43 Hollywood Road [9]

　　綜合這幾年間陪審員名錄的資料，看來塔塔公司是設於荷李活道 33 至 39 號這段範圍，而公司的成員則在附近的樓宇居住。33 至 39 號位於荷李活道東端，鄰近今日中環至半山的自動扶手電梯，再往東走便是俗稱「大館」的舊中區警署總部，治安應該很有保證。

　　在 1911 年 7 月，《南華早報》刊登了一則有關巴斯商人坎巴塔（Pestonji Edulji Khambatta）去世的報道。坎巴塔逝世時已接近 80 歲，住在荷李活道，是居港時間最長的巴斯商人。《南華早報》的報道，可以從一個側面顯示塔塔公司在香港活動的痕跡：

　　……坎巴塔先生在 1832 年 5 月 28 日生於孟買……他

在 1856 年 6 月 30 日離開孟買，乘搭「查理士格蘭號」於 1856 年 7 月 16 日抵達黃埔。他在黃埔的一間巴斯公司任職助理。其後，當香港成立，地位鞏固下來，商業活動開始轉移到這裏來的時候，他便遷居香港，在鐵行輪船公司任助理。幾年後他加入現已結業的塔塔公司，擔任本地經理的職務。掌握了棉花和棉紗市場運作的竅門之後，他自立門戶，成為獨立經紀，為幾家著名的公司提供服務 …… 他在本殖民地工作初期，曾經返回印度家鄉探望，但在他成為獨立棉紗經紀之後，足足 40 年間，他再未有回到孟買 …… [10]

從以上坎巴塔的生平，我們知道塔塔公司在香港的業務，清楚是和棉花及棉紗交易有關。另外還有一種貿易，報道中沒有明確指出，但從坎巴塔首次踏足華南的時間和地點來看，呼之欲出的，應該是鴉片貿易。

二、鴉片貿易

在 1839 年，林則徐受命往廣州禁煙。在他到任之前，道光皇帝已經下旨不准英商在華進行貿易活動，對在廣州銷售鴉片的英國商人施加壓力，以令他們嚴守禁煙法令。那時在廣州進行大宗鴉片買賣的商人，巴斯裔的比英裔人士還要多。為了逃避貿易禁令，巴斯商人向廣州官府上書，說他們來自印度，並非英國商人，要求豁免。廣州官府

把巴斯商人的請求上呈，道光皇帝看了大怒，嚴斥巴斯商人意圖瞞天過海，說鴉片「正是來自彼邦，爾等欲騙誰！」[11]

這個時候，塔塔公司尚未成立，沒有參與這場鬧劇。塔塔家族在華南現身，是在第一次鴉片戰爭之後。在 1859 年任些治被父親派遣東來，在華南逗留了四年。我們對他在華南的經歷所知不多，但在一本有關中國對孟買發展的影響的書中，我們看到任些治一幅年輕時的相片，頭戴軟布軍帽，帽帶緊緊箍在嘴唇下面，上身穿着深色軍服，左右兩袖繡有英廷徽章，下身穿着淺色軍褲，右手拿着長槍，好像執着手杖那樣。相片下面的標題寫着「年青的任些治‧塔塔先生作為英國在華軍事行動中的志願軍人」。[12] 任些治應該是參加了第二次鴉片戰爭（1856－1860），在華南為英國軍隊效力。參戰之餘，任些治在香港荷李活道開設了一家合伙公司，幾年後這合伙生意更名為塔塔公司。塔塔公司可能在開業之初便涉足鴉片貿易。

到了 1887 年，我們在香港官方文件上看到塔塔公司參與鴉片貿易的紀錄。那年的《香港政府憲報》（*The Hong Kong Government Gazette*）刊登了 3 月 25 日舉行的立法局會議紀錄。那時立法局正在審議有關改善監管鴉片貿易的法案，目的在制止鴉片從香港走私入中國的活動。香港的鴉片商人認為法案對他們不利，於是向政府提交了兩份請願書。其中一份代表鴉片入口和總銷商的意見，聯署的共七家公司，都是外資洋行。另外一份代表鴉片分銷商的看法，署名的有 22 人，全部是華籍商人，代表入口和總銷商的請願書，由以下的七家洋行聯署，塔塔公司排第三，公司代表是律敦治‧塔塔：

Shellim Ezekiel Shellim	David Sassoon, Sons & Co.
Jacob Silas Moses	E. D. Sassoon & Co.
Ruttonjee Dadabhoy Tata	Tata & Co.
Marcus David Ezekiel	Abraham, Ezekiel & Co.
Mahomedbhoy Khetsey	Tharia Topan
Jafferbhoy Khetsey	Jairazbhoy Peerbhoy & Co.
Hormusjee Meherwanjee Mehta	Framjee Hormusjee & Co.[13]

　　在其後的 20 年間，塔塔公司繼續在荷李活道經營鴉片業務。到了 1907 年，香港的鴉片入口商再次採取公開聯合行動。這次行動的導火線，是南京總督打算在南京批出鴉片買賣專利權，香港的鴉片商人認為這項舉措有違《南京條約》。由於條約給予英國商人在華自由貿易的權利，因此南京總督便不應設立專利買賣。作為英國商人，香港的鴉片入口商去信香港總商會主席，要求總商會以電報催促英國駐北京大使提出抗議，制止南京總督的舉措。呈交香港總商會主席的公開信，由以下 13 家洋行聯署，塔塔公司排名第五：

David Sassoon and Co., Ltd.

E. D. Sassoon and Co.

S. J. David and Co.

E. Pabaney

Tata, Sons and Co.

H. M. H. Nemazee

Cawasjee Pallanjee, and Co.

P. F. Talati

M. H. E. Ellias

Abdoolally Ebrahim and Co.

C. Abdoola and Co.

Moosa Vieira and Co.

Phirozsha B. Petit and Co.[14]

　　這次集體上書表面上頗有成效。在翌年 2 月 25 日，香港總商會再次召開大會，參加人數非常踴躍。總商會主席匯報成果，說透過英國駐北京大使的抗議，南京鴉片專利方案擱置了下來。但他提醒一眾會員不能鬆懈，因為「非法干預外商貿易的舉止」很可能會陸續有來。[15]

　　總商會主席的擔憂不無道理。在備受各方輿論批評之下，香港的鴉片商人亦意識到這項生意不能再持續下去，終於到了落幕的階段。在 1908 年 2 月 1 日的《南華早報》上，刊登了一則求職廣告：

　　　尋求職位：求職者為一位活力充沛，品格良好的男士，具備 20 年在印度和中國的商貿及航運經驗，熟悉會計、書信、辦公室事務和精算，過去 20 年來受僱於有名的航運公司，能夠影響孟買和歐洲的運費，可以提供一流的推薦書及最佳的文憑。請接觸 "D. K. K."，由塔塔父子公司（Tata Son & Co.）轉達。[16]

這則求職廣告刊出大約半年之後，我們在《南華早報》上得知塔
塔公司結束了香港的業務。《南華早報》在 1909 年 8 月 21 日作出以下
報道：

> 重要商行結束營業 —— 錫拿（S. D. Setna）先生是著名比蒂
> 公司（Petit and Co.）的經理。比蒂公司經營印度棉紗和鴉片業
> 務。錫拿先生在香港有 26 年之久，現在返回孟買，不知甚麼時
> 候會再到香港，因為他在過去四年管理得頭頭是道的比蒂公司
> 停止了在本殖民地的生意，主要原因是清朝政府近期破壞鴉片
> 貿易的舉止 …… 這樣的前景令兩家在本殖民地佔領先位置的商
> 行，即塔塔父子公司和比蒂公司，不得不關門結業，真是令人
> 惋惜 …… [17]

三、棉花貿易

販賣鴉片，並不光彩，但它是容易賺錢的生意，能夠為當時的英
國和印度政府扭轉買入中國茶葉造成的龐大貿易逆差的形勢。但在發
掘出這項利潤豐厚的產品之前，英國通過印度輸往中國的最大宗貨
物，其實是印度棉花。而棉花貿易，造就了孟買的興起。孟買向中國
輸出棉花的高峰期，是介乎 18 世紀末至 19 世紀初的時候。在 1823
年之前，印度棉花一直是廣州十三行從孟買輸入的最大宗貨物。[18] 孟

買棉花輸華，在 1805 年達到頂峰。在那一年，孟買向中國出口貨物總值 150 萬盧比，其中棉花佔了 94 萬盧比，佔出口總值六成多。到了 1860 年，印度向外輸出的棉花，差不多三分之一是輸往中國。到了 1890 年，中國從外地購買的棉花，絕大部分仍然是來自印度。[19]

塔塔公司在印度棉花輸華貿易中，扮演重要角色。在任些治傳記裏面，有塔塔公司在香港從事棉花買賣的記錄：「在 1859 年 12 月一間新分支在香港啟業 …… 分支的辦事處設在荷李活道，人事更替之下一直維持了 50 年 …… 它主要進口棉花和鴉片，獲利頗豐。出口運往印度的貨品則包括茶葉、絲綢、樟腦、肉桂、銅和黃銅，以及中國黃金。」[20] 到了 1882 年，《德臣西報》（The China Mail）在 6 月 1 日刊登了一則新聞，關於一名棉花經紀破產的消息。這名經紀叫吳丁順（音譯：Ng Ting-shun），報稱地址是永樂街 50 號，欠下麼地公司（Mody & Co.）港幣 8,528 元。他要求塔塔公司為他作仲裁，而塔塔公司的買辦為他提供破產證據。[21] 由此看來，吳丁順應該是塔塔公司買辦旗下的棉花經紀。而塔塔公司的買辦叫唐朗軒（Tong Long-hin），亦名唐鼎榮，他在 1895 年當選為東華醫院的乙未年董事。[22] 唐朗軒能夠成為東華醫院董事，可見他在華人社會中具有相當經濟實力和社會地位。塔塔公司有這樣顯赫的買辦，它的棉花生意規模亦可想而知。

塔塔公司的棉花貿易，並非局限於香港。它在上海的棉花交易，看來是執這項生意的牛耳。在 20 世紀初期，上海的英文報章報道棉花價格，都是引述塔塔公司在世界各地代理的行情報道。例如在 1916 年 10 月 28 日，上海的《北華捷報》報道美國棉花漲價，依靠的便是

塔塔公司紐約代理的報告。[23] 同年 12 月 16 日，這報章告知讀者西方棉花價格回落，引用的是塔塔公司利物浦代理的電訊。[24] 塔塔公司在上海儲存大量棉花。在 1916 年 4 月 29 日，上海的寧波碼頭發生驚天大火災，大火燃燒超過 12 小時，「海關的滅火輪特別著視碼頭的遠岸，恐怕危及塔塔父子公司的棉花倉庫。」[25] 到了 1922 年，香港《南華早報》在 3 月 4 日報道另一項上海大火的消息。這一次火災直接波及塔塔集團的棉花庫存：「崇信紗廠大火，燒毀了 800 包散裝棉花，損失大約 30,000 元。棉花是律敦治‧塔塔公司所有，全部買了保險。」[26]

　　塔塔公司的棉花生意，不只甚具規模，而且屢有創新。首先，任些治離開香港，返回印度之後，曾經往埃及觀察棉花種植情況，然後把埃及棉花種子帶回孟買附近推廣移植，提高了印度棉花的質素。他是把埃及棉花引入印度的第一人。[27] 其次，他努力嘗試降低輸出印度棉花的運費，甚至不惜與實力雄厚的英國鐵行輪船公司（Peninsular and Oriental Steam Navigation Company, P. & O. Co.）為敵。鐵行輪船公司在 19 世紀中期壟斷印度棉花和鴉片輸華的生意，運費甚高，亦私下給予少數猶太商人折扣優惠，令任些治非常不滿。為了抗衡鐵行的壟斷，他親自前往東京，和日本郵船株式會社（Nippon Yusen Kaisha Line, NYK）洽商，並簽訂協議，以低於鐵行的價錢運載印度棉花到中國和日本。為達成這目標，他決定成立自己的航運公司，把家族的聲譽也押上去。他在 1893 年寫信給他兩個兒子：「我建議把它命名為塔塔輪船公司（Tata Line），以鞭策我們家族竭盡全力，使它能夠長久致遠……」，[28] 但任些治這項雄圖大計，未有取得成功。新的航線

和鐵行交手數個回合便敗下陣來，令任些治無功而還。挑戰鐵行的舉動，亦令英國高層對任些治起了疑心。雖然後來任些治曾經草擬信件給他的英國世交，說他和鐵行的交鋒，只是在商言商的競爭行為，希望釋除英方的疑慮。[29] 但英廷看來仍然耿耿於懷，終於沒有給任些治頒授爵位。

　　但塔塔公司在棉花貿易方面的最大創舉，無疑是開拓日本市場。塔塔家族成員，在香港和上海成立分支不久，便對日本產生興趣。任些治的父親在年老退休之後，得了一場大病，康復後到華南視察生意，然後前往剛打開國門的日本，成為最早踏足日本的印度商人。[30] 而任些治自己則直接和日本郵船株式會社合作，聯手對抗鐵行郵輪。此舉雖然失敗，但他一直對日本的發展深感關注，就是在 1904 年臨終時，仍留意日本和俄國的戰事，對日本軍隊的節節勝利，表示鼓舞。[31] 任些治和他的父親為甚麼這樣重視日本呢？主要原因，看來是他們敏銳地覺察到日本在發展紡織工業的巨大潛力。到了 1928 年，當日本的紡織工業羽翼已豐，能夠獨當一面的時候，英國蘭開夏（Lancashire）的棉紡公會發表了一份報告，分析日本紡織業強勁崛起的原因。報告指出日本在紡織方面具備三項優勢：一、貼近最龐大的棉紗及布疋市場（即中國）；二、擁有平價但高效的電力供應；三、具備購入原料和輸出成品的統籌能力。報告接着說：「日本棉紡工業，自 1889 年創立以來，便一直持續穩步發展。在創立那一年，律敦治·塔塔（R. D. Tata）先生率先把 32 包印度棉花輸往日本。」[32]

　　塔塔公司顯然是日本棉紡工業的拓荒者，而它在日本的具體代表

是律敦治。律敦治向日本輸出第一批印度棉花之後，便在大阪設立塔塔分支，擴大棉花貿易。他在經濟方面的貢獻，使他在日本享有崇高地位，能夠和當地政要平起平坐，推動印度和日本之間的友好合作關係。在 1918 年，他重訪日本，前往早稻田探訪日本的第五任首相大隈重信。和大隈重信見面的時候，律敦治說他上一次到訪日本已經是 28 年前的事，他對日本的超凡發展表示驚訝和敬佩，對日本和印度的貿易長足增長甚為滿意。他認為這可喜的局面需要歸功於大隈重信和「日本資本主義之父」澀澤榮一（Shibusawa Eiichi）等人的努力。大隈重信（Ōkuma Shigenobu）回應說在最近的大戰中（即第一次世界大戰），英國應該感激日本的忠心支持，亦應該對日本和印度人民的逐漸靠攏感到滿意。律敦治其後向大隈重信表達他的擔憂：他覺察到一部分日本人有輕視印度的傾向，認為印度人是次等民族。他希望能夠消弭這種傾向，否則印度和日本的關係便會重蹈中日關係的覆轍。[33] 重訪日本幾年之後，律敦治在巴黎去世。他去世的消息，由日本 ─ 印度協會（Japan-India Society）在東京發出，通告中指出日本政府在不久前給律敦治頒授了三等旭日勳章（Third Class Order of the Rising Sun）。[34]

四、棉紗生意

鴉片和棉花交易，為塔塔公司在香港和華南，賺取了相當利潤。但這兩項交易都屬於農產品原料的買賣，價格波動，時高時低，利潤

並不穩定。作為塔塔集團的創辦者，任些治的最大貢獻是邁向工業化，大膽創新，在孟買率先建立紗廠，向一直雄霸印度棉紗市場的英國蘭開夏工業家挑戰。他和其他巴斯商人，在向華貿易中積累了資金，看到孟買具備生產棉紗的優越條件，既有附近的大量棉花供應，亦有鄰近腹地以及遠方中國的龐大市場，再加上本地的廉價勞工，覺得設立紗廠是大有可為的事。於是他們大展拳腳，以棉紗工業為試點，搖身一變成為孟買和印度工業化的先行者。在 1854 至 1870 年間，孟買共有 13 家紗廠成立，其中九家為巴斯商人所有，而巴斯人在孟買數目不多，只佔當時城市人口百分之六而已。[35] 這些新興紗廠生產的棉紗，大部分運往中國銷售。在 1870 年代以前，中國的棉紗市場是由英國獨佔。而孟買棉紗踏進中國之後，以驚人的速度增長，不久便把英國棉紗遠遠拋在後頭。在 1875 年，孟買棉紗輸華數量不過 2,000 包。到了 1895 年後，它已經大步躍升到 452,000 包了。印度孟買棉紗這時差不多壟斷了中國市場，銷售額佔了總數的百分之九十六，而英國棉紗則大幅萎縮至百分之四而已。[36]

棉紡工業原本是英國作為世界工業化先鋒的首本戲，想不到在 19 世紀末期居然給印度的新興紗廠比下去，差不多被擠出了中國的銷售舞台。領導印度這股新興工業力量的中堅人物，便是任些治。任些治在出道之初，便踏足英倫，處理他父親合伙的金融企業投機失敗的問題。和債務人周旋之餘，他開始留意英國紡織工業的運作，對機械化生產有了初步了解。回到孟買後，在 1869 年，他首次涉足紡織業，收購了一家破產的製油廠，把它改造成棉紡紗廠。兩年後，他把紗廠轉

手賣出，獲得了第一桶金。初嘗甜頭之後，他再往英國，深入研究蘭
開夏的紡織工業。他研究的主要心得，便是紗廠選址的重要，包含三
大要素：貼近棉花產地、連接鐵路運輸和擁有充足水電能源供應。返
回印度時，他獨排眾議，不在孟買設廠，而是根據這三項條件，選址
在那格浦爾（Nagpur），建立了他第一家的全新紗廠。這紗廠開業不
久，便大獲成功，為任些治賺得財富，亦取得聲譽。在 1877 年 1 月 1
日，當英國維多利亞女皇宣布成為印度女帝的時候，任些治把這家紗
廠命名為「女帝紗廠」（Empress Mills）。女帝紗廠上了軌道之後，任
些治籌建第二家紗廠，取名「本土紗廠」（Svadeshi Mills），於 1886
年開業。這兩家紗廠各有分工，女帝紗廠生產普通粗紗，本土紗廠則
專攻精細幼紗。這兩家紗廠是任些治畢生事業的基石，為他贏取了
「印度工業之父」的美譽。而這兩大紗廠的名字，各有千秋，深具象
徵意義。任些治出道的時候，在 1857 年爆發的印度叛變（The Indian
Mutiny）才剛剛結束，餘波未了。任些治把自己的首家新廠命名「女
帝紗廠」，明顯是表示向大英帝國效忠。但他把第二家紗廠叫做「本
土紗廠」，這便不簡單了。1905 至 1911 年的印度本土運動「自給自足
運動」（The Swadeshi Movement）的口號是「印度人的印度」（India
for the Indians），後來成為爭取印度獨立的旗幟。在任些治的時代，
本土運動代表一種務實的經濟取向，鼓吹復興本土工業，以代替政治
顛覆活動。[37] 在任些治眼中，效忠大英帝國和支持印度本土運動，應
該是並不矛盾，甚至是並行不悖的事。但大英帝國高層是否也這樣看
呢？他們會不會認為任些治懷有二心，所以不給這位「印度工業之父」

頒授爵位呢？

　　無論如何，紡紗工業是任些治親手建立的企業，是他能夠引以為傲的成就。他專注於生產業務，所以常駐孟買。他所生產的棉紗，經過香港，售往華南。香港和華南的分銷業務，他倚靠表弟律敦治打理。他非常欣賞律敦治的金融和貿易才幹，所以在女帝紗廠站穩陣腳不久，他便吸納律敦治成為塔塔公司的主要拍檔，加上他自己的兩名年輕兒子，構成初期塔塔集團的核心。[38]

　　棉紗生產是很多國家在啟動工業化過程中的先導工業。由於它在資金和技術方面的門檻不高，所以在國際上這產業面臨的競爭非常激烈，很少國家能夠長期雄霸出口市場。以當時遠東中國市場為例，最早是英國棉紗獨佔市場，接着印度紗廠興起，取代了英國的位置。然後日本加入競爭，在短短 20 年間，棉紗輸華的份額，超越了印度。到了 1924 年，印度棉紗只佔中國市場大約五分之一，而日本出品則佔四分之三。但在 1929 年，形勢發生逆轉，中國紗廠業迅速冒起，反過頭來把三分之一的棉紗產品銷往印度和日本。[39]

　　但這個只是宏觀的競爭圖像，主要從國家的角度觀看棉紗工業的興替。如果我們從微觀的層面，重組塔塔集團在棉紗生產和出口貿易方面的軌跡，便會看到高瞻遠矚的企業家如何靈活部署，有步驟地轉移陣地來應對競爭條件的改變。任些治在孟買創立紗廠不久，便看到日本在多方面的有利條件。他曾經親身前往東京，商談的主要是航運事務，但亦留意日本的紡織潛力。而在遠東的實地部署，則由他的左右手律敦治來推行。律敦治早期常駐香港，以荷李活道為基地，逐步

建立起一個國際貿易網絡：他在上海和神戶設立塔塔分支，在仰光經營稻米貿易，在紐約開辦代理公司，後來更在巴黎進行珍珠買賣。[40]他在 1889 年把印度棉花輸入日本，啟動了日本紡織業的興起。然後他在日本大阪設廠，以塔塔公司名義經營，生產的棉紗以日本產品名義輸華。到了 1911 年中國辛亥革命成功，推翻滿清，日本棉紗輸華停頓，日本棉紗出口商會在大阪舉行會議，商量對策，參加的代表之中便有塔塔公司。[41]五年之後，在 1916 年，在香港政府的憲報上，我們看到一項官方公布，列出上海的塔塔父子公司作為特准進行出入口寄售業務的公司。[42]這應該是律敦治為應對棉紗輸入新成立的中華民國市場所面臨問題的應對方法。

到了 1919 年，律敦治在上海成立紗廠，名為崇信紡織有限公司（Zoong Sing Cotton Mills, Ltd.），由他自己的公司（R. D. Tata & Co.）當代理人。他把他的弟弟比贊從日本調到上海主持紗廠業務。律敦治在 1926 年去世。他逝世翌年，上海受到南北內戰衝擊，中國共產黨游擊隊闖進崇信紗廠，搶走一些現金，破壞辦公傢具，幸而機器無損。比贊當年是紗廠董事局主席，他在周年股東大會報告中這樣說：「在共產黨的恐怖襲擊下，各董事和經理人員渡過焦慮不安的日子，由於我們廠房位於蘇州河華界內，所以未能得到本地政府或軍方的任何保護。」[43]為了尋求更好的保護，比贊在 1931 年依據香港公司註冊條例成立英商庚興有限公司（B. D. Tata & Co., Ltd.），取代以往律敦治在孟買註冊的 R. D. Tata & Co., Ltd.，成為崇信紗廠的新代理。比贊以英商身份擔任庚興公司董事長，其他兩名董事，一個是英籍印度人，另

一個是中國籍華人。[44] 庚興公司註冊後四年，在 1935 年宣布連同它代理的崇信紡織有限公司及統益紡織有限公司一同遷入英租界甯波路 20 號永大銀行二樓辦公。[45] 在英租界的保護下，兩家紗廠在日本侵華之後持續運作。到了 1940 年，第二次世界大戰爆發不久，兩家紗廠獲得成立以來最高的利潤。比贊以主席身份在周年股東大會上宣布把部分盈利給股東分紅，另一部分則撥作大筆捐款，支持英國戰備基金。[46] 當年上海英文報章以「自願戰備捐款超越 15,000 英鎊」為標題，讚揚「在華英僑」的大力捐獻，指出款項是專門用來購買戰機的。捐款名單中包括「統益紡織有限公司 2,500 英鎊」、「塔塔公司 1,500 英鎊」，以及「比贊‧塔塔 200 英鎊」。[47]

五、鋼鐵材料

香港《南華日報》在 1915 年 4 月 13 日刊登了一則廣告。廣告是有關新旗昌洋行（Shewan, Tomes and Co.）的業務：「塔塔鋼鐵公司（Tata Iron and Steel Co.）在今天委任我們為香港及中國的獨家代理。我們可以為其生鐵及其他鋼鐵產品報價——1915 年 4 月 12 日」。[48] 塔塔鋼鐵公司在 1907 年正式成立，這時香港的塔塔公司因為鴉片及棉紗買賣生意衰落，正準備結束在荷李活道經營了近 50 年的店鋪，所以不能接手代理鋼鐵材料的生意。但更重要的原因，可能是鋼鐵材料和鴉片棉紗屬於不同性質和層次的買賣，需要委託資金雄厚的洋行來進行推銷。

　　任些治在生時的最大成就，是在孟買創立利潤極高的紗廠。但他的畢生志願，是希望建立三大經濟發展支柱：鋼鐵生產、水電工程，以及科技教育研究。[49] 這三大支柱在他有生之年未能樹立，但在他去世後，他的繼任人律敦治及他兩名兒子努力不懈，把他的三大心願逐一完成。在印度建立鋼鐵工廠是一項龐大工程，無論資金或者技術要求方面，和經營紗廠的輕工業是不可同日而語。任些治在晚年時用了大量精力來籌辦這項事業。他遊說英國高層官員，招聘勘察鐵礦的專家，更親自前往美國產鐵重鎮視察取經。他去世時，鋼鐵工廠的藍圖已經初步敲定。但那時兩個關鍵要求還未有着落：一個是鐵礦的確實位置，另一個是資金如何籌合。第一個難題是由任些治大兒子在偶然的情況下解決的。任些治大兒子在 1903 年往印度中部拜會當地英國長官，準備告訴長官他們將會放棄勘察。長官不在，任些治大兒子在等待時溜入長官官邸對面的博物館，看見一張印度中部省份的地質地圖，得到線索，終於找到含量豐富的高質鐵礦。[50] 第二個難題的解決來得更為曲折。發現鐵礦後，任些治大兒子前往倫敦籌集資金，但英國當時經濟不景，對塔塔集團的融資要求反應冷淡。他留在倫敦超過一年，並沒有可喜的成果。幸而到了 1907 年，印度興起「自給自足運動」，民眾開始熱衷於投資支持本土企業。任些治大兒子改變策略，轉而在家鄉籌募資金。一呼百應之下，在三星期內籌足了 163 萬英鎊的啟動資金，款項由八千多名印度居民認購而集成。[51]

　　塔塔鋼鐵公司在 1907 年註冊成立。不久後，第一次世界大戰爆發。由於鋼鐵材料是重要戰略物資，塔塔鋼鐵公司因緣際會，一炮而

紅，不僅站穩陣腳，亦變成大英帝國之光，令英國政要對它刮目相看。鋼鐵生產的戰略地位，亦改變了塔塔集團和帝國高層的關係。在任些治生前，他的紗廠業務融資比較輕鬆，銷售上無須政府「特別照顧」，所以可以獨斷獨行，甚至挑戰英資鐵行輪船的壟斷，而英國政府亦沒有辦法來約束他的言行。他和英方的關係可以說是若即若離，自由度比較高。在他死後，鋼鐵企業成立，規模龐大，資金周轉相當困難，國際上價格競爭激烈，需要政府的政策保護和支持。在第一次大戰的戰略需求減退之後，塔塔鋼鐵的持續運作便遇到困難，需要向政府求助。大英帝國高層為了長遠戰略考慮，亦樂於伸出援手，給塔塔集團繫上緊箍圈。在 1923 年 10 月，印度政府成立關稅委員會，調查有哪一類行業需要關稅保護。塔塔鋼鐵公司代表向委員會陳詞，說鋼鐵工業是印度的新興行業，面對英國和其他國家鋼材的傾銷，必需有 33⅓％ 關稅的保護，才能在 20 年內和世界上任何國家爭長短，否則這工業便會消失，20 年後也未必可以復蘇。[52] 到了 1925 年 9 月，印度西姆拉邦（Simla）政府通過議案，向塔塔鋼鐵公司提供一筆為期 18 個月的資助，總數達到 600 萬盧比。議會中的英籍議員本來反對，但邦政府的商業大臣指出這項資助可以令塔塔公司減低營運成本，重現盈利，議案才能通過，塔塔鋼鐵亦得以渡過難關。[53]

有學者曾說，塔塔集團和印度殖民政府建立了共榮互利的關係，而這關係是「結構性導成的」（Structurally induced）。[54] 這說法在任些治經營紗廠時代而言，有些勉強，但對他兒子開辦鋼鐵工廠之後來說，則頗為貼切。塔塔鋼鐵公司開業不到三年，英國便給任些治

大兒子頒授爵位。[55] 這是 1910 年，任些治去世後六年。再過六年，在 1916 年，英國國皇給任些治的小兒子也授予爵位。[56] 塔塔家族兩兄弟在短短六年間先後封爵，大英帝國對塔塔集團真是恩寵有加。這耀眼褒獎，應該和塔塔鋼鐵在第一次大戰所起的作用密切相關，而英國顯然希望透過這些獎勵，令塔塔集團知恩圖報，忠心不貳。英國緊緊盯着塔塔鋼鐵是大有道理的，因為其他國家對塔塔生產的鋼材也很感興趣。這些國家之中，日本尤其突出。多年來，日本主要輸入美國克里夫蘭（Cleveland）鋼材。但當塔塔的生鐵樣品通過國際測試，證明質素甚佳，而價格比美國產品為低的時候，日本廠商便立即訂購塔塔產品。[57] 第一次世界大戰爆發時，德國和荷蘭的造船業受挫，日本神戶的船廠乘勢而起，生意滔滔，鋼材供不應求。日本造船業開展出兩項新鋼材來源：一是塔塔集團的首批出品，二是從剛建成的巴拿馬運河輸入美國鋼材。[58] 日本和英國在第一次大戰後關係友好，造船業長足發展，建立了強大的海軍艦隊，塔塔鋼材在其中亦起了一定作用。

　　到了 1940 年，第二次世界大戰在歐洲的戰幕拉開不久，塔塔鋼鐵公司的兩大巨頭先後經過香港。首先是公司的美籍總監克利福德（T. H. Clifford）。他告訴《南華日報》記者說塔塔鋼鐵公司是由美國專家設計和建造，而直到兩年前亦由美國人管理。他本人在這公司工作了 13 年，現在回去美國定居。兩年前公司委任印度人甘地（J. Ghandy）作為總經理，而甘地是在美國受教育和獲得鋼鐵生產的技術訓練。[59] 兩個月後甘地抵港，接受《南華日報》訪問時說，他去了美國兩個月，為了催促價值 200 萬美元的新式機器早日抵達印度，令塔

塔公司能夠竭盡所能幫助印度政府對抗德國。他透露塔塔鋼鐵公司是大英帝國內規模最大的鋼鐵企業，僱用超過 30,000 工人，公司所擁有和管理的工業城鎮共有 100,000 人口。[60] 塔塔鋼鐵兩大巨頭的先後抵港，具有雙重意義。首先，公司高層領導的改變，標示印度本土運動開始邁向高峰。其次，塔塔鋼鐵積極為大英帝國備戰，繼第一次大戰後，再次成為帝國的戰略支柱。但大英帝國高層也不能忽視，塔塔鋼鐵在兩次大戰之間，曾經為日本的軍備競賽，提供了不少原料。

六、帝國叛徒

在塔塔鋼鐵公司成立之前，任些治的大兒子組織了一團隊，在印度各處尋覓鐵礦。團隊之中有他的表弟沙保治（Shapurji Saklatvala，1874－1936）。沙保治的父親曾經陪同任些治於 1859 年前往香港，在荷李活道建立塔塔分支。[61] 沙保治父親後來娶了任些治的妹妹為妻，誕下沙保治和他的弟弟。沙保治在孟買及英國接受教育，獲得英國律師資格，然後回到印度加入塔塔集團，用了三年時間在印度叢林中找尋鐵礦。尋尋覓覓之間他愈發關注印度工人的處境，決心為他們爭取福利，繼而變成印度工會大會的領導人物，代表印度工會參與英國的工運會議。在 1905 年他定居英國，職務是塔塔公司駐倫敦的經理。他同時投身政治活動，加入英國共產黨，參與選舉。在 1922 年成功當選，成為英國下議院首名共產黨議員。到了 1925 年，他打算以英國代表團成員身份前往美國，參加各國國會會議。但

出發前夕，美國國務卿吊銷了他的入境證，理由是美國政府不會容許革命份子入境。[62]

美國的行動令國際關注沙保治的政治立場，引起軒然大波。香港的《南華早報》加入論戰，以「赤色狂犬」（"A Rabid Red"）為標題，對沙保治大加鞭撻：

> 上星期見報的新聞，報道英國下議院成員沙保治·薩克拉特瓦拉不受美國歡迎，是不足為奇的事……英國人民對不同種族和種族意念是寬容大度的，否則這個不良的巴斯人早就會被叉着頸、剃光頭，關入牢獄之中。這頭赤色狂犬在大庭廣眾之中叫喊，說他是「豁了出去鬧革命」，並警告政府高層，要他們準備面對精鋼寒鋒。雖然他樂於接受大英帝國的庇護，但他毫不掩飾他對國旗的仇恨。[63]

香港《南華早報》不只向沙保治本人加以口誅筆伐，同時亦把矛頭指向塔塔集團高層，質問他們為何包庇這樣的帝國叛徒。當時身任集團主席的任些治大兒子迫於無奈，只有出來接受傳媒訪問，表明他並不贊成他這個表弟的政治取向，並表示已經指令倫敦的代理公司，如他表弟不更改立場的話，便要把他解僱。終於沙保治自動辭職，說他不能放棄他的政治理想。「我現在變成窮光蛋了」，他說，「但我仍然擁有分享家族資產的權利。我可以應付下去的。」[64] 後來我們得知他的辭職是有秘密條件的。他雖然喪失了作為經理的 750 英鎊年薪，

但塔塔集團給予他的子女每年 500 英鎊贍養費，以保障他們的生活和教育開支。到了 1927 年，沙保治的五名子女陸續成年，他為孩子舉行儀式，把他們全部引進巴斯教會。諷刺的是，這項舉措觸犯了共產黨第三國際的「天條」── 共產黨人不得信奉任何宗教。莫斯科於是指令英國共產黨把沙保治清除出領導層。失去了第三國際的支持，沙保治在 1929 年英國議會選舉中落敗，退出政壇，並在 1936 年去世。[65] 他的逝世令到塔塔集團所面對的政治效忠和親情互助之間的兩難抉擇，得以解決。

結語

在 1941 年初，香港殖民政府低調展開香港開埠 100 周年的慶祝活動。在《百年紀念》書中，任些治和塔塔集團受到讚揚，而比贊·塔塔在上海和香港之間的紡織業務亦受到重視。同年年底，日軍入侵香港，香港迅即淪陷。經過三年零八個月的日治時期，日軍戰敗、香港重光，英國再次統治香港，但大英國旗能夠在香港重新飄揚，是一個異數。第二次世界大戰對英國造成重創，大英帝國開始解體。大戰後兩年，在 1947 年，大英帝國失去它皇冠上的明珠，印度宣佈獨立。大英帝國崩潰，巴斯族裔作為帝國的商業支柱亦隨着下墜。巴斯商人不能亦不願斷續依附英國的統治。在香港，這變化在比贊·塔塔的晚年景況中可見一斑。當上海淪陷時，比贊以英國僑民身份回到香港避難。香港重光後，他留在香港，但足跡已經離開了荷李活道，搬遷往

九龍塘書院道定居。他在 1954 年去世，享年 79 歲，其遺囑開宗明義
這樣說：「我是比贊・塔塔，住在殖民地香港的九龍書院道 7 號 B，身
為印度籍商人，信奉巴斯宗教 ⋯⋯ 」[66] 在遺囑中，他用的貨幣單位不
是英鎊或港幣，而是印度盧比：「我亦給予我太太 2,000 印度盧比，這
筆款項將於我去世後一個月內付出，供她支配和享用。」[67]

　　比贊去世的時候，香港沒有統一的印度墳場。印度不同族裔，各
有安葬死者的地方。比贊便是葬在跑馬地的巴斯墳場。出席他喪禮
的人士眾多，但不見香港英籍官員現身。[68] 兩年後，在 1956 年，何
東爵士離世。何東是歐中混血兒，他在基督教香港墳場下葬時，港督
葛量洪夫婦親臨鞠躬道別，並由英女皇第七哈薩斯兵團軍樂隊演奏
哀樂，[69] 場面隆重的程度，和比贊喪禮上殖民官員的稀少，形成強烈
對比。比贊逝世後，以他為名的公司（B. D. Tata & Co.）繼續在香港
營運了一段時期。在 1969 年的香港電話簿上，仍有登錄比贊・塔塔
公司的聯絡資料，當時公司的地址是在中環皇后大道中 9 號的荷蘭行
（Holland House）。[70] 塔塔公司的足跡，在 60 年代仍然可以在皇后大
道中找到，但它的蹤影在荷李活道上，已經不見多時了。

注　釋

1　「塔塔集團簡介」，塔塔中國網站，擷取自 www.tatachina. com.cn（瀏覽日期：2018 年 5 月 29 日）。

2　見 Hong Kong Broadcasting Committee, *Hong Kong Centenary Commemorative Talks, 1841-1941* (Hong Kong: World News Service, 1941), p. 103。任些治‧塔塔（Jamsetji N. Tata）這中文譯名是沿用清代文獻對巴斯商人的通行音譯，見郭德焱：《清代廣州的巴斯商人》（北京：中華書局，2005），頁 192。塔塔集團的中文網站則把創辦人名字譯為詹姆謝特吉‧塔塔，見註 1。

3　Ibid.

4　見 C. Dobbin, "Bombay: The Parsi-British Affinity 1661-1940," *Asian Entrepreneurial Minorities: Conjoint Communities in the Making of the World-Economy, 1570-1940* (Richmond, Surrey: Curzon Press, 1996), p. 89。這段和下段有關印度巴斯商人的描述，都是取材於這本著作。

5　Ibid., p.103.

6　F. R. Harris, *Jamsetji Nusserwanji Tata: A Chronicle of His Life* (Second Edition) (Bombay: Blackie & Son (India) Ltd., 1958), pp. 5-6.

7　*The Chronicle & Directory for China, Japan, & The Philippines, for the Year 1873* (Hong Kong: The Daily Press Office, 1873), p. 213.

8　"List of Jurors for the year commencing on 1ˢᵗ March 1884," *The Hongkong Government Gazette*, (1884), pp. 107-115.

9　"List of Jurors for the year commencing on 1ˢᵗ March 1906," *The Hongkong Government Gazette* (1906), pp. 195-210.

10　*South China Morning Post (SCMP)*, 24 July 1911, p.11.

11　A. Waley, *The Opium War Through Chinese Eyes* (Stanford: Stanford University Press, 1958), pp. 146-147 & 152.

12　M. Thampi & S. Saksena, *China and the Making of Bombay* (Mumbai: The K. R. Cama Oriental Institute, 2009), photo no. 21.

13　*The Hongkong Government Gazette*, Vol. XXXIII, No. 14 (2 April 1887), p. 318.

14　*SCMP*, 21 September 1907, p. 2; 9 November 1907, p. 2.

15 *SCMP*, 25 February 1908, p. 2.

16 *SCMP*, 1 February 1908, p. 3.

17 *SCMP*, 21 August 1909, p. 11.

18 C. Dobbin, *Asian Entrepreneurial Minorities*, p. 83.

19 M. Thampi & S. Saksena, *China and the Making of Bombay*, pp. 16 & 21.

20 F. R. Harris, *Jamsetji Nusserwanji Tata*, pp. 5-6.

21 見 *The China Mail*, 1 June 1882，記錄在 Carl Smith Collection, card no. 368911 & 43147, Hong Kong Public Records Office。

22 見東華醫院 1895－1896 乙未年董事局（Board of Directors 1895 / 1896, Tung Wah Group of Hospitals），擷取自 www.tungwah.org.hk；董事局名單的英譯本刊於 *The Hongkong Government Gazette*（22 February 1896), Government Notification No. 61, p. 175。

23 *The North-China Herald and Supreme Court & Consular Gazette*（*NCHSCC*），Shanghai, 28 October 1916, p. 203.

24 *NCHSCC*, 16 December 1916, p. 602.

25 *NCHSCC*, 29 April 1916, p. 196.

26 *SCMP*, 4 March 1922, p. 6.

27 *SCMP*, 2 July 1906, p. 2.

28 F. R. Harris, *Jamsetji Nusserwanji Tata*, p. 94.

29 Ibid., pp. 254-255.

30 Ibid., pp. 11-12.

31 "Sir D. J. Tata's Letter to Baron Shibusawa, 13 August 1904," cited in F. R. Harris, *Jamsetji Nusserwanji Tata*, p. 274, note 1.

32 *SCMP*, 22 September 1928, p. 13.

33 *Millard's Review of the Far East*, 13 April 1918, p. 249.

34 *The China Press*, 3 September 1926, p. 13.

35 C. Dobbin, *Asian Entrepreneurial Minorities*, p. 89.

36 M. Thampi & S. Saksena, *China and the Making of Bombay*, p. 73.

37 F. R. Harris, *Jamsetji Nusserwanji Tata*, p. 47.

38 Ibid., pp. 36-37 & 59.

39 M. Thampi & S. Saksena, *China and the making of Bombay*, p. 78.

40 F. R. Harris, *Jamsetji Nusserwanji Tata*, pp. 92-93 & 140.

41 *NCHSCC*, 18 November 1911, p. 472.

42 *The Hongkong Government Gazette*, 7 January 1916, p. 22.

43 *NCHSCC*, 22 October 1927, p. 152.

44 Note of Mr. Brenan on "B. D. Tata and Co. Ltd.", 5 June 1931, Company File No. (554)2163, HKRS 111-4-191: B. D. Tata & Co., Ltd.

45 "Removal Notice", 9 May 1935, Company File No. (554)2163, HKRS 111-4-191: B. D. Tata & Co., Ltd.

46 *NCHSCC*, 11 April 1940, p. 63; 16 October 1940, p. 102.

47 *NCHSCC*, 23 April 1941, p. 141.

48 *SCMP*, 13 April 1915, p. 4.

49 See J. R. D. Tata, "Foreword," in F. R. Harris, *Jamsetji Nusserwanji Tata*, p. vii.

50 F. R. Harris, *Jamsetji Nusserwanji Tata*, p. 173.

51 Ibid., pp. 189-190.

52 *SCMP*, 4 October 1923, p. 7.

53 *SCMP*, 11 September 1925, p. 3.

54 C. Dobbin, *Asian Entrepreneurial Minorities*, p. 96.

55 F. R. Harris, *Jamsetji Nusserwanji Tata*, p. 197.

56 *SCMP*, 5 June 1916, p. 10; 13 June 1916, p. 6.

57 *SCMP*, 14 May 1913, p. 4.

58 *SCMP*, 21 April 1915, p. 8.

59 *SCMP*, 2 May 1940, p. 9.

60 *SCMP*, 24 July 1940, p. 2.

61 F. R. Harris, *Jamsetji Nusserwanji Tata*, pp. 5-6.

62 見沙保治訃聞，刊於 *SCMP*, 18 January 1936, p. 10。

63 *SCMP*, 29 September 1925, p. 8.

64 *SCMP*, 18 January 1936, p. 10.

65 Ibid.

66 "Will in the Supreme Court of Hong Kong. Probate Jurisdiction No. 229 of 1955. In the goods of Bejan Dadabhoy Tata, Retired Merchant, deceased," HKRS 144-6A-1442, p. 1.

67 Ibid.

68 *SCMP*, 23 August 1954, p. 8.

69 鄭宏泰、黃紹倫：《政商兩和：何東》（香港：三聯書店，2013），頁 281。

70 Carl Smith Collection, card no. 161687, Hong Kong Public Records Office.

荷李活道與文物交易

—— 李建深

前言

　　文物交易是現代藝術史發展的基石。大量的藝術品易手，就需要
賣家去研究賣品的特色，買家要研究值不值得買，中介人也要清楚藝
術品的所有特色、現在市場的流行趨勢、價格區間。於是，研究藝術
品的歷史，變成市場上各方都需要的知識。買方賣方不僅僅是獨立的
個人，也有公立機構、大型組織如博物館、大學、圖書館等。同理，
若對某類藝術品的買賣停止，藝術史的發展勢頭也會緩慢下來，除非
得到國家、公立機構的無償資助。文物交易對現代藝術史如此重要的
影響，近年來也得到學者的關注。包括美國德拉瓦大學（University of
Delaware）藝術史系副教授 Vimalin Rujivacharakul、美國佛羅里達大
學（University of Florida）哈恩藝術博物館（Harn Museum of Art）亞
洲藝術館員 Jason Steuber、同校藝術史系副教授來國龍等學者，分別
編輯了兩本論文集。[1] 論文集中有諸多學者，各自對機構收藏史、藝術
品收藏家史等題目發表見解。

　　近現代的中國藝術史，是由歐美的大型博物館、著名藏家、中介

人等助力發展而來的。大英博物館（The Bristish Museum）與美國華盛頓的弗利爾藝術館（Freer Gallery of Art）、波士頓藝術博物館（The Museum of Fine Arts, Boston）等，都跟著名的藏家、中介人有密切關係，才能收藏到精美的中國藝術品。這些博物館裏的中國藝術收藏，多數是從 19、20 世紀初、中期發展而來的。其時中國的動亂、中國藏家的家道中落、歐美、日本藏家的財富增長，都導致中國藝術品大量流出中國，而當時的流出口岸，可能就是當時的大型港口，如上海、天津等地。這有待將來更多的研究去揭示藏品是透過哪裏的港口流到歐美、日本。但到了 20 世紀中後期，大量的中國藝術品離開中國大陸後，第一個轉口地方就是香港，透過香港再轉到世界各地。而香港的文物集散地，就是香港島的荷李活道。研究香港的文物交易史，就是集中於荷李活道的交易史。研究荷李活道的交易史，可以讓我們更好地了解 20 世紀中後期中國藝術品的集散過程、歐美日等地收藏中國藝術品的過程、世界著名收藏家、收藏機構的發展歷史。這對於研究中國藝術品的收藏歷史，乃至全世界的收藏史，都有着重大的貢獻。而收藏史則是全球政治、經濟、軍事的風向標，對揭示全球治亂、財富流向的歷史，有莫大關聯。

一、冰山一角

任何歷史研究均建基於充足及可靠的歷史資料。不充分的資料只能以推測補救，但就大大減低歷史研究的可靠性。研究文物交易，前

提是有大量的公開交易檔案可供參考，但目前看來這些檔案資料均欠缺。首先，文物交易很多都只有買賣雙方知道，充其量加上中介捐客。買方不想讓世人知道是他買了，賣方不想高調公開其貨源，雙方均有共識要保密。即使如公開拍賣等場合，賣方是知名的大機構，買方的資料由於私隱問題也是會保密的。在這些情況下，除非過了數十年，買賣雙方均不計較私隱保密等問題了，後人公開其買賣紀錄，史學家就會得到第一手資料。

但也有兩種情況可讓我們得到第一手資料。其一就是買方是公共機構，如公立大學、博物館、研究所等，其願景、任務就是要為世人、學術界作無私奉獻的，在他們的資料紀錄中，我們有時候能知道他們的收藏是從哪裏得來的，是購買、私人藏家捐贈，還是撿拾回來，但通常賣家身份也不會公開。這些紀錄會在機構人員的學術著作中透露。這些會成為正式、可信的收藏紀錄供史學界利用。

其二就是買方的口述紀錄。買方有可能對其身邊人、公開發行的報章雜誌記者等人回憶述及當時的買賣，其他人當作口述歷史的形式記錄下來，這樣也能讓史學界得悉一定資料。但是這種情況下的資料可能由於年久日遠，或者當事人的回憶有誤、故意添加、扭曲而減低其可信性，於此我們要盡量對照不同來源的回憶紀錄、正式文書檔案等，以茲比較對照，辨其真偽。

簡單來說，研究荷李活道的文物交易史可不容易，沒有集中史料、沒有大量公開檔案，後人追述未必可靠，加上文物交易之保密，都大大掣肘此方面的研究。我們要深入探討，兼顧不同史料與清晰定位。

二、研究路向

定位定點

　　文物交易與購藏，當中有交易的成份與及金錢的來往，不牽涉金錢的捐贈、撿拾文物皆不在此文研究範圍內。當然，我們關注的是荷李活道的文物交易市場，參與者多是古董店的商人，他們要有利可圖的交易，較少平白無故地捐贈文物。但有買家買下文物，捐贈給公共機構則是可能的。現今的香港，在垃圾堆中撿拾到文物，幾近不可能。但在 1950、1960 年代的中國大陸，全民大煉鋼鐵的年代，則是等閒之事！當時很多博物館在金屬廢品回收站設有工作隊，有專人在那檢視回收金屬廢品，很多商周時代的青銅器被當作金屬廢品運到回收站，準備重新鑄煉。上海博物館很多青銅器藏品就是如此得來。[2] 據報道，上海博物館原副館長陳佩芬，於 1950 年代中期就經常到上海冶煉廠和一些廢銅倉庫中撿拾回文物。因地利之便，安徽也有運往上海的廢雜銅碎片。有一次陳佩芬與同事就從兩堆廢銅中拼合出鑄有一對龍耳的青銅大尊。從撿拾回來的銅器中，多的是商周青銅器精品。

　　荷李活道上的交易可能包括有非法得來之文物的交易。在中華人民共和國的法律中，經正式考古發掘出土的文物是屬於國家的，非個人擁有，因此不能作為私人交易品處理。但是中國地大物博，文物數量無可計數，極難一一監管。因此，經常有漏網之魚。有私人盜掘的文物，經走私出境，抵達香港的文物交易市場 —— 通常是古董店林立

的荷李活道。古董商可能知情，可能不知，我們無從判斷，但違法走私的中國文物確實曾經出現在荷李活道古董市場上。因此，我們要處理的這批資料，極大機會觸及非法交易的文物。有些公共學術機構拒絕研究非法盜掘的文物，以遏止日益嚴重的文物黑市，就是由於這些原因，本文研究是為了保存歷史真相，向公眾展示這段無法繞開、極為重要的香港歷史。

史料來源

由於沒有大量公開的檔案，我們只能從零散的史料尋找荷李活道文物交易的片鱗隻爪。這些零散的史料源於藝術史研究之器物紀錄資料，大型博物館、研究機構之公開購藏紀錄，報章雜誌記錄當時文物交易之盛況，有關人物之歷史追述等。如《馬承源文博論集》一書，[3] 收錄了馬承源作為上海博物館館長時的公開演講稿。從這些演講稿中，我們可得知這些年來有甚麼人捐贈給了上博、捐贈了甚麼、捐贈源起與過程等；亦有如香港與內地的報章雜誌，不時會報道一些知名人士捐贈其藏品予博物館的消息。其中一些報道會涉及藏家是從哪裏購藏這些文物的，而當中有一部分就是從香港荷李活道的古董店裏購回的。從這些零星碎片中，可窺知荷李活道文物交易史的一二。

嶄新貢獻

以現在的收藏史研究來說，較少是以一個交易地點的歷史為焦點的命題。原因之一也在於史料的難得。較多的收藏史以一個藏家、一

戰後荷李活道上古玩店仍隨處可見
（圖片提供：高添強）

間機構為焦點，以點擴面，擴展到多個藏家、多間機構組織而成一領域。以人物、機構為出發點，可以集中利用人物、機構之檔案，方便快捷，紀錄容易得到，也容易寫成人物傳記史。不過受着人物、機構之購藏喜好、策略影響，我們重構的收藏史不可避免地受到藏家的限制。

以荷李活道的文物交易史為出發點，較具新意。以交易地方為出發點，資料渙散，基本上沒有檔案，除非交易雙方都公開其買賣契約，研究難度增大。但不受某一人物、機構之購藏喜好影響，反而顯示一地之藝術品來源、銷售情況，以及不同人物在同一時空之交錯關係。

這是地方史的領域，不同於人物傳記史。

下文會以在荷李活道上發生過的幾個案例，出現過的幾件收藏品，幾位著名人物，探討我們如何重構荷李活道文物交易史。

三、荷李活道案例

晉侯穌鐘

由於史料的渙散缺失，我們要依靠大量學術著作的零散記載去重構這段隱藏的歷史。而與荷李活道關聯較有名的幾個學者，又有較多學術紀錄的，要數前上海博物館（下稱「上博」）館長馬承源（1927－2004）與前香港中文大學中國語言及文學系教授張光裕。馬承

源是上海的中國共產黨地下黨員，建國後在上海市教育局任職。[4] 上博在 1952 年創立後，隨即加入上博當保管部副主任，旋於 1955 年擔任上博黨支部書記。至 1985 年擔任上博館長，隨即展開一連串改革，包括建設上博新館。上博新館於 1993 年試樁，到 1996 年完成八個陳列館的設置。[5] 上博新館為中國文博事業帶來了一股朝氣。馬承源的新人事新作風，為上博帶來了全新氣象。同時也展開了上博與香港荷李活道的種種關聯。

1992 年底、1993 年時有一批器主為「晉侯」的青銅器在香港荷李活道上的古董店出現，當中包括 14 枚的編鐘。這批編鐘原有 16 件，是在山西曲沃北趙村晉侯墓地 8 號墓中盜取的。1992 年時盜墓賊用炸藥炸開墓室東南角，形成豎井，直穿墓中椁室。16 件編鐘剛好在這個位置，盜墓賊盜取了 14 件，遺下兩件，到正式考古發掘時考古家才發現這兩件，但盜取的 14 件很快就走私到香港。[6]

文物交易可以是合法的，但從盜墓得來的文物是違法的。清末以來的中國盜墓風氣盛行，盜墓大案層出不窮。建國以來，陝西、河南、湖南等地的盜墓風氣仍存。1980 年代以來，文化管制稍有放鬆，文物交易在中國大陸開始蓬勃，盜墓風氣重燃。很多考古學家要發掘的古墓都被盜墓賊光顧過，更多未被考古學家發現的古墓也落入盜墓賊的掌控之中。1980 年代的上海，出口貨品管制嚴格，更遑論盜墓文物了。但是，與廣東一河之隔的香港仍未回歸，走私文物到香港，再從香港轉口歐美日本，較從上海直接出海為易。廣東香港走私活動猖獗，偷渡活動頻仍，文物走私販子很容易乘着這些走私、偷渡活動把

盜墓文物運往香港。於是，香港荷李活道的文物市場便興旺起來。

那時上博開始留意香港，另一原因是由於香港較多上海移民。這批上海移民身家豐厚，當他們住在上海時就曾大量收購文物，本身亦是大收藏家，如著名銀行家胡惠春（1910－1993）等。他們移民香港，亦延續其收藏習慣。當上博開始改革，須尋找藏品豐富其收藏，擴大其國際影響力時，上博人找上海同鄉，一來易於溝通，二來鄉梓之情亦較易打動這些大藏家，並遊說其捐贈。

香港的學者也留意荷李活道這個市場。其中一位就是張光裕，他曾長期任教於中文大學中國語言及文學系。近年於中大退休後，任職恆生管理學院中文系系主任與講座教授。[7] 張的學士、碩士、博士學位皆於國立臺灣大學取得，研究興趣是古文字學、古代文獻，包括簡牘帛書等，亦精於商周青銅器銘文及古物鑑賞辨偽。1978 年時，就已與巴納（Noel Barnard）聯合出版十集的《中日歐美澳紐所見所拓所摹金文彙編》，由台灣藝文印書館出版。之後張不斷在此領域耕耘，出版大量文章、專書，奠定其學術地位，亦由於其學術著作、社會活動，以及與香港古董商的交際，而越來越有名氣。

馬承源當時見到這批編鐘，他想買時卻猶豫了。編鐘看來沒問題，但是其銘文竟似是刻鑿的！以當時知識而論，西周時期青銅器的銘文絕大部分是鑄造的，不是以物理方式刻鑿的。所以，在馬承源面前的編鐘會否是後世偽器？當時台灣、日本的博物館對這批編鐘也是虎視眈眈，但他們始終不敢出手，怕上當受騙。馬承源頂受着風險，毅然買下。[8] 運回上博時，立即除鏽處理，竟然發現 14 枚編鐘的銘

文可以連續誦讀。全篇銘文 355 字，記載了周厲王三十三年東征、晉侯受命討伐夙夷的事情。傳世文獻記載了周厲王，但沒有述及周厲王征東夷的事。由此可知這批編鐘的銘文在歷史上有着不可替代的地位！其後考古發掘證實這 14 件編鐘是從同一個墓裏盜出來的，都是在 1991 至 1992 年間，山西曲沃北趙村晉侯墓地盜掘而流散海外的。不少到了香港、美國以及其他地方，此外還有晉侯穌鼎、晉侯昕簋等其他銅器。編鐘上的刻銘是當時就鏨刻的，而非偽造銘文。上博經過以上努力，回購了 22 件相信是晉侯墓地被盜掘的銅器，台北故宮博物院收一件，美國華裔收藏家范季融收兩件，山西省公安局截獲餘下盜墓賊未及走私的銅器。[9] 同時期還有甘肅禮縣大堡子山秦國墓地出土的一批秦國器物，亦被走私到了香港等地，相信荷李活道也是其集散地，上博亦一一購回。[10]

冒鼎

此鼎從香港荷李活道入藏上博，乃得益於馬承源與范季融二人。范季融生於 1936 年的上海，原籍浙江寧波鎮海。父親范回春是上海商人，較有財力。范季融後來到香港讀書，再留學與入籍美國，主修物理、工程等科目。曾在美國 IBM 公司任教授級工程師。[11] 范季融是工程師，按理未必懂得中國古代文物。但他的收藏習慣從 1950 年代就開始培養了。他於 1959 年時與移民香港的上海大銀行家胡惠春之女胡盈瑩成婚。胡惠春是香港著名收藏家協會「敏求精舍」的創會會長。胡惠春有財力，也有鑑賞力，因此能攏絡一大批收藏家。胡的收藏契

合了范季融的興趣，翁婿二人經常捐贈文物予博物館。胡惠春命名其收藏為「暫得樓」，所收瓷器非常精美，聞名海內外。他於 1993 年去世，其「暫得樓」收藏瓷器就歸范氏夫婦了。

范季融是工程師，剛開始對於中國古代文物所識不多。但他結識各方友好，多方請教，其中一個好朋友就是熱心於改革上博的馬承源。馬承源知識淵博，魄力過人，也結交四方好友，經常到海內外參加會議，其名氣也漸大。與海外朋友交流，也有助於上博拓展其收藏，因為可以幫助博物館找到潛在捐贈人，捐款捐物均可。移居海外的上海同鄉自然是馬的大目標，而這批上海人有財有勢有收藏，也樂意結識同說上海話的馬承源。

1990 年 7 月的一個下午，馬范兩個好朋友到了荷李活道，在一家小店櫥窗裏看到一件鼎，土鏽甚多，不甚顯眼。經驗豐富的馬承源卻在僅僅顯露的銘文中看到了「晉侯」的字樣，神色大變。范季融見狀，與老板講價，以六萬港幣將鼎買下，隨手交給馬承源。[12] 回到上博，除鏽處理後的鼎現出 43 字銘文，記載晉侯命令冒去追擊倗地來犯之敵，之後賞賜冒兵器及十朋貝。這種長篇銘文的晉地銅器，極為珍貴。[13] 馬與范的一次偶然，成就了一段佳話。

由此可見，荷李活道雖位於香港，但較有名的收藏活動、又在學術紀錄上留名的，大多都與上海人有關。上海人逃避戰亂，移居香港，延續其於上海的收藏習慣。再到 1980 年代後，有上海人再來香港與他們聯絡，發展上海的文博事業。荷李活道的文物交易，與上海人有莫大關係。

夫差銅盉

　　1995 年，馬承源在香港發現一件春秋晚期的青銅盉在出售，盉的提梁由非常多的小龍交相纏繞而成，盉的肩上有銘文「敔王夫差吳金鑄女子之器吉」，定名為「夫差盉」。吳王夫差是歷史上的著名人物，其與西施、越王勾踐的故事大家都耳熟能詳。故其傳世之器實乃稀世珍寶。馬承源代表的上海博物館當時財力不逮，而香港何東集團主席何鴻章知道後，就表示由其出資購買，捐贈上博。1995 年 12 月時，何鴻章就將其買下的吳王夫差盉放進上博展櫃中。[14]

　　何鴻章（1926－2017）是「香港大老」何東（1862－1956）的長孫，何東二子何世儉（1902－1957）之子。何東的勢力人所共知，於香港、上海均曾有龐大資產。何東亦收藏有頗多藝術品，包括清宮朗世寧等的畫作、康有為書法立軸、張學良親筆信等。何世儉從軍多年，建立極高威望，但何東死後一年，即隨何東而去。何鴻章繼承財產，經營能力亦不俗，成立信託基金等維持家產。何鴻章亦曾捐款資助多國政要，如英女皇、前美國總統列根、克林頓，幫助東帝汶難民等，贏得國際盛名。[15] 何鴻章的家庭、家族、後人關係錯綜複雜，但其家族成員均有收藏藝術品的習慣。何鴻章有五子三女，三子何威獲何鴻章贈 300 盎司金幣、四英尺高的象牙屏風、鑲有碎鑽的綠寶石胸針。妻子畲安妮（Patricia Anne Shea）有一對綠寶石耳環，光可鑑人。這些都被何鴻章當作家傳之寶。[16]

　　何鴻章的弟弟何鴻卿收藏頗多玉器，曾捐款給上博，建造上博的玉器陳列館，命名為「何鴻卿玉器陳列館」。[17] 何鴻章見此自然不甘

人後，但是他透過朋友唐小裕向上博表達捐款的意願。1994 年上博曾為何鴻章祝壽，將其介紹給上海的文物界友人。正當上博新館在建造時，馬承源設想建造一座中國式的貴賓廳，結合江南民居形式，用上雲南楠木，木造建築榫卯結構，唐式桌凳，這個構思吸引了何鴻章，捐款 30 萬美元。但最終建造費是 50 萬美元。馬承源按例，命名為「何東軒」。何鴻章得悉內情後，感慨地說欠了馬承源的情。[18] 故此，當上博需要資助時，何鴻章就會是潛在捐贈人。

當時荷李活道古董店店主與馬承源以 120 萬港幣成交。年近歲晚，上博當年購置文物的錢已然用罄，帳面只剩 20 多萬元人民幣。[19] 馬承源說服古董店店主，把青銅盉帶到上博，但有一個條件，一定要在半個月內付清全額，否則店主會把盉帶回香港。時任上博館長汪慶正跟馬承源發愁之際，何鴻章當了白武士。馬承源說何鴻章可以買下這青銅盉，但委婉地勸何鴻章可以捐贈給上博。何鴻章也果斷，旋即買下，付款給荷李活道古董店店主，但就把青銅盉留了在上博。

何鴻章、何鴻卿兄弟與上博的關係，反映了香港本地富豪亦樂於與上博為代表的中國大陸博物館打交道。畢竟，上博代表的是日漸興盛的中國文博事業。與博物館打好交道，是與中國大陸政府打交道的其一手段。

上博竹簡

1994 年春季，荷李活道文物市場上出現一批竹簡，共有 1200 餘支，疑是戰國期間楚國的產物，傳聞出自湖北省境內。當其時香港文

物市場有偽冒竹簡，已有日本方面的人、博物館購藏到偽冒戰國竹簡，台灣中央研究院歷史語言研究所差點也上當。[20] 孰真孰假，難於辨別，故此市場對此持觀望態度。

但是藝高人膽大的馬承源決定接手。這背後有一重要人物居中斡旋，他就是上文所述中文大學的張光裕。張光裕與馬承源關係匪淺，多次合作，互相信任。1991 年馬承源去香港參加徐氏（徐展堂）藝術館開幕，特意去香港文物市場（相信就是荷李活道），發覺有大量新出土文物，其中有大批楚國漆器。[21] 1980、1990 年代大批楚墓經考古發掘，墓中亦有絲綢、竹木漆器等有機物，歷經二千多年仍光彩如新，吸引中外關注。有理由相信此時的盜墓賊也蜂起而至，而這時的走私出口就是香港，故香港市場承載了大批相信是盜掘走私的文物。馬承源在 1994 年再去香港時叮囑了張光裕一下，叫他留意一下竹簡。

張光裕非等閒人物，於古文字研究多有建樹。他於 1992 年編有《包山楚簡文字編》、1997 年《曾侯乙墓竹簡文字編》、1999 年《郭店楚簡研究·第一卷·文字編》、2004 年《望山楚簡文字校錄（附《文字編》）》，皆由台北藝文印書館出版。曾侯乙墓、包山墓、望山墓、郭店墓都在今湖北省境內，多於 1970 年代末、1980 至 1990 年代發掘。雖然有些已被盜掘，但亦經過正式考古發掘，出土大量戰國時期的有文字竹簡，對於研究戰國楚文字、古書等有極大價值。張光裕於此均有涉獵。

從 2002 年開始，張光裕致力於上海博物館藏戰國楚竹書的研究與校讀，在馬承源的編輯下，由上海古籍出版社出版一系列專書。這也

反映了張光裕在上博從香港購藏戰國竹簡這事上的貢獻與影響力。

　　馬承源叮囑張光裕後，熟悉古文字的張光裕對此就上了心。誰知沒多久張就發現了市場上的竹簡，並向馬承源電傳其摹本。這時馬承源出訪墨西哥，看了張光裕傳來 100 餘支簡的摹本後，覺得機會難逢。二人皆確信這批竹簡為戰國楚簡，這堅定了馬承源的信心，上博遂斥資購入。1994 年 5 月，竹簡抵達上海。同年秋冬之際，又有一批相關竹簡在香港出現，這次計有 497 支。但這次已近年關，上博力窮，反而是由五個人每人出資 11 萬元港幣，湊合 55 萬元購入，捐給了上博。[22] 這五人就是朱昌言、董慕節、顧小坤、陸宗霖、葉仲午，同屬香港的「上博之友」組織。

　　這五人是甚麼人呢？朱昌言字嵩璠，1917 年 11 月 1 日生於浙江寧波鎮海（與范季融同鄉），幼時到上海謀生，後到香港。主力收藏上海著名畫家吳湖帆的畫作，字畫估計近千幅，亦收有石器、家具、文房用具等，齋名「九如園」、「堂堂堂」。家中有一花園，佔地五百餘平方。朱昌言與馬承源應該非常熟悉，因為朱曾對上博的職工開玩笑說：「馬館長會釣魚」。[23] 職工們不解，因為馬承源從來不釣魚。但朱解釋說，馬館長從香港「釣」回很多資金，這就是會釣魚了。朱進一步說，他們是心甘情願捐款給上博的，因為馬館長是做實事的人，有高深學問，又能真誠待人，故此他一直想着怎麼回報。趁上博建新館時，他就慷慨捐款了。[24] 朱昌言 2014 年去世後畫作託付上海朵雲軒拍賣。[25] 據王世濤在《萬松金闕 —— 朱昌言藏吳湖帆書畫目錄》序記載，王常與朱昌言相約逛荷李活道之古董店。[26] 王世濤的來頭也不

小。他是香港興盛創建的董事，而興盛創建的董事長即是紅色資本家查濟民之子查懋聲。以王世濤的記載看來，朱昌言家底雄厚，收藏之多，佔地之廣，足為一方富戶。

董慕節亦收藏有吳湖帆的畫作。1960 年代初，王世濤的舅父俞叔淵與董同是梅景畫屋書友，而「梅景書屋」就是吳湖帆的齋名。俞叔淵介紹董慕節給王世濤的父母，故王世濤也認識董慕節。董慕節想為吳湖帆出畫集，遂囑託王世濤代為查找吳湖帆畫作精品。於是在王世濤的牽引下，董也認識了朱昌言。

董慕節是算命師，據說精通鐵板神算，出神入化。報道所云，董慕節的收費頗高，動輒數萬至數十萬元。[27] 香港不乏篤信風水命理的達官貴人，雖然收費如此之高，董慕節也是客似雲來。諸多名人也說董慕節的算命非常準確，如此循環往復，董的名聲、收入也水漲船高。其中較為著名的一次是董慕節為漫畫家馬榮成算命。馬榮成廿多歲時找董算命，董贈他籤文：「金麟豈是池中物，一遇風雲便化龍。九霄龍吟驚天變，風雲際會淺水游。」[28] 馬榮成曾為同是漫畫家的黃玉郎工作，1980 年時加入「玉郎機構」（「文化傳信」前身），成名作為《中華英雄》，曾創出一期銷售 20 萬本的紀錄。1989 年自立門戶，成立「天下出版社」，創刊《天下畫集》，連載長篇漫畫《風雲》，一時洛陽紙貴，炙手可熱。《風雲》之名與漫畫中兩名主角聶風、步驚雲之名，皆取自董慕節給他的籤文，[29] 而董的籤文，也在漫畫中出現。馬榮成對董篤信不已，這則軼事更顯得董慕節的算命術神乎其神。

顧小坤是原浙江美術學院教授顧坤伯之子，[30] 幼時即從父親學書

畫。他原籍江蘇無錫，在上海長大，後來到了香港，以玩具業起家，生意越做越大，富甲一方。顧小坤起家後閒暇時從事書畫創作，同時也是收藏家。曾義賣自己藏品陳風子書法《岳陽樓記》長卷，賣得 18,000 元。[31] 他自 1960 年代即收藏流失海外的書畫、文房四寶，包括北魏壁畫、紙墨印硯等，[32] 再後來移居加拿大溫哥華頤養天年。大溫哥華中華文化中心 40 周年之際，「招賢納士」，委任文化委員會顧問團及特聘委員，顧小坤是其中一員，同一顧問團團員還包括顧嘉煇、岳華等香港影視、音樂界名人。[33]

　　五人名單中，朱、董、顧三人並無爭議。但後二人則仍有爭論。據馬承源主編《上海博物館藏戰國楚竹書（一）》一書，他在〈前言：戰國楚竹書的發現保護和整理〉中提到這五人，後二者為陸宗麟、葉昌午。[34] 後來學者也跟着如此寫法。如駢宇騫、段書安的《二十世紀簡帛綜述》亦錄其餘二人為陸宗麟、葉昌午。[35] 北京保利國際拍賣有限公司馬哲非在 2004 年《中國博物館》刊登的〈馬承源與上海博物館〉文章中也認同該二人為陸宗麟、葉昌午。[36] 但是，在史學家朱淵清 2002 年訪問馬承源的訪問稿中，後二者名字則變為陸宗霖與葉仲午。[37] 王世濤與朱昌言有深交，據王世濤登在 2014 年 4 月 21 日《澳門日報》C03 特刊〈紀念隱市藏家朱昌言先生〉一文，後二者也為陸宗霖和葉仲午。

　　陸宗麟與陸宗霖不知有無親戚關係。只知陸宗霖（1935－2002）是香港著名企業家，香港玩具廠商會創會會長、上市公司和記港陸聯席主席、上海市政協（港澳地區）委員。[38] 陸宗霖生於上海，1962 年

由上海遷居香港，1970 年與葉仲午、顧小坤三人合夥成立友利玩具有限公司。行文至此，可知陸宗霖與葉仲午、顧小坤非常熟悉。

陸宗麟何許人也？依報章所述，徐志摩妻子陸小曼的堂姪女叫作陸宗麟，[39] 陸小曼臨終時，由堂姪女代為保管未出版的徐氏文集。陸宗麟能否有足夠財力捐資購下價值不菲的楚簡呢？筆者存疑。但此陸宗麟會否與大企業家陸宗霖有兄妹或姐弟關係？有待日後查證。

查香港報章雜誌搜索引擎「慧科新聞」（WiseNews），從 1998 年到 2017 年的資料，沒有葉昌午此人，反而頻頻出現「葉仲午」此名字。葉仲午也是大企業家，現為香港環球國際投資集團主席兼行政總裁，與陸、顧三人同以玩具業起家。葉仲午於 1929 年上海出生，妻子是馬來西亞華僑葉溫金葉，同是香港上流社會的人物，一方豪富。葉後來移居香港，被父親說服，投身塑膠、玩具世界。以五萬元起家，到 1970 年代，與開達（Kader）、保弗得、先特並稱玩具界四大天王；1980 年代收購美國玩具廠，自創品牌，後又收購英國最大玩具集團 Lesney（Matchbox）；1986 年公司在紐約上市；1990 年代與美國 TYCO 玩具公司合併，成為世界三大玩具公司之一。[40]

商業成功、積累財富、名成利就後，葉仲午就專注享受人生兼慈善事業。葉氏夫婦於 2002 年聯合眾多朋友，於上海開展公益活動，2008 年發展為「愛心雅集」專項基金。同時葉仲午是第九屆上海政協港澳委員召集人，成立「葉仲午教育獎勵基金」，其妻葉溫金葉曾任上海市政協常委。香港浙江省同鄉會聯合會榮譽會長其中之一就是葉仲午，其他榮譽贊助人、榮譽會長還包括董建華、彭清華、查良

鏞、范徐麗泰、董建成、沈祖堯、金耀基等香港政、商、學界名人。[41]

　　據王世濤記載，在上博新館建造時，朱昌言、董慕節、顧小坤、陸宗霖、葉仲午五人合捐其書法館，又贈青銅器及石碑等珍品。[42] 以此五人捐贈上博之往績，應是同一批捐贈竹簡的人；而在上博的一面牆上，刻滿「捐贈者名錄」，裏面就只有朱昌言、董慕節、顧小坤三人，[43] 估計此前三人就是上博獲贈第二批竹簡的主力者。[44]

結語：尚待發掘

　　從以上幾件藏品可見，香港荷李活道的文物交易史，多與上海的文博力量有關。但是要注意的是，這些資料是從注重學術紀錄的機構公開出來的。當然還有更多荷李活道與世界各地其他機構、藏家的關係，惟現今未有太多公開記錄與討論，故史料的限制要多加留意。

　　香港荷李活道的文物，可以包含山西、江浙的銅器、湖北的竹簡，是當今中國文物交易的一個縮影。從中我們可以認識到：

1. 香港曾是盜掘文物走私的出口，歷史應書寫，合法的可宣揚，但非法的也應加以記錄、討論。香港可能仍然是文物走私出口，這樣國家應加強堵截，防止文物的非法交易；

2. 香港古董商、藏家與上海文博界之密切關係。上博的馬承源，「香港大老」的後人何鴻章、何鴻卿、美籍華裔的范季融、范的丈人胡惠春，朱昌言、董慕節、顧小坤等人，皆或多或少有上海血緣，能說上海話，或曾在上海長大、生活，結交了很多

上海朋友。香港荷李活道的文物交易，才與上海人產生這麼多聯繫；

3. 香港各上流人物參與文物買賣之歷史，富貴而藏。香港的政商圈子以收藏文物提升品位，同時也積極開拓以上博為代表的中國文博界圈子，可能藉以與中國大陸政府打交道以爭取更多機會。這是荷李活道上的文物交易所帶來的啟示。

可惜現時我們受制於史料零散，以及史料只限青銅、竹簡等，檔案不全，只能以口耳相傳的軼事補救。期待未來公開更多檔案，以讓我們能重構這段歷史，了解荷李活道上的段段文物往事。

鳴謝

此論文獲中國香港特別行政區研究資助局優配研究金（項目編號：HKBU 12625716 與 HKBU 12604017）；台灣蔣經國國際學術交流基金會 2016 年亞太地區研究計畫類（No. RG025-P-15）；香港浸會大學 2016－17 年 Faculty of Social Sciences Collaborative Research Grant（SOSC/16-17/CRGID1）；香港浸會大學 Faculty Research Grant（Cat. II, FRG2/15-16/045）資助，謹此致謝。

注　釋

1　參考 V. Rujivacharakul ed., *Collecting China: The World, China, and A History of Collecting* (Newark: University of Delaware Press, 2011)；參考 J. Steuber & G. L. Lai eds., *Collectors, Collections and Collecting the Arts of China: Histories and Challenges* (Gainesville: University Press of Florida, 2014)。

2　引自李婷：〈申城緣何成為青銅收藏重鎮〉，《文匯報》，2016 年 11 月 1 日，文化版。

3　參考馬承源：《馬承源文博論集》（上海：上海古籍出版社，2007）。

4　引自陳佩芬：〈馬承源先生年表〉，載馬承源：《馬承源文博論集》（上海：上海古籍出版社，2007），頁 500。

5　引自馬承源：〈《明四家精品集》序〉，載馬承源：《馬承源文博論集》（上海：上海古籍出版社，2007），頁 453 — 454。

6　引自李朝遠、周亞：〈多年發掘＋搶救回歸＋公安截獲＋友情借出：晉侯墓群出土青銅重器首次合璧上海〉，《文物天地》，第 5

期（2002），頁 34。

7　「張光裕簡介」，香港恆生管理學院中文系，擷取自 http://www.hsmc.edu.hk/hk/schools-departments/school-of-humanities-and-social-science/departments/chinese/academic-staff/?staffId=177（瀏覽日期：2017 年 11 月 1 日）。

8　參考陳佩芬：〈情滿浦江 —— 馬承源與上海博物館〉，《文物世界》，第 4 期（1999），頁 55。

9　參考李朝遠、周亞：〈多年發掘＋搶救回歸＋公安截獲＋友情借出：晉侯墓群出土青銅重器首次合璧上海〉，頁 32。

10　引自陳佩芬：〈情滿浦江 —— 馬承源與上海博物館〉，頁 55 — 56。

11　引自李朝遠、周亞：〈多年發掘＋搶救回歸＋公安截獲＋友情借出：晉侯墓群出土青銅重器首次合璧上海〉，頁 31 — 35。

12　引自馬哲非：〈馬承源與上海博物館〉，載《中國博物館》，第 4 期（2004），頁 76。

13　引自陳佩芬：〈情滿浦江 —— 馬

承源與上海博物館〉，頁 55。

14 引自李婷：〈申城緣何成為青銅
收藏重鎮〉，《文匯報》，2016 年
11 月 1 日，文化版。

15 引自陳慧瑩、文倩儀：〈何鴻章
喪禮 後人同日分身家〉，《壹
週刊》，2017 年 10 月 5 日，
A012－015 壹號頭條。

16 〈香港名流何鴻章向兒子追討「家
傳之寶」〉，中國新聞網，2013 年
4 月 23 日，擷取自 www. chinanews.
com。

17 引自鄭重：〈何東軒與吳王夫差
盃〉，《中國證券報》，2006 年 8
月 5 日，A08 收藏版。

18 引自陳佩芬：〈情滿浦江 —— 馬
承源與上海博物館〉，頁 55。

19 引自馬哲非：〈馬承源與上海博物
館〉，頁 79。

20 引自朱淵清：〈馬承源先生談上
博簡〉，載上海大學古代文明研
究中心、清華大學思想文化研究
所編：《上博館藏戰國楚竹書研
究》（上海：上海書店出版社，
2002），頁 2。

21 引自朱淵清：〈馬承源先生談上博
簡〉，頁 1－2。

22 引自朱淵清：〈馬承源先生談上

博簡〉，頁 1－8；楊楠：〈吳湖
帆書畫在滬亮相〉，《大公報》，
2014 年 4 月 23 日，A20 文化、
藝術賞析版。

23 引自陳佩芬：〈情滿浦江 —— 馬
承源與上海博物館〉，頁 54。

24 同上。

25 引自楊楠：〈吳湖帆書畫在滬亮
相〉，《大公報》，2014 年 4 月
23 日，A20 文化、藝術賞析版；
王世濤：〈紀念隱市藏家朱昌言先
生〉，《澳門日報》，2014 年 4 月
21 日，C03 特刊；亦見轉載同一
文，王世濤：〈紀念隱市藏家朱昌
言先生〉，《新民晚報》，2014 年
6 月 28 日，B-11〈夜光杯〉「序
跋精粹」。

26 引自王世濤：〈紀念隱市藏家朱昌
言先生〉，《澳門日報》，2014 年
4 月 21 日，C03 特刊。

27 引自廖傑堯：〈名師收費高 動輒
數十萬元〉，《香港經濟日報》，
2009 年 9 月 19 日，A16 中國專
題。

28 引自〈馬榮成：當年無敵太寂寞
鐵板神算籤文 扭轉一生〉，
《AM 730》，2013 年 7 月 19
日，A04 新聞。

29 引自馬如風〈馬榮成 —— 成敗榮

辱也風雲〉，《信報財經月刊》，
2015 年 3 月 1 日，頁 136 —
139。

30　引自朱紹正：〈藝術家要有收藏家
的識見眼界〉，《新快報》，2014
年 8 月 24 日，A23 收藏周刊 ‧
專欄。

31　引自〈陳風子慈善作品展〉，《明
報（溫哥華）》，2013 年 6 月 9
日，社區新聞。

32　引自朱紹正：〈藝術家要有收藏家
的識見眼界〉，《新快報》，2014
年 8 月 24 日，A23 收藏周刊 ‧
專欄。

33　引自〈文化中心納賢 58 員　打
造中華文化本地品牌　促進交
流〉，《明報（溫哥華）》，2013
年 12 月 16 日，社區新聞。

34　引自馬承源：〈前言：戰國楚竹書
的發現保護和整理〉，載馬承源
主編：《上海博物館藏戰國楚竹書
（一）》（上海：上海古籍出版社，
2001），頁 1 — 4。

35　駢宇騫、段書安：《二十世紀出土
簡帛綜述》（北京：文物出版社，
2006），頁 470。

36　引自馬哲非：〈馬承源與上海博物
館〉，頁 79。

37　引自朱淵清：〈馬承源先生談上博

簡〉，頁 4。

38　引自〈懷念香港著名工業家陸宗
霖〉，《文匯報》，2003 年 8 月
29 日，A17「中小企揸 Fit 人」。

39　引自錢紅莉：〈一生半累煙雲中
（下）〉，《深圳晚報》，2008 年
8 月 7 日，綜合新聞；〈跨越半
個世紀　《徐志摩全集》出版傳
奇〉，《報刊文摘》，2011 年 3 月
11 日，08 版。

40　引自李一能：〈「愛心雅集」又添
300 萬元善款〉，《新民晚報》，
2016 年 1 月 13 日，A28「藍
天下的至愛」；〈葉仲午慶 80 華
誕　禮金捐滬慈善基金〉，《文滙
報》，2009 年 11 月 20 日，A41
「紫荊廣場」；〈77 歲玩具大王即
興玩出碟〉，《星島日報》，2006
年 10 月 8 日，Z06「名人家居」。

41　引自〈浙聯會第七屆理事就職
夏寶龍呂新華黎桂康曾德成主禮
李德麟任會長〉，《文匯報》，
2011 年 7 月 2 日，A19「紫荊
廣場」；〈熱烈祝賀　香港浙江省
同鄉會聯合會　慶祝香港回歸祖
國 18 周年暨第九屆理事會就職
禮〉，《大公報》，2015 年 6 月
21 日，A11 特刊。

42　引自王世濤：〈紀念隱市藏家朱昌
言先生〉，《澳門日報》，2014 年

4 月 21 日，C03 特刊。

43 筆者感謝上海博物館青銅器研究
部館員葛亮幫忙查證檔案資料。
惜檔案為上博內部資料，不能公
開。參考馬承源：〈戰國楚竹書的
發現保護和整理〉，頁 322。這
時馬承源只列出前三者朱昌言、
董慕節、顧小坤的名字。雖然馬
用上「顧小坤等」的字眼，但據
葛亮指出，即使名字列完，馬也
會習慣用上「等」字。

44 上博的「捐贈者名錄」上，有很
多香港人的名字，包括香港何東
集團主席何鴻章，捐資建造貴賓
廳；何鴻章胞弟何鴻卿，捐資贊
助裝修古代玉器館；邵逸夫贊
助裝修歷代繪畫館；徐展堂贊助
裝修古代陶瓷館；嘉道理家族贊
助裝修少數民族工藝館；葛士
翹贊助裝修葛士翹展覽廳；胡寶
星贊助裝修青銅器館。引自馬哲
非：〈馬承源與上海博物館〉，頁
78 — 79。

紅塵裏的遠親近鄰：
《華僑日報》與岑氏父子的
一個世紀

—— 閻靖靖

前言

在香港，本地人最津津樂道的「懷舊飲茶」，除了水滾茶靚和一盅兩件，還少不了一疊當日報紙。荷李活道作為早期華人活動的核心，曾是許多著名報館匯聚之處。《明報周刊》做過統計，自 1850 年以降，先後曾有數以百計的報館坐落於荷李活道！[1]

當年為甚麼這麼多報館選址荷李活道？周佳榮教授的解釋是：「因為這裏是早期華人活動的核心，以萬宜大廈為界，是西人與華人商業活動的分水嶺，華人則一直向中環推進，活動頻繁之下文人聚集，報館自然也選址於此；相互影響下這一帶的印刷廠、發行商也特別多。」[2]顯然，「西人與華人商業活動的分水嶺」這一特質，對報紙這種西風東漸的產物影響尤大。而在這許多報館當中，我們選取《華僑日報》作

為代表——它創刊於 1925 年，1995 年停刊，橫跨七十載歲月，並且是本地第一份每日出版的日報，在日據時期亦持續印行，詳細地記載了香港社會的變遷。

這份報紙在荷李活道上，曾是怎樣的一景？曾經一度銷量冠絕全港的《華僑日報》，經歷了哪些跌宕起伏？《華僑日報》自創刊日起，便標榜「不偏不黨」的中立態度，這樣一份立足香港的中文報紙，夾在港英政府、淪陷時期駐港日軍、國民政府和 1949 年後的北京政府幾大政權之間，能否獨善其身？1925 至 1995 年，不僅是香港的大時代，也是整個亞洲經歷劇烈社會變革的年代，區域內的相互影響可謂無日無之。那麼，香港的中文報紙除了服務本地讀者，又與周邊華人社會有哪些互動？經歷過工潮、二戰和內戰，這間曾經滄海的家族企業，為何選擇在仍有盈利的和平年代賣盤？

1915 年，《華僑日報》創辦人岑維休（1897－1985）進入《南華早報》工作，開始了家族兩代人的新聞生涯；2016 年，其子岑才生（1922－2016）逝世，岑家與《華僑日報》的故事至此落幕——本文嘗試回顧岑氏父子與《華僑日報》在這一個世紀的榮辱浮沉，梳理那些起落所依附的時事脈絡，並由此透視香港在鄰近幾個政權與華人社會之間的種種政治拉扯與親疏關係。

一、《華僑日報》與荷李活道

《華僑日報》與早年眾多香港華文報章一樣，其誕生與西文報章

岑才生肖像
（繪圖：閻靖清）

有着千絲萬縷的聯繫。《華僑日報》的創辦人岑維休 17 歲時雖考獲香港大學入學資格，但卻因為家貧，不得不放棄升學。後得英文教師推薦，進入《南華早報》工作。岑維休工作勤奮，又常有巧思，加薪升職頗為順遂。[3] 1920 年代上半葉，香港經歷幾次大型罷工風潮，社會民心均動蕩不安。當年的立法局非官守議員羅旭龢（Robert Kotewall）一次到訪《南華早報》，與韋利賓（Benjamin Wylie）[4] 等報館要員會晤，岑維休亦與會，並建議開辦一份中文報章，以向本地中文讀者詳細報道內地罷工消息。於是，在韋利賓等支持下，1925 年 3 月至 4 月間，岑維休與其兄岑協堂及另外幾位股東[5] 以 1,200 元收購了《香港華商總會報》的設備及出版權，[6] 稍後更名為《華僑日報》。[7]

《華僑日報》的創刊日期是 1925 年 6 月 5 日。當時上海剛剛發生了「五卅慘案」，隨後嶺南地區於 6 月爆發「省港大罷工」。香港報館排字工人響應罷工，導致本地報業癱瘓。而岑維休早於 1922 年已從《南華早報》手中買下了石印部門，自《華僑日報》創刊之初，便實行不間斷出版的運作方式，在排字工人周日休息時，用石印替代鉛印印製報紙，為香港首創。本地其他報紙隨後紛紛仿效，因而結束了香港中文讀者「每周一無新聞可讀」的時代；也正因為自創刊時起，便有印刷方面的替代方案，在省港大罷工期間，《華僑日報》雖面對排字工人罷工，卻仍能以石印方式繼續運作，成為全港惟一沒有停刊的華文報紙。工潮期間，《華僑日報》多次表態反對罷工，是港英政府的堅定支持者。[8]

《華僑日報》與荷李活道最初的淵源，始自岑維休從《南華早報》

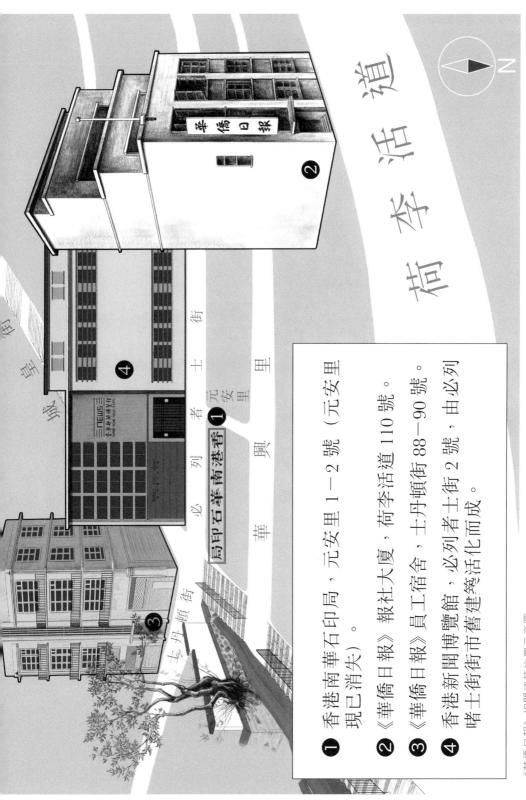

荷李活道

N

《華僑日報》相關建築位置示意圖
（繪圖：閻靖靖）

① 香港南華石印局，元安里 1－2 號（元安里現已消失）。

② 《華僑日報》報社大廈，荷李活道 110 號。

③ 《華僑日報》員工宿舍，士丹頓街 88－90 號。

④ 香港新聞博覽館，必列者士街 2 號，由必列者士街街市舊建築活化而成。

圖中有多個大型廣告招牌的建築，即為《華僑日報》員工宿舍舊址（士丹頓街 88-90 號）。
（圖片提供：鄭寶鴻）

文武廟外，與其相隔數座建築物，便是在荷李活道 110 號的《華僑日報》社址。
（圖片提供：鄭寶鴻）

買下的「南華石印局」。《華僑日報》創刊時，承印《華僑日報號外》
（星期日出版之報紙）的「南華石印局」位於荷李活道元安里 1－2 號，
即《華僑日報》最初的社址。[9] 1930 年代以降，隨着報社業務拓展，
社址遷至荷李活道 110 號。二戰結束之後，報社更收購此處物業，改
建為五層高的報社大樓。

　　此外，報社於 1950 年購置士丹頓街 88－90 號一幅土地，並聘請
葡萄牙籍建築設計師巴士度（A. H. Basto）設計了一棟唐樓，以作員
工宿舍之用。該樓宇之業主為《華僑日報》創辦人岑維休及陳楷。建
築落成之後，岑陳二人亦曾居於此處。[10] 與這棟唐樓一街之隔的，是
必列啫士街街市舊址。原為街市的舊建築現已逾 60 年歷史，屬三級
歷史建築，並已活化發展，改建為「香港新聞博覽館」，預計於 2018
年 12 月正式啟用。[11] 這座以新聞行業為主題的博覽館選址於此，也恰
恰反映了荷李活道及其周邊社區曾為新聞業聚集所在的歷史舊貌。惟
上述《華僑日報》宿舍舊址唐樓是否能獲保留，抑或將遭拆卸？民間
保育團體仍在努力爭取保留活化，[12] 而市建局則一度建議清拆，但在
規劃署不支持的情況下，撤回申請。[13]

　　《華僑日報》一直在荷李活道上，直至被《南華早報》收購，方
於 1992 年遷往糖廠街南華早報大樓。華僑日報報社大樓於 1952 年 2
月 6 日落成，在報社遷出之後，被恒基兆業購入並拆卸，改建為住
宅。改建之後，底層曾有一間名為「The Press Room」的西式餐廳，
現已結業。

　　1980 年代，根據李碧華小說改編、關錦鵬導演的電影《胭脂

扣》，曾到這幢樓內取景。電影故事中，女鬼如花來到報館刊登尋人
啟事，報館場景即是《華僑日報》報社大樓的一樓營業部。牆上藍白
相間的方形磁磚、典雅的木質窗櫺、堆疊着厚厚資料的木製長型辦公
桌 …… 這些畫面中的細節，不僅記錄了《華僑日報》的報社樣貌，同
時也會勾起人們對該年代新聞行業的許多回憶。[14]

二、小荷才露尖尖角

早在 1925 年 8 月，警方已致函《華僑日報》，指出販賣該報的報
販每天早晨叫賣聲太大，頗為擾民，飭令早晨 8 時之前，不許報販於
香港大酒店[15] 四周街道與畢打街之間大聲呼叫 —— 可見當時《華僑日
報》之熱賣盛況。[16] 其後，《華僑日報》的社會地位逐步提高，到 1933
年，終於成為香港政府承認的「登載法律廣告之有效刊物」。值得注
意的是，這是港英政府首次承認中文報紙所載法律廣告的效力。《華僑
日報》取得這一地位，着實為華人社會提供了許多便利。

在《華僑日報》創刊之前，香港的中文報紙多為西文報紙之附屬，
內容亦常直接翻譯自西報。《華僑日報》作為華資報紙，有獨立採編團
隊，並以華人為目標讀者，這在當時還不多見。[17] 根據香港政府 1931
年人口普查報告所列，當時全港華人人口為 821,429 人，佔市民人
口[18] 97.70%[19]。此外，華人的商業活動也日益擴大。香港華人社會史
專家冼玉儀曾指出，早在 1920 至 1930 年代，香港的製造工業已開始
蓬勃發展，同時，各種商會組織亦於此時興起，1930 年香港的各地同

鄉商會數目已達 34 個之多 [20] —— 可見當時本地華人社會已有足夠的人口和工商業基礎，亦需要更多專為中文讀者設立的報紙。《華僑日報》不僅滿足了中文讀者閱讀新聞的需要，同時也為本地商界及華人社團提供各類傳媒服務。

說到本地商界與華人社團，便不能不提《華僑日報》的一大特色：與本地工商社團關係非常密切。《華僑日報》的前身《香港華商總會報》，正是由最具代表性的華商團體「香港華商總會」[21] 所辦。該報僅經營了六年，頭四年與《孖剌西報》（*Hong Kong Daily Press*）聯合出版，後兩年獨立經營，主要刊登工商業者關心的資訊，亦包括貨價行情及航運消息。後因虧損太大，該會無意續辦，決定放盤。岑維休等人於 1925 年承頂時，將全盤生意收購，包括機器及鉛字，並同意撥出《華僑日報》篇幅，專門用於刊登社團消息。因為這些淵源，《華僑日報》上關於社團的新聞、告示特別多，並一直延續到報紙停刊。[22]《華僑日報》前社長岑才生 [23] 曾說：

> ……《華僑（日報）》比較重視工商業新聞，如報道廠商會的消息，其他報紙或許不太留意，甚至認為這些不是新聞，《華僑》卻會報道。《華僑》是比較重視工商界的。[24]

從研究者的角度來看，豐富翔實的社團動態自然是極好的史料，對於後人瞭解本地社會的發展，十分寶貴。[25] 但是，當時的大眾讀者和採編團隊，卻未必認同社團新聞的價值，反而可能覺得累贅。對於

岑家父子特別厚待社團消息，《華僑》報系日報及晚報編輯江河先生在
晚年曾這樣說：

> 我一九四六年加入《華僑》工作，深深覺得這是個大家庭。
> 但大家庭有個缺點 —— 家長制，難有革新的主意。因此，當時
> 在《華僑》工作的人，大多是「不求有功，但求無過」。《華僑
> 日報》的編輯方針一切以社長及股東的意見為主導。他們說好就
> 好，說不好就不好。舉個例，有位先生本是上海文化人，約會岑
> 維休先生，他說：「華僑日報的社團版，太垃圾了。」岑先生回
> 答：「華僑日報社就是靠這些垃圾得到讀者支持。」這是事實。[26]

岑家父子的家長制是否直接導致報社發展僵化，值得作更深入的
探究和分析，而且也言人人殊，並非本文關注的重點。不過，早在
《華僑日報》真正殞落之前，這間報社在 1940 年代就先經歷了一輪十
分嚴峻的生存危機。

三、「漢奸報」與〈通緝岑維休！〉

第二次世界大戰後期，在 1941 年 12 月至 1945 年 8 月期間，香港
經歷了難熬的日治時期。日軍佔領香港之後，許多報館倒閉、報人逃
亡。未幾，日軍將殘餘的中文報紙合併，只准許極少幾份報紙出版，
《華僑日報》是其中之一，而且還是惟一從無間斷出版的本地報章。根

據香港資深報人鄭明仁的研究，從 1942 年 1 月 8 日起，《華僑日報》的言論開始轉向附敵；至 1942 年 6 月 1 日起，日軍以「白報紙短缺」為由，強迫本地報紙合併，其中《華僑日報》與《大眾日報》合併，繼續以《華僑日報》報名出版，而這也是《華僑日報》言論全面附敵的開始。這一天，《華僑日報》的重要版面均刊載了頌揚日軍及「大東亞共榮圈」的內容，其中也包括岑維休本人的署名文章。[27] 這種狀況一直持續到日本戰敗投降。

儘管在新聞、言論部分被迫附敵，《華僑日報》仍在編輯技巧、言論與報道手法，以及副刊「版頭」等隱蔽之處，運用「兩面手法」暗中從事反日工作，並且常常以「稿擠」、「篇幅小」等理由，拒絕刊載來自汪精衛政權和偽滿洲國政權的消息。時有弦外之音的社論，更多次令岑維休被日本當局傳召。[28]

可是，戰後無論《華僑日報》如何為淪陷時期忍辱的苦衷和暗中反抗作出辯解，這項「漢奸」的污名，仍深深困擾着這間報社。最令報社受傷之事，莫過於來自中國政府的官方打壓。1946 年 6 月 6 日，在國民政府廣州行營公佈的第二批漢奸名單中，岑維休赫然在列。次日，國民黨在香港的機關報《國民日報》刊出社論〈通緝岑維休！〉，指岑為「香港頭號文化漢奸」，且呼籲僑胞「活捉岑逆維休」及「杯葛華僑日報」，甚至「粉碎其報館」。[29]

直到 1981 年，岑維休在接受新聞學者皇甫河旺的口述歷史訪問時，說起戰後遭國民政府圍剿之事，仍深感不忿：

　　1945 年 8 月，香港重光，《華僑日報》全人正深慶得以重見天日，但不旋踵，我們再罹一次災難，此即面臨被野心家陰謀劫收的厄運。劫收者不只從所謂黨政軍三方面向《華僑日報》進攻，還發動輿論機器，製造歪風，向《華僑日報》進行圍剿。這種歪風，由 1946 年起，持續了三、四年。直到 1949 年才平息下來。[30]

　　值得注意的是，當時《華僑日報》的兩家主要競爭對手《星島日報》與《工商日報》，[31] 都與國民政府有深厚關係。《星島日報》的老闆胡文虎，在香港淪陷前，是國民政府參政會成員；《工商日報》則由何東家族持有，何東之子何世禮在二戰期間為中華民國陸軍高級將領，曾在 1945 年返港，參加日軍香港總督的受降儀式。[32] 岑維休自《華僑日報》創刊日起，便以「不偏不黨」和「在商言商」為辦報宗旨，在當時中文報紙多為「政黨喉舌」的環境中獨樹一幟。因此，相較而言，《華僑日報》與岑維休跟洋人及港英政府關係較近，與國民政府並無特殊交情。

　　《工商日報》於香港淪陷之後即停刊，戰後方始復刊。《星島日報》雖也在日治時期繼續出版，但與其他報紙合併且改名為《香島日報》，戰後亦因胡文虎的政商關係而獲國民政府偏袒。鄭明仁在對比《華僑日報》與《香島日報》戰後遭清算的待遇時，便明確指出：「……《華僑日報》和岑維休，其靠山只得港英政府，岑維休在國民黨上層並無任何人脈。」[33] 不僅如此，丁潔認為，《華僑日報》是戰後香港最重要

的中文報紙，在抗日戰爭結束、國共內戰全面爆發之時，國共兩黨競相搶佔宣傳陣地，國民政府便以「漢奸」、「附敵」為藉口，企圖接管該報。[34] 可見，儘管《華僑日報》是中國境外的報紙，但因香港之於中國獨特而微妙的地位，以及當時香港中文報紙對中國內地讀者的文化輻射，國民黨仍出手望能將其收編。

缺少與國民政府的政商關係，在這次危機中險些置岑維休於死地。廣州行營不僅大張旗鼓要求引渡岑維休回中國受審，同時開出天價，要求《華僑日報》將全部財產及編輯權交出。[35] 不過，所幸岑維休在港英政府那邊獲得了重要的庇護。因為岑維休與英籍報人的深厚友誼，歷次工潮中均對港英政府全力支持，以及在淪陷期間常以食物接濟集中營裏的港英高級戰俘，這些往績換來港英政府投桃報李，在國民黨清算《華僑日報》時，多次或明或暗地傾力保護。[36] 1946 年 6 月 7 日〈通緝岑維休！〉的社論發表之後，港英政府次日便下令封閉《國民日報》，飭令停刊一月，理由是該文罔顧法律、煽動讀者從事非法行為。[37] 此舉甚至引發粵港之間一連串的外交風波。最後，在多番協調與拖延下，引渡岑維休之事終於不了了之。

除了港英政府的支持與庇護，當時深受蔣介石信賴的徐復觀也曾替《華僑日報》在蔣介石面前緩頰，化解了《華僑日報》不能內銷到國民黨控制地區的問題。1960 年代初，徐復觀更居中穿針引線，薦岑維休赴台並獲蔣介石接見，《華僑日報》也順勢於台北開設辦事處，在台發行。[38] 相信戰後那次險些人財兩空的危機，令岑維休充分意識到，與國民政府保持良好關係之重要——這或許未必能給報紙加分，

但在遭到政權輾壓時至少不會孤立無援。

當然，徐復觀也因此與《華僑日報》結下不解之緣。當國民政府在內戰中敗退到台灣之後，徐復觀攜家眷流落到港台，一度生活艱難。幸得岑氏父子一直心懷感恩，以優渥稿酬邀徐為《華僑日報》撰寫時評文章，直至 1982 年徐去世為止。[39]

四、在冷戰的夾縫之間

綜觀 1950 年代初至 1970 年代末的報紙檔案，《華僑日報》一直奉台灣國府為正統，不僅在報頭以民國紀年，而且每逢雙十、蔣介石壽辰，都撥出大量版面刊載相關內容，並常有國民政府高官的應節應景之文。作為一間商人色彩濃厚的報紙，《華僑日報》對 1949 年新成立的中共政權，卻實在難以親近。相形之下，該報對中共政權的報道，多鄙夷之辭。在五六十年代，尤多新聞標題凸顯內地「人禍頻仍」、「民不聊生」。至於「十一」，更是完全沒有「誌慶」之說。不少人因此將《華僑日報》定性為「親台」報紙。這令許多老華僑報人感到不忿，強調《華僑日報》對採編團隊的政治傾向十分包容。[40]曾任《華僑日報》編輯的何天樵，是該報「老臣」何建章之子。他在 2004 年曾說：

> 就我所知道《華僑日報》其實純粹是商業報章，本身並沒有明顯的政治背景或取向。……至於以「中華民國」記錄日期只是

習慣問題，二十年代開始辦報時的確是奉國民政府為正統的，其中並沒有特殊的政治考慮。[41]

曾為《華僑日報》副刊供稿的作家阿濃（朱溥生）則指出：

《華僑日報》是一份很奇特的報紙，總編輯何建章屬進步人士，但是《華僑日報》是親國民黨的報紙。在一份親國民黨的報刊有一位屬進步人士的總編輯，在當時而言是非常奇特的現象。[42]

那麼，《華僑日報》究竟是「親台」還是「中立」？我們已回顧過1940年代它與國民政府之間的諸多「牙齒印」，以及危機過後改善關係的嘗試，相信已不難回答這個問題。二戰後期香港淪陷又重光的政權更迭，令原本在港英政府治下「不偏不黨」、「在商言商」的《華僑日報》無法獨善其身，被迫周旋於英、日、中三個政權之間。若僅憑50年代開始的報紙內容作依據，將《華僑日報》劃為「親台」，顯然失了歷史脈絡。

到冷戰時期，中間偏右的態度更是香港社會主流，「慶雙十」和「民國紀年」均不稀奇。而且，香港毗鄰廣東，每日耳聞目睹五六十年代內地的社會亂象，很難像西方社會那樣，對北方新政權抱有浪漫想像。加之港人多有親友身在內地，自然也特別關注饑荒、財產充公、政治動盪及人口非正常死亡的新聞。因此，若將《華僑日報》刊登相

關報道簡單視作「反共宣傳」，也有失公允。周佳榮在論及本地報業時曾指出：「（當年）辦報成功的，多數都走中間偏右路線，因為社會普遍接受較為溫和的取態。」[43]

《華僑日報》確如許多報人評價，是一間不願在黨派角力中表態站隊的媒體。《華僑日報》編輯江河這樣評價這份報紙的政治取向：

> 報館當局定下的宗旨是不要惹法律問題、不要傷風敗俗、不要涉及宗教政治問題，也就是明哲保身、安分守己，做個「規矩香港人」，間接幫助香港政府治港安民，繁榮市面。[44]

這種政治取向，在戰後的報紙發展中得到充分體現。由於淪陷期間持續出版，且較多報道本地民生新聞，《華僑日報》在 1945 至 1954 年間一度成為香港銷量第一的中文報章，並在 1960 至 1970 年代與《星島日報》和《工商日報》並稱香港三大中文報。[45]

不過，岑維休在戰前屢次反對工潮，淪陷期間「附敵」，戰後又得港英政府傾力保護，這些往績便成了左派眼中的「親英媚日」。1967年，《華僑日報》再度支持港英政府武力鎮壓「六七暴動」之後，《文匯報》於 9 月 18 日刊登了題為〈揭露華僑日報的漢奸嘴臉〉的特稿。可見《華僑日報》雖然盡量避免在政治取向上明確表態，但其「偏右」立場卻也始終如一，冷戰時期與左派和中共政權可謂頗不咬弦。

五、嵌入本地社會肌理

　　戰後至 70 年代中期，隨着香港經濟一日千里，《華僑日報》乃至整個香港報業都迎來了巔峰時期。國共內戰時期大量湧入的人口，成為當時社會經濟發展的重要能量；同時，暴增的人口也極大拓寬了本地報紙的讀者基礎。在電視媒體尚未完全普及的年代，報紙還是最重要的傳媒，內容幾乎涵蓋市民生活的每個細節。《華僑日報》在全盛時期，曾經試圖走多元化路線，令報紙內容盡量包羅萬有。[46]1948 年開始，由著名報人吳灝陵主編、華僑日報出版社出版的《香港年鑑》，更是匯總了本地社會方方面面的年度變化。[47]

　　1949 年，岑才生在英國的報館實習，遇見經營香港《工商日報》的何東爵士。何東建議香港報業應團結合作，爭取更大的發展空間和國際影響力。岑才生回港後，與父親岑維休談及此事，岑維休隨後便與《工商日報》、《星島日報》及《南華早報》高層商討，於 1954 年成立香港報業公會。[48]

　　與此同時，隨着「引渡漢奸」一事退出公眾視野，岑維休與岑才生逐漸恢復了「社會賢達」的名譽，不僅以個人身份獲得多項官授榮譽，亦多次擔任香港報業公會主席等職務。[49]岑才生曾獲委任市政局議員，更於 1985 至 1994 年擔任東區區議會主席。值得注意的是，岑維休因「附敵」和「反對工潮」在國共兩邊都不討好，英女皇卻先後於 1956 年和 1977 年為其頒授 O.B.E. 及 C.B.E. 勳銜，並於 1968 年和 1986 年頒授 M.B.E. 及 O.B.E. 勳銜予岑才生，[50]可見港英政府對岑

家父子之厚待。

當然，岑氏父子所獲得的諸多榮譽，的確也印證了他們在服務社會方面所作的努力。《華僑日報》戰後尤其落力支持本地公益事業，既有助於修補因為淪陷時期「附敵」而受損的社會形象，[51] 也為報紙建立了更深厚的本土聯繫。

1952 年 2 月 6 日，在報社大樓落成專刊上，吳灞陵撰文回顧了《華僑日報》創辦以來的發展歷程。整版內容中，僅最底一窄欄，羅列了報社成立以來在「社會服務」方面的成就。可見，《華僑日報》在公益慈善方面的努力，確是戰後方始落力為之，並非如某些論者所言，自創刊起便始終如一。

《華僑日報》的社會服務主要集中在「紓國、賑災、救童、助學、防癆、撫幼」等方面。[52] 其中又以 1957 年開始的「救助貧童運動」及 1958 年開始的「讀者助學運動」兩項最廣為稱道。這兩項慈善募款常被合稱為「救童助學運動」。前者為本地救助兒童機構募款，後者籌募「《華僑日報》讀者助學金」，並於新界地區興建「助學亭」令學子免受日曬雨淋之苦。1963 年起，「讀者助學運動」擴大範圍，為大專學生提供貸款。

此外，《華僑日報》一直注重教育版的內容。除了與教學和校園相關的新聞之外，該報亦詳細刊載各類考題、解析，以及重要升學考試的錄取資訊，因此頗受中小學師生家長歡迎。每逢考試放榜，報館門口總會聚集大批考生和家長，翹首等待錄取結果，[53] 也成為荷李活道周圍街坊記憶中的一景。

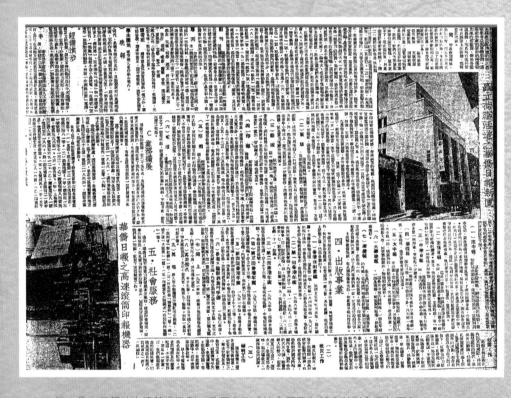

1952 年 2 月 6 日報社大樓落成專刊，最下方的「社會服務」部分所列內容並不多。

六、椰風蕉雨下的遠房親戚

《華僑日報》創刊時以「華僑」自居，在 30 年代帶有強烈的民族主義色彩，戰後則與本地社會的互動綿密，也是香港本土意識發展的一個縮影。[54] 恰如冼玉儀所指出：

> 到了六十年代中期，香港已出現了一批生於斯、長於斯，沒有濃厚「故鄉」觀念的一代。當然「北望神州」的還大有人在，但和以前大部分居民都懷着過客心態的情況比較，實在相差很遠。[55]

丁潔的著作嘗試梳理《華僑日報》與香港本地華人社會之間的互動關係，不過，該書卻較少留意香港華人社會之於兩岸三地及東南亞的獨特地理位置，以及在區域諸多華人社會間微妙的政治地位。日本知名漢學家、中國經濟史專家濱下武志曾經指出，香港的地理位置恰是亞洲網絡中心，擁有跨越東北亞至東南亞的八大發展腹地 —— 其中「東南亞北部」、「東南亞半島及島嶼」和「南海的海洋腹地」三塊區域，就覆蓋了大半個東南亞地區，並涉及東南亞所有國家。[56]「1925 至 1995」這 70 年，橫跨了整個亞洲社會從傳統邁向現代的眾多事件，時政局勢雲譎波詭。身處亞洲樞紐位置的香港，但凡周邊發生政局動盪，多少總會有所波及。

《華僑日報》自身的發展歷程，充分體現了報人報館在港英政府、

國民政府、駐港日軍及北京政府等政權之間的親疏關係與政治拉扯。
戰後香港報業全面發展至巔峰的那段時期，《華僑日報》對本地公益事
業頗多貢獻，又加深了與香港社會的血肉相連。香港夾在「華」「英」
之間的身份，其實並非全貌。以「華僑」為名的這份報紙，還同時呈
現出香港作為中國原鄉與海外華僑華人社會之樞紐角色。有趣的是，
這種跨越國界的華人社會聯繫並未隨着「過客心態」一起消散，反而
在 1950 至 1980 年代依然重要。因為在冷戰時代，北面的中國大陸封
閉了國門，南面的東南亞在許多層面取而代之，成為香港社會重要的
腹地。

七、《東南亞》雙週刊與陳直夫

　　岑才生曾提過，他認為《華僑日報》最具特色的副刊之一，是由
陳直夫主編的《東南亞》雙週刊。[57]《東南亞》是怎樣一份雙週刊？陳
直夫是何許人？他們又反映了怎樣的時局呢？

　　《東南亞》雙週刊創刊於 1951 年 7 月 19 日。至於停刊日期，則沒
有確切公示。目前查到的最後一期，是第 751 期，刊載於 1986 年 12
月 25 日。這份副刊橫跨 35 年，就刊物本身而言，主要有兩個特點：
一是刊載時間非常飄忽，刊出日期並非固定兩週一次，常常某些月份
連刊三期，某些月份僅一期，也不時出現連續跳票，前後兩期可能相
隔三個月之久。第二個特點，是版式與內容都相當穩定，每期滿滿半
版文字，極少插圖，亦無裝飾紋樣，35 年來少有變化，連版頭題圖的

設計，都只換過一次。這種穩定的編輯風格，實際上反映的是主編陳
直夫的個人特色。

陳直夫，廣東番禺人，早年留學日本應慶大學，修讀經濟學。曾
任教於上海持志大學。後南來香港，曾任香港崇基學院、珠海書院教
授，其研究、教學及著述多關注海外華僑及東南亞。早在 1946 年，他
就曾為中華民國僑委會研究室編纂過《澳洲及旅澳華僑》，並主持僑
委會僑務研究室十年。[58] 1981 年，由香港時報社出版《華僑與中國國
民革命運動》。此外，陳還編著有《萬震：《南州異物誌》輯稿》等書。
除了主編《東南亞》雙週刊，陳直夫同時還為《華僑日報》編輯〈博文〉
及〈書刊〉等文化類副刊，版式設計的風格也與《東南亞》雙週刊類似。

根據陳直夫在各個時期出版的書籍，顯見他是一位親國民黨的學
者，可說是頗為典型的南來文人。《東南亞》雙週刊始於 1951 年，其
時國共內戰結束未久，大批不認同中共政權的文人逃離中國大陸，陳
亦是其中之一。這些南來文人，相當一部分落腳香港，懷着客居的心
態在這裏生活、創作、教學，但不少人終老於此。正如上文提及的徐
復觀，當時許多南來文人糊口或貼補家用的重要來源，就是在本地高
校任教和為報章撰稿。他們帶來的價值觀，也深刻影響了當時香港的
學生、媒體和讀者。

《東南亞》雙週刊的選題，主要圍繞以下這些領域：

1. 東南亞古代史、殖民史、反殖民歷程；

2. 東南亞地理物產及當代經濟；

3. 東南亞華僑史；

《東南亞》雙週刊創刊號（1951 年 7 月 19 日）

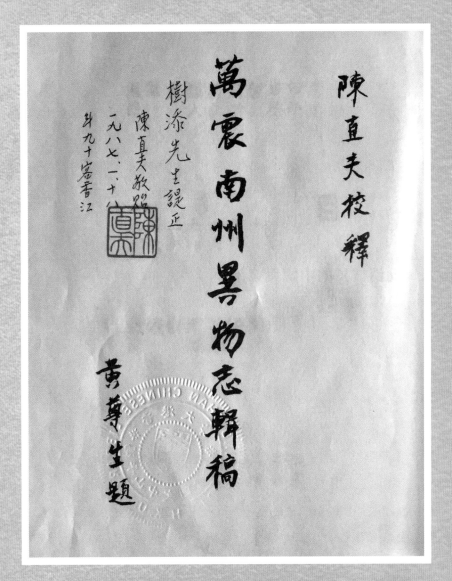

萬震南州異物志輯稿　黃尊生題

陳直夫校釋

樹添先生鑑正
陳直夫教授
一九八七、二十八
年九十客香江

陳直夫「年九十客香江」贈書題字。可見儘管居港數十年，他仍舊懷着客居此地的
心態。這也是不少其他南來文人晚年的心境寫照。
（圖片來源：香港大學馮平山圖書館；圖片提供：閻靖靖）

4.　東南亞風土民情；及

5.　異族語言文化、傳說故事等。

總體而言，這是一份相當嚴肅的知識性刊物，其中以前三項「硬知識」為主，後兩項「軟知識」只是點綴。顯然，「硬知識」所偏重的科目：區域歷史、地理、經濟和華僑史，均為陳直夫本人熟悉的領域。[59] 當時《華僑日報》各個旅遊副刊亦多關於東南亞的內容，側重介紹風土人情吃喝玩樂，可謂與《東南亞》雙週刊相輔相成，為讀者呈現出一幅較為完整的東南亞圖景。

八、此消彼長的中國與東南亞

《東南亞》雙週刊存在的 1951 至 1986 年，是中國與整個東南亞發生劇變的年代。1950 年代，國際上冷戰方興未艾，綿延數十年。在香港北面，中國內地正經歷多次政治運動。面對封閉的中國，香港雖是西方世界借之北望的窗口，然而，普羅市民仍被擋在國門之外。因此，本地報章需要尋找中國題材的替代內容，尤以旅遊、休閒等版為甚。東南亞作為香港重要的發展腹地，很大程度上填補了這些空缺。

不過，也正是在這段時期，東南亞諸多新興民族國家確立不久，正經歷建國初期的社會秩序重建。印尼、馬來西亞先後發生嚴重族群對立及排華事件。中南半島上，越戰、越柬、柬埔寨內戰等局部戰爭陸續有來，其中越戰不僅曠日持久，而且造成大量戰爭難民，在六七十年代湧入香港，為社會帶來很大衝擊。這些事件，均令香港報

章常要詳細報道東南亞的近況。民眾也有更多契機，想要瞭解東南亞
各領域的前世今生。

　　因此，在 1950 至 1970 年代，關於東南亞的內容，絕不止出現在
《華僑日報》的《東南亞》雙週刊上。從國際時事到經濟走勢，更不必
說航訊、遊記、旅行推介，以及旅行社和航空公司的廣告，關於東南
亞的內容無日無之，幾乎佔據報紙所有國際資訊的半壁江山。

　　不過，這種局面到 1980 年代，就發生了急劇的轉折。1976 年，
內地的文化大革命結束；1978 年底，開啟了改革開放的新時代。到
了 1980 年代中期，改革開放政策已初見成效。緊挨中國的香港，此時
自然將注意力聚焦回北邊。報紙上關於中國的內容也顯著激增。

　　以《華僑日報》的旅遊廣告為例：在 1975 年，還沒有北上中國的
內容，而東南亞線則佔約一半。但是到了 1987 年，隨着蔣經國開放老
兵回鄉探親，香港不僅已有相當一批旅行社經營「大陸遊」，而且還
有專門提供台灣居民經香港往返大陸的服務。下圖是 1987 年底的旅
遊分類廣告，其中七則廣告提供去東南亞的線路，四則提供中國大陸
線路，另有四則是代理台灣居民訪問大陸的廣告。北上中國大陸的線
路，所佔版面已與東南亞線旗鼓相當。

　　同時，就在《東南亞》雙週刊停刊前後一兩年間，《華僑日報》新
增了《山川人物》雙週刊和《神州遨遊》週刊，都是以介紹中國大
陸風物、景點為主的週刊。顯而易見，當中國結束政治動盪，決定
重開國門，報紙和讀者對中國的關注，迅速取代了原本對東南亞的
興趣。[60]

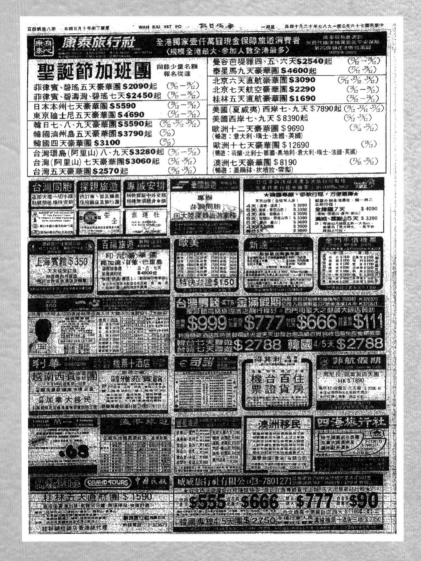

1987 年底《華僑日報》旅遊廣告（1987 年 12 月 14 日）

（上）《山川人物》雙週刊
（下）《神州遨遊》週刊

九、《華僑日報》的遲暮歲月

　　1951 年《東南亞》雙週刊的創立，源自冷戰和南來文人，以及本地社會對東南亞知識的需求。它在 1980 年代停刊，不僅標誌着南來文人世代凋零老去，也折射出中國改革開放之後，「香港 ─ 東南亞」之間的聯繫迅速讓位於「中港聯繫」。幾乎與此同時，1980 年代開始，《華僑日報》自身也走入了逐漸衰落的階段：報紙內容漸呈老態，難以吸引年輕讀者的興趣；[61] 市民獲取新聞資訊及娛樂的渠道則漸趨多元，整個報業的黃金時代都已進入了尾聲。到 1985 年創辦人岑維休過世、1987 年總編輯何建章退休，也標誌着第一代《華僑》報人漸次退場。

　　當然，1984 年 12 月 19 日《中英聯合聲明》簽署，更為香港報業帶來劇烈震盪。不少親英或親國民黨的刊物看到大局已定，也就知所進退，紛紛停刊或賣盤。《華僑日報》多年來的競爭對手《工商日報》，董事長何世禮有深厚的國民黨背景，亦早在其接手報紙時，就將《工商日報》定位為支持國民黨及國民政府。《中英聯合聲明》草簽之後不久，何世禮認定九七回歸將不利於報紙發展，便於 1984 年 11月 30 日宣佈《工商日報》及《工商晚報》即日起停版，次日正式停刊。[62] 其時距離《中英聯合聲明》正式簽署，還有半個多月。

　　1991 年 12 月，岑氏家族將《華僑日報》賣予南華早報集團。翌年一月，報社運作正式轉手，社址亦遷出荷李活道，搬到鰂魚涌糖廠街，與《南華早報》在同一幢大樓內辦公。1993 年，因虧損以千萬元

計，南華早報集團再次將《華僑日報》五成股權轉賣予財經界人士香樹輝。次年，香樹輝接手報社任董事總經理，並力求革新。然而，延至 1995 年 1 月 12 日，《華僑日報》終於還是躲不開停刊的命運。

　　為甚麼在艱難的「三年零八個月」都掙扎存活下來的家族企業，到了經濟最蓬勃的年代，卻最終選擇放棄？對於岑氏家族賣盤的原因，論者多指岑家「在商言商」，將報紙視作「一盤文化生意」，且岑才生年事已高，亦已名利雙收，不需要再為報社掙扎求存，故趁報紙盈利下滑但未至虧損時，果斷脫手。[63] 2005 年，岑才生自己則解釋說，報社是股東生意，1991 年許多股東決定移民，因此放盤。[64] 這個含糊的解釋似有遮掩。直到 2012 年，《明報周刊》訪問岑才生，再次問及二十多年前賣盤的決定，岑才生終於親口透露更深一層的原因：

> 「那時候接近回歸，很多人都怕清算，怕共產黨，很多股東都不做了，做下去也沒意思，我們早在八十年代已經開始計劃賣盤。」……至於賣盤條款，除了《南華早報》續聘所有現任員工，並規定不得於兩、三年內辭職外，原來還包括要岑才生承諾從此退隱江湖，不得沾手報紙行業。[65]

　　可見，作為精明商人的岑才生，與老對手何世禮可謂「英雄所見略同」。只是岑家與國民黨的交情遠不如何家深厚，故毋須即時停刊罷了。可是，岑家與港英政府一向過從甚密，自 1960 年代起，與台灣國民政府亦建立起友好關係。這些政商聯繫，在《中英聯合聲明》簽

署之後，顯然變得不合時宜，對報紙有害無益。

　　誠然，1980 年代以降，報紙的商業價值逐漸衰落，是《華僑日報》最終停刊的主因之一；不過，岑家卻選擇在報紙仍然盈利的時機賣盤，政治環境的轉變也必然是考量因素。回顧岑家辦報 70 年的歷程，最大危機當屬戰後岑維休被國民黨清算的風波。二戰期間香港淪陷、戰後駐港日軍投降、英人恢復治權，在這兩度政權更迭的過程裏，岑維休身不由己，深陷政治漩渦，最終落得兩面不是人。而「九七回歸」是權力的和平移交，從中英兩國簽署協議，到改換政權，中間有十幾年緩衝期，岑家因而擁有一定的自主選擇空間。最後岑才生決定放棄仍有盈利的家族生意，規避風險，其中的緣由，相信不止是純粹的效益考量，而是在一定程度上反映了岑家對「政權更迭」的深刻不安。

十、「少林寺」後傳

　　《華僑日報》常被業界揶揄為「少林寺」，總在招人和培訓新人，卻留不住人才，不少業內行家都有過任職《華僑日報》的經驗。當然，也有人憤憤不平，認為這體現了報社自創刊起便持續注重新聞人才之培育。[66] 無論如何看待「少林寺」的稱號，有趣的是，這個「特色」在報紙停刊之後，竟用另一種方式延續了下來。

　　《華僑日報》自 50 年代以來的助學基金，並未因報紙賣盤、停刊而中止。南華早報集團接管了相關基金，並繼續運作。2010 年 5 月，「SCMP 華僑日報新聞獎學金」成立，其前身正是「華僑日報讀者大專

學生貸款基金」，岑才生曾出席基金成立典禮並致辭。[67]

　　岑家在賣盤之後，也持續關注本地新聞人才培養。2005 年，岑才生代表岑氏家族向香港大學捐款，於港大主校園儀禮堂設立「岑維休書室」，以紀念其先父。2007 年，岑氏家族向香港大學新聞及傳媒研究中心捐贈 200 萬港元，設立「岑維休新聞教育基金」及「利錦桓岑淑婉教育基金」兩個教育基金，嘉獎成績優異的新聞學生。2009 年，岑才生胞妹利岑淑婉和丈夫利錦桓再捐款 200 萬港元，成立「利樹培梁蕙卿教育基金」，推動有關數碼媒體的研究及製作。[68]

　　原《華僑日報》助學基金和岑氏家族近年的慈善捐助，都由廣泛惠及基層轉向培育新聞行業的專門人才。首先，香港本地社會對基層學童的保障體系已今非昔比，相關資源由納稅人提供、立法會審批、政府行政系統調配派發，不再如戰後百廢待興時那般，亟需民間集資直接救助以解燃眉之急。其次，《華僑日報》這一傳媒平台已不復存在，不能再通過報紙向公眾募款，資金來源便僅剩相關基金，以及岑氏家族自願捐出的私人資產。來源有限的情況下，集中資源對特定受眾投放，也更見成效。

　　隨着岑家淡出新聞行業前線，不再掌握媒體平台，轉而以慈善企業家的形象出現，其與各個政權之間的恩怨，也便煙消雲散了。2002 年，香港特區政府頒發銀紫荊星章予岑才生，以表彰其對香港社會之貢獻。2016 年 4 月 27 日，岑才生逝世。次日的《文匯報》刊發了足足半版紀念文章，盛讚岑才生為新聞行業和本地慈善事業所作出的貢獻，更藉受訪者之口，稱「《華僑日報》是報界典範」。[69] 時移世易，

《文匯報》1967 年曾以社論怒罵《華僑日報》之「漢奸嘴臉」，半世紀後追贈的這句讚譽，不知會令在天有靈的岑氏父子如何唏噓？

十一、1915－2016：一個世紀的素描

　　1915 年，18 歲的岑維休進入《南華早報》工作，從此開始了岑家兩代人的新聞生涯。在接下來的一個世紀裏，親英的岑氏父子，在香港這個華洋雜處的都市，將一份中文報紙有聲有色地辦了 70 年。嗣後，又以慈善基金與慈善捐款的方式，繼續為這座城市培育新的媒體專才。

　　岑氏父子與《南華早報》的密切關係，促成了本地中英報館之間的交流，也將西文報章的新風帶進中文報業，推動中文報紙承擔更重要的新聞資訊、知識傳播和公益慈善角色。[70] 同時，他們也與英文報館和港英政府分享華人社會對時事的態度。這並不是傳統華人社會裏「跪求民意上達天聽」的模式，而是一種符合現代社會運作機制的輿情傳達 —— 對英文報館，是平等的合作夥伴；對執政者而言，報館扮演的則是橋樑和協助者的角色。顯然，岑氏父子也很認同這樣的角色設定，因此才以「不介入政治紛爭、間接助政府治港安民」為辦報宗旨。

　　因為《南華早報》的淵源，岑氏父子與港英政府一直保持密切的關係。[71] 這層「親英」的底色，可謂主宰了《華僑日報》「前半生」的起落浮沉。20 年代反對工潮、二戰初期承諾戰時絕不停刊、日治時期暗中接濟在囚港英高官、50 年代發起救童助學運動、60 年代反對六七

暴動……凡此種種，無不體現岑氏父子對港英政府忠誠體貼的輔弼之心。港英政府投桃報李，30 年代讓《華僑日報》成為首份廣告具備法律效力的中文報紙、戰後岑維休遭國民黨圍剿時給予大力庇護、50 年代初在《香港年報》中稱《華僑日報》為香港中文報之翹楚、[72] 冷戰期間先後四次頒授勳爵予岑氏父子，也一再宣告岑氏父子為「自己友」。

日治時代持續出版不輟，是《華僑日報》的傷痕，也是勳章。當年，民族主義者斥其附敵媚日，近年終於有愈來愈多的論點，強調其難言的苦衷，以及暗中抗日的努力。不過，無論學者與政敵如何褒貶，戰時不曾間斷出版的事實，畢竟為這份報紙積累了戰後初期最多的讀者，促其銷量一時無兩，並長年雄踞本地中文報業前列。

《華僑日報》自創刊日起即標榜「不偏不黨」，這在中文報業受黨爭左右的 20 年代，是引領潮流的創舉。然而，當國共內戰發展到生死攸關的年代，連偏安一隅、立足香港的《華僑日報》也逃不出兩黨爭奪輿論陣地的漩渦。由於淪陷期間有過「附敵」的把柄，在國民政府內又缺少靠山，《華僑日報》戰後經歷了社長遭通緝、報館與一切資產險遭侵吞的凶險風波。這對於只想安守「海外僑民」本分，根本無意介入中國政治紛爭的岑維休而言，實是有口難辯的畢生之痛。

經此一役，岑家與《華僑日報》顯然意識到自身政商關係之不足。因此，1960 年代初，在徐復觀的穿針引線之下，岑維休便順水推舟赴台訪問，既與國民黨修補關係，又開拓台灣市場，可謂一舉兩得。另一邊廂，港英政府厚待岑家，岑氏父子在冷戰期間獲頒勳銜，又被委公職，說是「加官晉爵」，一點也不誇張。作為代表商人利益的報紙，

冷戰時期的《華僑日報》毫無懸念地站在港英政府和台灣國民政府一邊，對北面的共產政權素無好感，更因在「六七暴動」之後的取態，開罪本地左派。不想這些在當時環境下自然而然的選擇，竟為報紙的滅亡埋下伏筆。

對《華僑日報》而言，在「通緝岑維休」風波告一段落之後，更重要的是擺脫「漢奸」污名，重建本地社會形象。因此，1940 年代末開始，編撰《香港年鑑》、籌建報業公會和發起救童助學運動 …… 凡此種種，都是報館着力融入本地社會肌理的嘗試，並且收效甚佳。

這份名為「華僑」的報紙，早在 20 年代後期，就開始淡化「僑民」的色彩，[73] 戰後的本地化，更是一如眾多海外僑報，實現了「落地生根」。而且，對居住在香港華人來說，在 50 至 70 年代，「祖國」基本上是一個「看得見、摸不着」的故園。相反，眾多海外華僑華人居住的廣闊南洋，才是香港實實在在的腹地。與此同時，周邊新成立的東南亞民族國家，也正經歷種種社會秩序重建。戰局政事的變動，常為香港民眾帶來切身感受。因此，那些沐浴在椰風蕉雨下的遠房親戚，便佔據了報紙頗多版面。

1980 年代是幾乎所有事情的轉捩點。冷戰格局開始鬆動、中國開啟了「改革開放」之門、《中英聯合聲明》敲定了香港的政治前途 …… 無論是政治局面、經濟局面，抑或是民眾的生活文化休閒選項，都發生着劇烈變動。整個社會的注意力聚焦回中國大陸，許多人因此得到了無限新機遇。然而，汝之蜜糖彼之砒霜，因這場大變局而關門收檔的生意，也不在少數 ——《華僑日報》便是其中之一。毫無保留的親

英底色、中間偏右的政治立場、數十年來多次與左派運動為敵，再加上曾經歷過政權更迭帶來的清算風波，無怪乎早在 80 年代，岑家便開始計劃賣盤。

同時，80 年代以降，市民娛樂也趨向多元，壓縮了傳統紙媒的生存空間。當報紙盈利開始持續下滑，岑家終於選擇在虧蝕之前，便於 1991 年底將《華僑日報》賣與老搭檔南華早報集團。兩年後，報紙錄得鉅額虧損，再次被轉手，並於 1995 年 1 月 12 日停刊 —— 此時，距岑維休逝世剛滿十年，而距離他進入《南華早報》工作，恰好過去了整整 80 年。

此後的 20 年裏，因家族辦報而功成名就的岑才生，徹底淡出新聞前線，盡心扶助新聞後輩，終於成了無黨無派、人見人愛的慈善家。2016 年岑才生逝世，媒體此時重新提到岑家，總是強調模糊的「資深報人」和清晰的「慈善家」身份。大家甚少再去爭論《華僑日報》是不是曾經當過漢奸，有沒有真的做到「不偏不黨」，對於岑家與港英政府、國共兩黨的一段段恩怨，亦輕輕帶過，甚至隻字不提。

結語

李白《相逢行》云：

> 相逢紅塵內，高揖黃金鞭。
> 萬戶垂楊裏，君家阿那邊。

　　曾經風頭一時無兩的《華僑日報》，無論如何追求「中立」，最後仍免不了主動或被動地呈現出自己的價值觀。事實上，在這一個世紀的時光裏，香港政權幾度更迭，周邊政事更變幻莫測，雲譎波詭。《華僑日報》這間家族企業屢次深陷時代的漩渦，身不由己。對於報紙這種緊貼時政的企業而言，時局起伏，既是嶄露頭角的機遇，又暗藏波濤沒頂的殺機。香港社會百多年的發展歷程中，曾經孕育過許許多多依附時事起落、最後湮沒紅塵之中的企業。它們各自的一段段歷史，共同拼綴出香港五光十色的近代歷史。

特別說明

　　許多資料都曾提及，《華僑日報》曾遠銷眾多海外華埠。遺憾的是，受研究時間、資源及筆者學識所限，在本文付梓之前，並未得到關於該報海外銷情、讀者反應的數據或文獻。希望將來能有機會補遺。

注　釋

1　參考邱汛瑜：〈追憶報業逝水年華：華僑日報〉，載龍景昌主編：《明周城市系列：荷李活道》（香港：明報周刊，2013），頁198。

2　引自邱汛瑜：〈追憶報業逝水年華：華僑日報〉，頁156。

3　參考胡嘉豐：《我在華僑日報的日子》（香港：高霖國際出版有限公司，2013），頁49。

4　此人姓氏 Wylie，譯「懷利」或「威利」，是一位十分賞識岑維休的上司。

5　《華僑日報》創辦人包括：岑維休、岑協堂、陳楷、林建生、黃應元，及後來加入的李星明。參考丁潔：《《華僑日報》與香港華人社會（1925－1995）》（香港：三聯書店，2014），頁144。

6　《香港華商總會報》的前身《中外新報》，是一份曾經刊行約60年的報紙，其歷史亦可追溯至更早的《香港船頭貨價紙》。《香港船頭貨價紙》是中國報刊史上最早的經濟類報紙和最早以單頁報紙形式兩面印刷的中文報紙，它是香港第一家英文報紙《孖剌西報》（*Hong Kong Daily Press*）的中

文版。因此，《華僑日報》的淵源，可上溯到這些重要的香港早期報章。這三份中文報刊雖曾易手，出版發行卻不曾間斷。參考丁潔：《《華僑日報》與香港華人社會（1925－1995）》，頁32－42。

7　參考胡嘉豐：《我在華僑日報的日子》，頁51；丁潔：《《華僑日報》與香港華人社會（1925－1995）》，頁141、144－147；鄭明仁：《淪陷時期香港報業與「漢奸」》（香港：練習文化實驗室，2017），頁55－56。

8　參考鄭明仁：《淪陷時期香港報業與「漢奸」》，頁56、108－109。

9　岑維休承接《香港華商總會報》時，社址仍在荷李活道附近的乍畏街（即現時的蘇杭街），延用原報名繼續出版。大約兩個月後，報社遷至荷李活道，並改名為《華僑日報》。

10　參考〈全拆上環「卅間」唐樓市建局出爾反爾時間表〉，《明報周刊》，2017年7月12日，擷取自 https://bkb.mpweekly.com/

cu0004/20170712-42547（瀏覽日期：2018 年 4 月 27 日）；「中西區關注組」專頁新聞稿：〈「卅間」舊城區發現珍貴華僑日報唐樓 團體促市建局保育配合地區報業歷史〉，2017 年 7 月 11 日，擷取自 https://www.facebook.com/Central.and.Western.Concern.Group/posts/1507691255934299（瀏覽日期：2018 年 4 月 27 日）。

11　參考〈活化街市變新聞博覽館 劏難房展疫症史〉，《蘋果日報》，2018 年 4 月 8 日，擷取自 https://hk.news.appledaily.com/local/daily/article/20180408/20355211（瀏覽日期：2018 年 4 月 27 日）。

12　「中西區關注組」發言人羅雅寧強調，包括士丹頓街 88－90 號在內的卅間唐樓保留了港島舊建築「拾級而上」的特色，又能與新聞博覽館互相呼應。參考〈街知巷聞：士丹頓街 88 號唐樓 維多利亞城肌理「梯田」小巷被消失〉，《明報》，2017 年 5 月 21 日，擷取自 https://news.mingpao.com/pns/dailynews/web_tc/article/20170521/s00005/1495302843464（瀏覽日期：2018 年 4 月 27 日）。

13　參考〈市建局撤回中環士丹頓街 / 永利街重建項目改劃申請〉，

《星島日報》，2017 年 7 月 13 日，擷取自 http://std.stheadline.com/instant/articles/detail/453547-%E9%A6%99%E6%B8%AF-%E5%B8%82%E5%BB%BA%E5%B1%80%E6%92%A4%E5%9B%9E%E4%B8%AD%E7%92%B0%E5%A3%AB%E4%B8%B9%E9%A0%93%E8%A1%97%E2%95%B1%E6%B0%B8%E5%88%A9%E8%A1%97%E9%87%8D%E5%BB%BA%E9%A0%85%E7%9B%AE%E6%94%B9%E5%8A%83%E7%94%B3%E8%AB%8B（瀏覽日期：2018 年 4 月 27 日）。

14　參考胡嘉豐：《我在華僑日報的日子》，頁 70。

15　香港大酒店即 Hong Kong Hotel，是香港第一間五星級酒店，位於中環畢打街與皇后大道中交界處之鐘樓附近，於 1952 年結業拆卸。

16　參考莊玉惜：《街邊有檔報紙檔》（香港：三聯書店，2010），頁 63。

17　參考丁潔：《《華僑日報》與香港華人社會（1925－1995）》，頁 84。

18　「市民人口」（civilian population），區別於包含「戌衛部隊」（Defence Force）的「全體人口」（total population）。

19　參考 W. J. Carrie, *Report on the Census of the Colony of Hong Kong Taken on the Night of March 7, 1931* (Hong Kong: Noronha and Company, 1931), p. 25。

20　參考冼玉儀：〈社會組織與社會轉變〉，載王賡武主編《香港史新編增訂版（上冊）》（香港：三聯書店，2017），頁 198－200。

21　「香港華商總會」是由劉鑄伯等人為代表香港華僑商會選舉國會議員，於 1913 年創辦的社團，其前身為「華商公局」。1935 年該會申請註冊為有限公司。1952 年改名為「香港中華總商會」並沿用至今。

22　參考丁潔：《《華僑日報》與香港華人社會（1925－1995）》，頁 40－41。

23　岑才生即創辦人岑維休之子。

24　引自何杏楓、張詠梅：〈訪問《華僑日報》社長岑才生先生及編輯甘豐穗先生〉，載何杏楓等著：《《華僑日報》副刊研究（1925.6.5－1995.1.12）資料冊》（香港：香港中文大學中國語言及文學系「《華僑日報》副刊研究」計劃，2006），頁 79。

25　參考丁潔：《《華僑日報》與香港華人社會（1925－1995）》，頁 133。

26　引自張詠梅：〈訪問江河先生〉，載何杏楓等著：《《華僑日報》副刊研究（1925.6.5－1995.1.12）資料冊》，頁 84。

27　參考鄭明仁：《淪陷時期香港報業與「漢奸」》，頁 62－80；丁潔：《《華僑日報》與香港華人社會（1925－1995）》，頁 88－96。

28　參考鄭明仁：《淪陷時期香港報業與「漢奸」》，頁 115－120；丁潔：《《華僑日報》與香港華人社會（1925－1995）》，頁 96－98。

29　參考鄭明仁：《淪陷時期香港報業與「漢奸」》，頁 89－92。

30　皇甫河旺的相關口述歷史檔案現存於香港新聞博覽館（該館尚未對公眾開放），未曾全文發表，關於岑維休的部分摘錄刊於 2017 年 9 月 18 日、19 日香港《明報》「世紀版」，但並不包括此處所引內容。此處引文轉引自鄭明仁：《淪陷時期香港報業與「漢奸」》，頁 54。

31　參考丁潔：《《華僑日報》與香港華人社會（1925－1995）》，頁 7。

32　1956 年，何世禮在何東過世之後

接掌《工商日報》，直至 1984 年
12 月 1 日報紙停刊。

33　參考鄭明仁：《淪陷時期香港報業
　　與「漢奸」》，頁 84。

34　參考丁潔：《《華僑日報》與香港
　　華人社會（1925－1995）》，頁
　　108。

35　參考鄭明仁：《淪陷時期香港報業
　　與「漢奸」》，頁 99－105。

36　同上，頁 107－114、129－130。

37　後來經國民政府與港英政府談
　　判，《國民日報》停刊兩周之後，
　　於 1946 年 6 月 23 日復刊。

38　參考鄭明仁：《淪陷時期香港報業
　　與「漢奸」》，頁 133－136。

39　同上。

40　參見何杏楓、張詠梅：〈訪問《青
　　年生活》編輯何天樵先生〉及何
　　杏楓、張詠梅：〈《華僑日報》副
　　刊研究計劃 ── 訪問阿濃〉，載
　　何杏楓等著：《《華僑日報》副刊
　　研究（1925.6.5－1995.1.12）資
　　料冊》，頁 88、96。

41　引自何杏楓、張詠梅：〈訪問《青
　　年生活》編輯何天樵先生〉，頁
　　92。

42　引自何杏楓、張詠梅：〈《華僑日
　　報》副刊研究計劃 ── 訪問阿

濃〉，頁 99。此外，在何杏楓、
張詠梅等人所做的口述歷史訪談
中，何天樵與阿濃都曾提及左傾
人士胡明樹、許稚人等人所辦的
副刊《兒童週刊》。當時《兒童
週刊》曾有過左派讀者組織，不
僅舉辦讀書、歌詠、舞蹈等活
動，還開會學習毛澤東著作。

43　參考邱汛瑜：〈追憶報業逝水年
　　華：華僑日報〉，頁 156。

44　引自張詠梅：〈訪問江河先生〉，
　　頁 84。

45　參考丁潔：《《華僑日報》與香港
　　華人社會（1925－1995）》，頁
　　107－109、229－230、243。

46　同上，頁 163－164、176。

47　《香港年鑑》是華僑日報出版社的
　　重要作品。它從 1948 年創辦，
　　一直出版至 1994 年，即《華僑
　　日報》停刊前一年為止，其中
　　1993 年中斷一年。吳灝陵任《香
　　港年鑑》主編直至 1976 年去世。

48　參考香港報業公會：《香港報業
　　60 載印記：香港報業公會鑽禧紀
　　念特刊》（香港：香港報業公會，
　　2014），頁 37，擷取自 http://
　　www.nshk.org.hk/ebook/cel60/index.
　　php#page/38（瀏覽日期：2018
　　年 3 月 10 日）。

49 岑維休及岑才生曾擔任過的各類
職務完整信息，可參考丁潔：
《《華僑日報》與香港華人社
會（1925－1995）》，頁 146－
147、155，及附錄一〈《華僑日
報》大事及相關事項年表〉。

50 M.B.E. 即大英帝國員佐勳銜，
O.B.E. 即大英帝國官佐勳銜，
C.B.E. 即大英帝國司令勳銜。

51 參考鄭明仁：《淪陷時期香港報業
與「漢奸」》，頁 175。

52 參考丁潔：《《華僑日報》與香港
華人社會（1925－1995）》，頁
199－209。

53 參考胡嘉豐：《我在華僑日報的日
子》，頁 67。

54 參考丁潔：《《華僑日報》與香港
華人社會（1925－1995）》，頁
235－239。

55 參考冼玉儀：〈社會組織與社會轉
變〉，頁 218。

56 八大腹地包括：1. 華南至華中沿
海地區；2. 廣東南部眺望珠三角
地帶；3. 中國西南；4. 東南亞北
部；5. 東南亞半島及其島嶼；6.
南海的海洋腹地；7. 台灣；8. 日、
韓及俄西伯利亞和中國東北。參
考濱下武志著，馬宋芝譯：《香港
大視野：亞洲網絡中心》（香港：

商務印書館，1997），頁 36－
37。

57 參考何杏楓、張詠梅：〈訪問《華
僑日報》社長岑才生先生及編輯
甘豐穗先生〉，頁 78。

58 參考陳直夫校釋：《萬震：《南州
異物誌》輯稿》〈自序〉（香港：
陳直夫教授九秩榮慶門人祝賀委
員會，1987）。

59 1987 年，在陳直夫九十大壽之
際，「陳直夫教授九秩榮慶門人
祝賀委員會」出版了由陳校釋的
《萬震：《南州異物誌》輯稿》。
《南州異物誌》乃三國時期孫吳丹
陽太守萬震紀錄東南亞及東非各
地物產、古國的書籍，至北宋中
葉已失傳，其條目散見於《太平
御覽》、《瀛涯勝覽》等數十種古
籍。陳之校釋，幾可視為他編撰
《東南亞》雙週刊三十五載的總結
篇章。雙週刊搜羅古今文獻，向
今人介紹東南亞，這本輯稿，則
從諸多文獻中找尋散佚千年的古
書，並以今之知識，呼應古人對
南洋之觀察記錄，細思十分有趣。

60 參考閻靖靖：《香港《華僑日
報》的南向視野 —— 淺析《東南
亞》雙週刊（1951－1986）》，
《當代評論》網絡版（馬來西
亞），2017 年 12 月 29 日，撷

取自 http://contemporary-review.com.my/2017/12/29/1-25/（瀏覽日期：2018 年 3 月 5 日）。

61 《華僑日報》素以「特別正派」的媒體形象示人，尤受中小學教師和家長歡迎，許多學校都有訂閱。但是，到 1970－1980 年代，當戰後「嬰兒潮」世代長大成人，成為媒體的重要消費者，這種「特別正派」的風格，便與當時的潮流脫節了。

62 參考鄭宏泰、黃紹倫：《香港將軍 —— 何世禮》（香港：三聯書店，2008），頁 312。

63 參考何杏楓、張詠梅：〈訪問《青年生活》編輯何天樵先生〉，頁 93；丁潔：《《華僑日報》與香港華人社會（1925－1995）》，頁 188－189。

64 參考何杏楓、張詠梅：〈訪問《華僑日報》社長岑才生先生及編輯甘豐穗先生〉，頁 79。

65 此文原載《明報周刊》2012 年 10 月 13 日第 2292 期。參考邱汛瑜：〈追憶報業逝水年華：華僑日報〉，頁 168。

66 參考胡嘉豐：《我在華僑日報的日子》，頁 86。

67 香港大學新聞及傳媒研究中心：〈熱心助學培育人才　岑氏家族結緣港大〉，載《岑才生服務社會六十年特刊》（香港：紫荊出版社，2013），頁 19。

68 〈緬懷岑才生先生（1922－2016）〉，香港大學新聞及傳媒研究中心網站，擷取自 http://jmsc.hku.hk/in-memory-of-mr-shum-choisang-chi/（瀏覽日期：2018 年 3 月 8 日）；〈港大成立「利樹培梁蕙卿教育基金」推動數碼媒體發展〉，香港大學網站新聞稿，2009 年 4 月 27 日，擷取自 https://www.hku.hk/press/c_news_detail_5964.html（瀏覽日期：2018 年 3 月 8 日）；香港大學新聞及傳媒研究中心：〈熱心助學培育人才　岑氏家族結緣港大〉，頁 18－19。

69 參考〈老報人慈善家岑才生逝世 對港傳媒發展舉足輕重　推兒童助學惠無數學子〉，《文匯報》，2016 年 4 月 28 日，版 A7。

70 參考丁潔：《《華僑日報》與香港華人社會（1925－1995）》，頁 240－241。

71 尤其在戰後至 1960 年代中，《南華早報》與歷任港督關係緊密。參考莊玉惜：《街邊有檔報紙檔》，頁 90。

72 參考〈報業〉，載《香港年鑑》
第七回（香港：華僑日報出版社，
1954），頁 91。

73 參考丁潔：《《華僑日報》與香港
華人社會（1925－1995）》，頁
55。

第三篇

東方之珠的神秘幽微：

監獄、公廁、廟宇與妓院

域多利監獄中的胡志明案：
背後的較量[1]

—— 孫文彬

前言

1930 年代初，越南共產黨領袖胡志明（Hồ Chí Minh，1890－1969）曾兩度在香港遭捕，囚禁於荷李活道 10 號「中區警署建築群」中的域多利監獄。當時他是聞名歐亞的革命者、共產國際在亞洲的關鍵人物，同時還是堅定的反對殖民統治的愛國者。這樣一個穿梭於東南亞傳播愛國思想、鼓動革命、謀劃推翻殖民統治的人，是英法殖民政府都嚴加防範和痛恨的人物。那麼，他在香港是如何被捕、又如何能虎口脫險呢？到底是哪些因素的共同作用，使他逃過這一劫難？

對於胡志明的這段經歷，坊間不乏記述。[2] 不過，由於檔案的散落遺失，目前的記述有些錯漏。[3] 更重要的是，現有的論述大多只從個人傳奇的角度入手，甚少論及時代背景。而這樣的缺失，使我們脫離了那個風起雲湧的大時代，更錯失了體會香港在其中舉足輕重地位的機會。本文藉着回顧胡志明在港被捕、入獄、上庭及脫險的過程，把整

個故事放入歷史脈絡之中，並嘗試從資本主義與社會主義兩大陣營較量的思路來梳理所得文獻。

一、風雷激盪的 20 世紀初

進入 20 世紀，西方列強基本瓜分了全球大部分地區，形成壓迫與受壓迫的兩類民族。後者當然不甘於被奴役與剝削，以各種方式進行反抗，但成效不彰，如何擺脫殖民統治是當時被壓迫民族普遍思索和尋求解答的問題。在這樣的背景下，1917 年俄國十月革命的成功，舉世震驚，且意義深遠。它第一次在人類歷史上建立了由普羅大眾自己掌控的政權；第一次建立了社會主義性質的政治、經濟、社會、文化制度。從此，社會主義作為一種嶄新的社會形態登上歷史舞台，推動了整個 20 世紀波瀾壯闊的民族解放運動。

十月革命的炮聲震醒了受壓迫民族的知識份子，各地進步的青年一邊熱情地宣揚馬克思主義、為十月革命而歡呼，一邊開辦夜校、組織工農展開工潮和農運。為了推動世界革命，1919 年 3 月在列寧的親自領導下，成立了「共產國際」（The Communist International，簡稱「Comintern」）。[4] 它是各國共產黨和共產主義組織的國際聯合組織，實際上也是統一的世界共產黨。換言之，在其他國家或地區成立的共產黨組織，都只是共產國際的一個支部，一切都要聽從世界共產黨的統一指揮。

共產國際在理論、組織、財力和策略上指導和支持各地的民族解

放鬥爭，令革命之火迅速呈燎原之勢。在東亞和東南亞，1920 年荷屬東印度（即現今的印尼）最早成立了共產黨（1924 年改名為「印度尼西亞共產黨」）；接着 1921 年中國共產黨在上海成立；1922 年日本共產黨成立；印度支那（越南）、泰國、馬來亞、菲律賓也相繼於 1930 年成立了共產黨。

當時，亞洲各共產黨奮鬥的首要目標是民族解放，也就是擺脫殖民統治，建立自己的國家，掌控自己的命運。各地共產黨所組織的反抗活動，自然引起殖民地政府的不安、防範及殘酷鎮壓。1918 年，英國在新加坡成立了「刑事情報科」（Criminal Intelligence Department），負責搜集海峽殖民的政治情報，該機構於 1933 年改名為「政治部」（Special Branch）：

> 新加坡政治部與荷屬東印度的荷蘭當局，美國在菲律賓的情報部門，以及印度支那的法國當局一直保持聯繫，不時交換情報。它也與英國在遠東的情報部門，特別是在香港、緬甸和印度的情報機構保持聯繫。1930 年代初，政治部的工作分成五個小組，…… 當中人手最多、可能也是最重要的工作，就是反對共產主義份子小組。這突出反映了英治馬來亞共產主義活動日益增多的現實。[5]

1925 年，上海公共租界巡捕房成立了政治部。1925 至 1926 年的「省港大罷工」，讓港英當局對中共的參與和組織能力產生警覺。因

此，1930 年香港警隊中也成立了「反共產活動小組」（Anti-communist Squad），1933 年改名為「政治部」。[6]

二、遠東局及其運作網絡

自十月革命成功之始，蘇俄就投入了巨大的力量，推動世界革命。1920 年召開的共產國際第二次代表大會，提出世界革命重心東移的方針，認為應該加強對東方落後地區革命的宣傳和組織活動。這也是上述東亞及東南亞各地紛紛成立共產黨支部的主要原因。

1926 年為了加強對中國、朝鮮和日本革命的指導，共產國際決定在上海設立共產國際執行委員會遠東局（簡稱「遠東局」）。因遠東局內部的矛盾及 1927 年國民黨對共產黨以「清黨」之名進行屠殺，遠東局停止工作。1929 年在中共的要求下，莫斯科同意恢復上海遠東局，其工作範圍不僅是中日朝，還包括印度支那、菲律賓、印尼、馬來亞等國家和地區無產階級政黨的工作。從蘇俄著名間諜佐爾格（Richard Sorge）被日本逮捕受審期間的口供中，我們得知，遠東局是共產國際和蘇共中央的辦事機構，其職能大體分成兩個相對獨立的部分：

　　一部分為「政治部」，一部分為「組織科」。前者的任務主要是傳達共產國際各種政策指示，幫助中共制定各種政策文件，轉達中共的各種建議和要求，並研究中國的各種政策性問題向共產國際提出報告；而後者的任務則主要是給中共轉發經費，並與

中共中央保持聯繫，為共產國際人員和中共中央領導人舉行重要
會議尋找安全地點，保證莫斯科與中共之間人員往來，雙方間文
件和書信的傳送，無線電通訊以及組織秘密交通線等。[7]

在當時白色恐怖之下，無論是文件傳遞，還是資金轉發都必須
在極為保密的情況下進行，遠東局的運作完全依賴其地區聯絡員
（regional agent）和信使（courier）所建立起的秘密聯繫網絡。

信使起着重要的作用，因為他們會帶給各地共產黨來自莫斯科或
上海遠東局的指令，還有他們所需的資金。1931 年初，信使在東亞和
東南亞活動的主要路線是乘船到沿海的各地港口。當時海上的路線有
兩條：一般的路線是從上海經香港到西貢、曼谷和新加坡，再到仰光，
從那裏信使可去印度和周邊地區；還有一條是經香港到上海、海參崴
（Vladivostok），再乘火車到莫斯科。當然，也可以從香港到台灣高雄
港，或者從香港到廈門港再到馬尼拉。這些當時都有比較固定的客運
服務，從中可見香港交通樞紐的地位。[8]

地區聯絡員的作用尤其重要。當時，信使每到一處，都是單線聯
繫，且大多數情況下是與陌生人接頭。信使每次執行任務，須要以甚
麼方式聯繫何人，都要依賴地區聯絡員的情報和指示。地區聯絡員是
遠東局運作的核心人物，他們對不同地區共產黨組織的狀況有相當的
瞭解。聯絡員有兩大網絡建立的資源：一是曾經到過莫斯科東方大學
學習的各國黨員；[9] 二是依賴各地共產黨支部的網絡。[10]

聯絡員除了在政治上要經得起嚴格的考驗外，還必須有語言才

能，能運用多種語言和方言進行交流。最重要的是這些人要機智，懂得在對方嚴密的監視下，掩藏自己的身份，利用各地的便利條件，完成工作。目前的文獻顯示，遠東局當時的地區聯絡員屈指可數，已知的三人是：胡志明、陳馬六甲（Tan Malaka）、張然和（Teo Yuen Foo），當中胡在區域網絡中的樞紐作用尤其重要。[11] 因此，當 1931 年 6 月胡志明和遠東局負責運作的牛蘭（Hilaire Noulens）先後被捕後，遠東局在東南亞的聯繫網絡就完全失效了。[12] 自此，蘇俄再沒有在本地區設立派駐機構來直接指導各共產黨支部的工作。從這個意思來看，胡志明在港被捕的事件改變了國際共產主義運動在亞洲的運作模式，是名副其實的世紀大案。

三、革命洪流中的胡志明

1890 年 5 月 19 日，胡志明出生於越南中部乂安省南檀縣，幼名阮生宮（阮生恭）。[13] 其時，越南已成為法國的保護國，是法屬印度支那的主要組成部分。[14] 從淪為殖民地的第一天起，越南人民就在法國的殘暴鎮壓下進行着不屈不撓的反抗。在這樣背景下成長的胡志明，曾學過中文，還進過一間西貢的技術學校。[15] 22 歲那年，他離開越南，到一艘法國海輪上做雜役。海員的生活，讓他有機會到過不少歐洲和非洲國家，當中許多都受殖民統治，這加深了他對殖民地問題的認識，也為他後來反殖的宣傳提供了豐富和生動的素材。

1918 年胡定居巴黎，改名「阮愛國」（Nguyễn Ái Quốc）。1919

年 1 月第一次世界大戰後，戰勝國在法國凡爾賽舉行會議，民族自決權成為大會討論的重點問題，胡志明以「一群安南愛國者」的名義，給凡爾賽會議寄去一份越南人民的請願書。請願書中要求給予越南人新聞、結社、往來的自由，要求越南人和法國人平等，廢除迫害越南愛國者的特殊法庭等等，在社會上引起廣泛反響。「阮愛國」這個名字也因此引起法國警方和法屬印度支那政府的注意。

1920 年胡加入法共，成為其第一批黨員。從此，他積極參與法共工作，寫文章、辦報紙，為貧苦的人吶喊。同時他還聯絡在法的越南青年，籌劃在越的反抗活動。1923 年 6 月胡作為各殖民地國家農民的代表，參加了在莫斯科舉行的農民國際會議，當選為執行委員會委員，並進入東方大學學習。[16]

自 1919 年發表請願書起，法國警方就對胡志明及與之往來者進行嚴密的監視，並且檢查他的往來信件。[17] 1924 年胡志明以鮑羅廷翻譯團員的身份來到廣州，化名「李瑞」。這期間法屬印度支那政府曾向情報機構查詢並確定「李瑞」就是「阮愛國」。這說明法方一直密切注視其行蹤。不僅如此，因胡志明數度組織越南推翻殖民統治的起義，1929 年 10 月 10 日，在缺席審判的情況下，胡志明被越南文官法庭判處死刑。1931 年，就在他於香港被捕的前三個月，也遭越南警方懸賞通緝。[18]

四、英法聯手胡遭捕入獄

1931 年遠東局遭遇滅頂之災。據上海工部局檔案，是年初遠東

局指派三名信使赴東南亞工作，他們是法共黨員約瑟夫・杜克洛克斯
（Joseph Ducroux，化名「賽日・里弗蘭克」〔Serge Lefranc〕）、黃木涵
（Wong Mu Han）和張然和。杜克洛克斯的任務是調查英治馬來亞的共
產主義運動情況，建立起馬共中央與遠東局的聯繫；同時在新加坡設
立聯絡中心，從而推動東南亞和英治印度的共產主義運動。[19] 法國警方
早對杜克洛克斯進行監視，還曾把情報交給英方。因此，杜克洛克斯
持自己的護照申請到錫蘭（現斯里蘭卡）可倫坡的簽證遭英方拒絕，
他只好改名，用「里弗蘭克」為名的護照經西伯利亞鐵路進入亞洲。

　　從新加坡總督後來寫給殖民地部的密件中，可知英法情報機關對
杜克洛克斯的背景和行蹤有着相當的了解。例如其中提到他 1931 年 2
月到達上海後的情況，之後他在香港、西貢、河內等幾個城市居住
的酒店、使用的信箱號碼、乘坐的輪船班次等，沒有一樣逃過警方的
監視。[20]

　　杜克洛克斯持名為「里弗蘭克」的護照，1931 年 4 月 27 日到達新
加坡，很快就租了辦公室，開始各種活動。不久他與中共黨員傅大慶
見面，這讓警方懷疑里弗蘭克就是杜克洛克斯。[21] 1931 年 6 月 1 日，
新加坡警方逮捕了杜克洛克斯並搜查了他的住所。此次與他一起被捕
的還有 15 人，其中就包括傅大慶、黃木涵等。[22] 警方還搜出了杜克洛
克斯的聯絡簿和一些沒有銷毀的往來信件，上有胡志明在香港以及牛
蘭在上海的聯絡地址。由此引發了 6 月 6 日胡志明在香港、6 月 15 日
牛蘭夫婦在上海被捕的大事件。

　　新加坡警方把胡在港的資訊轉給法國方面，法方又通過外交管道

把消息轉到港英警方。香港警察在監視了胡志明住所兩天後，將其逮捕，當時和他在一起的越共助手李珊（Ly Sam）也一同被捕。[23] 警方在胡住處搜查大量各種文字的宣傳資料。胡志明被捕時，自稱是廣東出生的中國人「宋文初」（Sung Man Cho）。警方逮捕胡時並沒有出示逮捕證，先是囚禁於警署拘留所，6 月 11 日港府才正式頒布逮捕令，翌日轉入域多利監獄囚禁。

胡被捕兩天後，法國駐越最高指揮官羅賓（René Robin）給法國殖民地部的電報中確定了胡在港被捕的事實。[24] 羅賓表明這次法國安全部門與香港、新加坡和上海公共租界警方的合作甚為成功。除胡之外，此次行動還在香港、新加坡和上海拘捕了十幾個越南的革命份子。他強調法國駐港總領事提醒他，根據英國的法律在英屬殖民地所拘捕到的革命者一般都無罪釋放。他接着說：

> 貴部自然懂得囚禁阮愛國對於印度支那安全的重要性，我已經派了我這裏從事安全領導工作的一位督察到香港協助駐港領事館的相關工作。如果我們不能要求引渡，我建議您與法國外交部商量，看如何通過外交管道令英國政府把阮愛國（共產國際在遠東的官方代表）和他那些副手送到遙遠的英屬小島上關起來。作為回報，我們願意協助法屬殖民地區中那些與印度和緬甸共產黨相關的案件。[25]

羅賓的電報，涉及到幾個關鍵的法律詞彙。一是「引渡」

1880 年代中區警署
（圖片提供：高添強）

（上）域多利監獄
（圖片提供：陳天權）
（下）差館上街西望荷李活道
（圖片提供：鄭寶鴻）

（extradition），這是指在別國的要求下，將該國的犯人送回國受審或受刑。國際法的原則是不引渡政治犯。羅賓考慮到英國很可能因胡屬政治犯的原因而拒絕法國引渡的要求，故提出「流放」（transportation）的辦法，即將犯人押送到偏遠的地方監禁起來（英國早已廢棄這種刑罰）。胡志明案件中還將出現一個關鍵字 ——「驅逐」（deportation），也是一種刑罰，指政府依法將人逐出境外。[26]

6月10日，法國殖民地部正式寫信到法國外交部，表達了羅賓的上述建議。6月16日，法國外交部回覆：法國駐港總領事已與港督見面，港督基本同意法國方面的建議，但強調執行起來有一定的困難。港督認為此事最好由他在港處理，不要驚動倫敦。這期間法國殖民地部、外交部、內政部、駐港總領事、法屬印度支那政府等部門間信件往來不斷，透露着樂觀的情緒，認為這次胡志明插翅難逃。

比較而言，胡被捕初期英方相關部門的聯繫卻不多，這很可能與港督希望低調在本地處理此事有關。然而，事情的發展卻正好與港督的意願相違。6月19日，胡志明被捕的消息首先出現在法共《人道報》（L'Humanité）和其他左翼報刊上；6月22日香港英文《士蔑報》（The Hong Kong Telegraph）刊登了胡在港被捕的消息；次日，英文報章《南華早報》也刊登了胡被捕的消息，並聲稱法屬印度支那政府在中國佈滿情報人員，打探胡的消息。《泰晤士報》甚至於23日的報道中說：「在法國官方的要求下，香港警方逮捕了安南革命領袖阮愛國，而且法方要求引渡。據說阮是最近印度支那騷亂的組織者。」[27]

6月29日英國殖民地部發電報予港督，要求他匯報報章上所說的

法國要求引渡一事。港督於 7 月 1 日回覆，胡的確在押，並考慮將其驅逐出境。因搜查到的資料翻譯需時，故此拖延了上報此事。[28]

7 月 24 日，港督再發電報給殖民地部，匯報「宋文初」拒絕承認自己是「阮愛國」，聲稱是中國人。法國駐港總領事要求知悉驅逐胡的時間和方式。港督預備驅逐胡，下令要他七天之內離港，就此尋求倫敦的批准。港督的電報經殖民地部不同級別官員處理後上報到部長，這些官員的觀點相當一致，大多認為不應引渡。有位官員寫下「共產主義在我們的法律中不是罪行，就像君主制不是罪行一樣。（Communism is not a crime known to our law – any more than Monarchism is.）」當然，也有人持不同觀點，「如果他是法國公民，我看不出為甚麼不能用後一個方法（即驅逐到法屬殖民地）。如果就這樣讓他跑了，太可惜了。」[29]

7 月 27 日法國駐港總領事給法國外交部長寫了很長的密報，從中可看到幾條線索的發展。第一，法國總領事幾次造訪港督，港督基本的態度是樂意滿足法方的要求。港督在第二次會面時甚至表示倘若給了胡這種煽動者自由，對法國和其他殖民地政府都是危害。不過，到第三次會面時，港督則表示徵詢過律政司，律政司的意見令他極其尷尬。律政司聲稱，如將胡驅逐到法屬地區，就相當於以驅逐之名，行引渡之實，違反英國的法律原則。另外，長期囚禁於英屬地區的辦法也難以付諸實行，皆因英國早廢除了這種刑罰。港督並告知，胡已找了律師，這大大壓縮了他自由行事的空間。儘管胡也做了一些傷害英國的事情，但將胡直接送到法國手中這個辦法，則不在其考慮範圍

內。第二，在港督低調的協助下，香港已將在港逮捕的另外三名越共份子驅逐到上海，並在上海下船時被法方拘捕。第三，《南華早報》7月20日的文章把胡描寫成愛國者，而非臭名昭著的共黨份子，香港報章對整個案件報道留給讀者的印象，對法方不利。[30]

　　到目前為止，我們仍無法確知胡志明到底是怎樣與律師聯繫上的。在胡志明自己的敘述中，說是當時越共黨員胡松茂在港被捕遭驅逐，胡松茂離港前，找到律師求助。[31] 當年胡志明的律師羅士庇（Frank Loseby）於1960年訪問越南時，回顧30年前的事情，他說記得有位越南籍男子見他，告知胡被囚之事，但已不記得這位越南男子的名字了。目前來看，最合理的說法，當屬鄧肯遜（D. J. Duncanson）文章中提出的觀點，應是國際反對帝國主義大同盟找到了同情左翼的律師羅士庇。[32] 如今越共在講述胡這段經歷時，也是如此說的。[33] 之所以認為上述說法合理，是因為如果把胡案與「牛蘭事件」放在一起分析，便能看出在營救策略上的一致。牛蘭夫婦被捕後，反帝大同盟進行了公開且廣泛的國際呼籲，目的就是將事件公諸於眾，通過國際輿論壓力，制止對被捕人士下毒手。6月19日法國《人道報》在未查清事實的情況下，先報道胡志明在上海被捕。而香港報章對胡被捕事件之報道，一開始的消息來源大多數也是從歐洲有意傳到香港的。我們看到這個策略的效果，事件曝光後，受到輿論壓力影響，港府的行事空間果然被縮窄了。

　　羅士庇的回憶告訴我們：他在域多利監獄見到胡志明後，胡立刻通告他本人已被越南法庭判處死刑之事，並稱英國人想把他驅逐到法

國人手裏，那麼他必死無疑。胡還向羅講述了自被捕以來，港方不尋常的做法。[34] 這樣，羅便請了大律師，為他申請人身保護令。1931年 7 月 31 日，香港高等法院就「宋文初 v 監獄獄長（Sung Man Cho v The Superintendent of Prisons）」開庭。胡案因此成為公開事件。

五、對簿香港高院及上訴倫敦樞密院

香港高院自 1931 年 7 月 31 日至 9 月 12 日共開庭九次審理胡案，具體日期和主要出庭人士資料如下：

聆訊次數	日期
第一次	1931 年 7 月 31 日
第二次	1931 年 8 月 14 日
第三次	1931 年 8 月 15 日
第四次	1931 年 8 月 20 日
第五次	1931 年 8 月 24 日
第六次	1931 年 8 月 25 日
第七次	1931 年 9 月 2 日
第八次	1931 年 9 月 11 日
第九次	1931 年 9 月 12 日

大法官	Joseph H. Kemp
助理法官	Roger E. Lindsell
港方代表大律師	Chaloner G. Alabaster

港方代表大律師	Somerset Fitzroy
胡志明代表大律師	F. C. Jenkin（Retained by Frank Loseby）
胡志明代表大律師	A. M. L. Soares（Retained by Frank Loseby）
胡志明律師	Frank Loseby（Russ & Co.）
原告	Sung Man Cho and Ly Sam

　　九次上庭，胡方初期主要是指控香港警方各種非法行為，如逮捕時沒有逮捕證；審訊時華民政務司官員偏離《驅逐條例》的規定等，因此港督據此下的驅逐令是無效的。同時，港督分別於 8 月 12 日和 15 日兩次簽發對胡的驅逐令，命其乘指定開往西貢的輪船離港，十年之內不准來港。8 月之後，胡方主要指控港府驅逐令起到的是引渡效果，而且向一個人兩次頒驅逐令也屬違法。

　　政府方大律師則根據《驅逐條例》賦予港督巨大的權力，為港督指令的合法性進行辯護，政府方大律師問，如果「宋文初」是中國人而非「阮愛國」，那麼驅逐他到越南如何會有生命危險。9 月 11 日，法官判政府方勝訴，控方立即提出要上訴到倫敦樞密院；翌日，高院准許胡案上訴到樞密院。當時香港的報章對九次上庭的情況都做了詳細的報道，特別是《南華早報》，故此處不贅。以下通過英法雙方的檔案，看看其幕後的操作：

　　上面提到，7 月中旬律政司已告知港督，倘若驅逐胡至越南，就相當於引渡，違反不引渡政治犯的原則，故強烈反對港督這樣做。7 月 31 日，胡案開庭當天，港督再度發電報予殖民地部，匯報胡尋求人

167

身保護令，並告知會同行政局已批准驅逐胡，請求殖民地部迅速回覆是否批准。

8月1日，英外交部回覆殖民地部，指出內政部建議按照英國的一貫做法，即哪國人就驅逐回其國家，胡是越南人，外交部因此建議將胡驅逐回越南。信中還表達了這樣的看法：外長認為「很難向法國政府解釋，在各種可能辦法中，國皇陛下的政府單單選了一個最少照顧到法國意願的做法。（He considers that it would be embarrassing to have to explain to the French Government that of the various alternatives available His Majesty's Government has selected the one least calculated to meet their wishes.）」

那麼，英國為甚麼如此顧忌法國政府的感受呢？鄧肯遜的研究告訴我們，時任法國總統保羅‧杜美（Paul Doumer）在德國補償問題上和英國金本位出現問題時，都從中作梗，且正從英國銀行取回其存放的金錠，英外交部希望儘量避免在英法關係上再引起法方的不滿。[35]

由於英外交部的施壓，殖民地部指示港督按照內政部的建議行事。港督8月12日的驅逐令指定胡乘18日「阿爾及爾號」（Algérie）到西貢。當看到法庭聆訊未能如期結束，港督在8月15日又再頒驅逐令，指定胡於9月1日乘坐往西貢的船離港。這期間考慮到法庭很可能批准胡的人身保護令，殖民地部還提議港督應動用行政指令（administrative order），把胡押送到開往越南的船上。由於擔心輿論的強烈批評，港督拒絕了這個建議。

香港高院允許上訴到樞密院的第二天（9月13日），港督發電報

給殖民地部告知法庭的決定，並估計胡因此要在港滯留一年。為了滿足法方意願，殖民地部一度曾考慮不等待樞密院的判決，就強硬地把胡志明驅逐至越南，但前提是法方必須承諾胡不會被判死刑。於英法仍無法達成一致意見期間，英殖民地部在 1932 年 1 月 8 日發電報給港督，轉達外交部指示胡的案件必須等待樞密院判決而定。港督 1 月 19 日回覆，根據《驅逐條例》，重新頒發對胡志明的驅逐令，下令他於 1932 年 5 月 10 日乘坐開往西貢的船離開香港。這期間胡依法在港被拘留，港督的驅逐令可依樞密院判決的時間而作相應的改動。[36]

胡志明案上訴到了倫敦，胡志明方由英國著名的政治法專家和莫斯科的支持者普利特（Denis Noel Pritt）任代表律師；而港府通過在倫敦的律師行，找了後來出任英國駐蘇聯大使的克里普斯（Richard Stafford Cripps）出任代表律師。[37] 據說克里普斯看過律師行就胡案做的綜述，立刻認定港府不合理；但他更怕輸了官司後胡志明得到自由，那麼既得罪法國政府，也對港府和整個英國政府的聲譽帶來不良影響。因此他找普利特商量庭外和解，最終雙方達成一致的意見。

1932 年 7 月 21 日樞密院正式宣判該案庭外和解及條件。樞密院強調了港督所頒發的驅逐令的合法和重要性，但認為之前非法的拘禁和審訊削弱了港督驅逐令的合法性。此外，在沒有證據顯示胡志明不是中國人的情況下，把他驅逐到法國人手裏，讓人感覺港督屈服於法國的壓力之下，而非僅僅出於驅逐胡志明以維持香港治安之目的。因此，港督遞解胡到西貢的驅逐令便很難屬合法範圍了。樞密院也認同雙方庭外所達成的協議：首先，胡必須被驅逐出香港；第二，驅逐的

目的地不能是法屬地區或者法國權力能延伸到的地方，而且不能乘法國輪船離港；第三，港督盡最大努力保障胡志明能安全抵達他希望去的地方；第四，港府支付控方 250 英鎊的訴訟費用。經過了數個月的折騰和誤解，1932 年 12 月 28 日香港警方終於不得不釋放胡志明。[38]

六、幾經波折的驅逐路途

胡志明選擇了去莫斯科，但當時只有上海和新加坡兩個港口才有船到海參崴。1933 年 1 月 12 日，胡志明離港乘船到新加坡，希望從那裏登上去海參崴的船。然而，新加坡警方得知了胡的動向，當船到達新加坡後，警方拒絕讓胡志明入境，胡只好無奈地於 1 月 15 日又乘船返港。19 日他一下船就再度被捕，因他違反了港督驅逐其十年不得入境的驅逐令。

胡志明再度被囚禁於域多利監獄，並再找到羅士庇求助。羅立即去見港督，要求他履行樞密院判定的和解條件，保證胡平安到達其希望去的目的地。1933 年 1 月 22 日在中國農曆除夕的傍晚，胡志明打扮成商人，在羅士庇私人秘書的陪同下，登上 S.S. 安徽號輪船到廈門。為避免再次出現問題，港督特意安排他們以「遲到者」的身份，並刻意安排知情警方高層替他們辦理登船手續。胡抵達廈門後，又冒險到上海。[39] 幾經波折，終於在次年初抵達莫斯科。[40]

結語：到底是誰救了他？

胡志明從 1931 年 6 月 6 日被捕到 1932 年 1 月 22 日離港，在港被囚共 20 個月。這段經歷曲折複雜，背後充滿了共產國際和殖民統治之間的較量，以及英、法兩大殖民帝國在利益上的相互計算。胡志明能虎口脫險，實在是得益於以下五個因素的綜合作用：

首先，胡志明的機智與豐富的鬥爭經驗。胡熟悉英國法律傳統，一見到律師就先講述要點 —— 他是被越南判處死刑的人，倘若引渡回越，必死無疑；他還懂得借助於他既是中國人「宋文初」，也是越南人「阮愛國」的模糊身份。當華民政務司官員審問胡志明，問他是否共產主義份子時，胡回答：「我是愛國主義份子。」當該官員再拿出胡的照片時，胡回答：「照片上的人就是我，但照片上所戴的帽子，我從未有過」等等。胡志明並非完全不合作，但同時製造出很多模糊和疑惑，令港府無法得到確切的證據或口供。

第二，香港報章的報道和胡志明的知名度。港督告訴法國駐港總領事，他希望此事能在本地低調處理。我們都知道港督被賦予極大的權力，倘若他認定的話，那完全可按照法方意願去處置胡志明。例如，香港警方於 1931 年 4 月 29 日逮捕了越共活躍份子胡松茂等三人。法國警方把胡松茂形容為胡志明最得力之助手，是破壞性極大的人物。法國駐港總領事要求港方驅逐這三人到法國手中。1931 年 6 月 29 日胡松茂三人被驅逐並押送到一艘去上海的貨船，下船後三人就遭駐上海法國領事逮捕，之後送回越南審訊和監禁。也就是說，港督

有足夠的權力去低調處理本地事務。然而，胡志明被捕的消息很快就通過報章公開了。倫敦的過問和歐亞各地對胡志明案件的廣泛關注，縮窄了港督按照自己意願行事的空間。

第三，國際組織的救援和羅士庇律師竭盡所能的努力。雖然，我們現在還未見到反帝大同盟具體救援的證據，但是我們不能認定胡案最終的結果只是香港律師的單獨努力。例如，胡的官司一直打到樞密院，是由誰支付堂費的呢？官司打到樞密院，聘用普利特那樣的御用大律師，若沒有背後經濟上的支援，又如何能做得到呢？當然，這絲毫不減少律師羅士庇的作用，他竭力維護胡的權利和安全。不論在胡離開域多利監獄在警察局拘留期間，還是釋放後到離港的那段日子裏，胡都有遭遇毒手的可能。羅士庇一開始把胡安排到監獄的醫院中隱藏起來，釋放後又喬裝住進上環的基督教青年會（YMCA）以躲避便衣警察的監視。胡志明難忘羅士庇的救命之恩，50年代兩次寫信給羅士庇但都沒有收到回覆，皆因羅士庇害怕回信會暴露了胡的地址，給胡的安全帶來威脅。

第四，英國法治的保障。一旦案件進入香港的司法系統，控、辯雙方都以法律規定為依據，尊重法治。胡志明在香港高院的代表大律師詹金（F. C. Jenkin）非常專業盡職地挑戰警方和港督的做法，盡最大能力維護一個鼓動推翻殖民統治革命者的權利。律政司給港督的建議以及殖民地部官員的態度，都反映出他們對英國法律傳統和原則的尊重。高院的法官在合理考慮之下，准許胡案上訴到樞密院，體現了司法的獨立。這些例子都從不同程度上體現了英國的法治。然而，有

些研究把胡志明的獲救完全歸功於英國的法治，那也是不恰當的。[41]
胡松茂的案例就是很好的例子。胡志明在港的例子啟發我們對港英管
治的認識，即「面子」與「裡子」的關係。當不為公眾所知時，港督
的做法有時也是無法無天的，這就是殖民管治的「裡子」。不過，一
旦涉及大英帝國統治的「正當性」，尤其是當涉及面子時，英國人還
是先顧忌面子，畢竟權力在手。

　　第五，當時社會上普遍對社會主義懷有深切的認同。今天我們很
難想像於上世紀初，社會主義、民族獨立和平等思潮曾經是那麼的深
入人心。不論是英國殖民官員所表露出的觀點，還是當時英國社會精
英階層，都對胡志明這樣的愛國者懷着同情的態度。不然，我們就無
法解釋像克里普斯那樣的御用大律師，竟會很自然地就站在胡的角度
看待這個上訴案。要知道，當時殖民地部長是克里普斯的叔叔，而且
殖民地部有些官員也不認同樞密院的判決。不過，倘若這些都放到當
時的社會思潮中去分析，其實也不是不能理解的。當然，這種社會思
潮最好的體現，就是報章和讀者對胡案的看法，讀者大都同情胡志明
這個愛國者，認為是英國受到法國壓力而試圖引渡胡志明，是讓人難
以接受的事情。就是這種社會氛圍，一定程度上約束了英法的企圖，
救了胡志明。

注　釋

1　本文在資料搜集過程中，幸得香港中文大學香港亞太研究所梁凱淇學妹鼎力協助，特此致謝。

2　詳見龍景昌主編：《明周城市系列：荷李活道》（香港：明報周刊，2013），頁48；香港歷史博物館：〈越南共產黨領導人胡志明〉，《百年過客 —— 早期香港的名人訪客》（香港：香港歷史博物館，2017），頁338–351；黃浩潮：〈囚禁在域多利監獄的國父，另有其人？〉，載丁新豹主編：《香港歷史散步（增訂本）》（香港：商務印書館，2009），頁118–121；陳碩聖，〈胡志明於域多利監獄〉，「香港記憶」網站，擷取自 http://www.hkmemory.hk/collections/victoria_prison/Ho_Chi_Minh_in_Victoria_Gaol/index_cht.html（瀏覽日期：2018年3月14日）。

3　香港日治時期，大部分的檔案都消失了。胡志明當年的律師羅士庇（Frank Loseby）追述，1932年胡案上訴到樞密院時，他將所有文件都轉給了倫敦的代表大律師普利特（Denis Noel Pritt）。後來，有位記者聽說此

事，希望將胡的這段經歷拍成電影，從普利特那裏借走所有文件，電影沒拍成，文件也不見了。詳見 L. Borton, N. T. Trinh & Viện bảo tàng Hồ Chí Minh [Hồ Chí Minh Museum]. *The legal case of Nguyễn Ái Quốc (Hồ Chí Minh) in Hong Kong, 1931-1933 (documents and photographs)* (Hà Nội: National Political Publishers, 2006), p. 115。

4　共產國際，通常也稱「第三國際」，是對1864年馬克思創立的「國際工人協會」（第一國際），以及1889年成立的「社會主義國際」（第二國際）的繼承。第三國際成立之初，各國支部幾乎都是從第二國際原有支部分裂出來的。也就是第二國際中的左翼、革命派組成了第三國際，他們拋棄改良主義，號召世界革命。1943年，為了拉攏西方共同對抗德意日法西斯，5月共產國際執委會作出《關於提議解散共產國際的決定》，6月共產國際正式解散。

5　B. K. Cheah, *From PKI to the Comintern, 1924-1941: The Apprenticeship of the Malayan*

Communist Party (Ithaca, N.Y. : Southeast Asia Program, Cornell University, 1992), p. 44.

6 關於香港政治部早期的研究可詳見何明新著：《大館：中央警署　跨世紀檔案》（香港：中華書局，2016），頁 78；H. L. Fu & R. Cullen, "Political Policing in Hong Kong," *Hong Kong Law Journal*, Vol. 33, No. 1 (2003): 199-230。何明新書中提到香港成立「反共產活動小組」，是因為 1922 年中港海員大罷工，中共介入工會，導致警隊成立專門小組。1922 年中共剛成立不到一年，雖個別黨員參與罷工，但並非起領導作用。是次罷工的主要組織者是孫中山領導的國民黨。時任港督司徒拔（Reginald Stubbs）把罷工定性為布爾什維克性質政府所領導的抗爭。這讓我們意識到 1920 到 1930 年代，中國國民黨和共產黨的思想差距並不大。

7 楊奎松：〈牛蘭事件及其共產國際在華秘密組織〉，愛思想網站，擷取自 http://www.aisixiang.com/data/64498.html（瀏覽日期：2018 年 3 月 30 日）。

8 O. Takeshi, "Shanghai Connection: The Construction and Collapse of the Comintern Network in East and Southeast Asia," *Southeast Asian Studies*, Vol. 5, No. 1 (2016): 122-123.

9 共產國際 1920 年 9 月在巴庫召開東方各民族代表大會後，於莫斯科創辦了「東方勞動者共產主義大學」（簡稱「東方大學」），負責培養各黨的領導人才。

10 例如 1930 年胡志明需要與馬來亞共產黨取得聯繫，他是求助於同馬共關係密切的中共為其寫介紹信，從而取得與馬共的聯繫。參見 O. Takeshi, "Shanghai Connection"。

11 見 O. Takeshi, "Shanghai Connection"。陳馬六甲 1894 年生於印尼蘇門答臘，是印尼共產黨早期領導人。1926 年曾發動反荷蘭殖民統治的全國武裝起義，事敗後流亡多年。印尼獨立後，官方從未承認其歷史地位，避而不提，研究甚少。暫時找不到張然和資料，只知是在印尼的福建籍人士。

12 牛蘭（Hilaire Noulens），烏克蘭

籍俄共黨員，共產國際聯絡部在上海秘密交通站負責人，以經商的公開身份負責為東亞及東南亞共產黨轉送文件和經費等工作。1931 年 6 月 15 日，牛蘭和夫人被捕，從其幾處工作地址搜出大量中共和各地共產黨給莫斯科的工作匯報，以及莫斯科給各地黨的文件。不僅如此，還從其處搜出大量財務記錄及銀行存款記錄。為了營救牛蘭夫婦，共產國際動用其下屬的國際組織營造公開輿論，同時冒險通過秘密情報網絡瞭解情況。牛蘭夫婦 1937 年獲救，兩年後回到蘇聯。「牛蘭事件」轟動一時，是 1930 年代初期重大的政治事件。由於從牛蘭處搜出的各種文件甚多，加之牛蘭夫婦身份撲朔迷離，圍繞「牛蘭事件」的研究相當豐富，是認識早期共產國際運動，特別是共產黨在中國與東南亞的發展等題材，無法繞開的課題。可惜，把胡志明在港的經歷放在到整個「牛蘭事件」一起研究的文章不多。「牛蘭事件」參見：H. Streets-Salter, "The Noulens Affair in East and Southeast Asia: International Communism in the Interwar Period," *Journal of American-East Asian Relations*, Vol. 21, No. 4 (2014):

394-414; F. S. Litten, "The Noulens Affair," *The China Quarterly*, No. 138 (1994): 492-512。

13 胡志明一生中曾經用過上百個別名和化名。上學時，改名「阮必成」；革命後用過「阮愛國」、「宋文初」、「李瑞」、「王達人」、「胡光」、「胡志明」等化名。「胡志明」這個名字是他 1942 年 8 月從越南來中國時開始使用的。為了文章的統一，除了引文及個別處，全文採用他最為人所熟悉的名字 —— 胡志明。

14 法蘭西帝國在東南亞的殖民地由老撾保護國、柬埔寨保護國及三個以越南人居住為主的地區（東京、安南、交趾支那）及位於中國雷州半島的廣州灣組成。胡志明出生於越南中部的安南，因此當時的報章稱他為「安南人阮愛國」，但當時全越南三地抗法的呼聲是一致的，且胡要求的也是全越南擺脫法殖民統治，故這裏把安南擴展為整個越南。

15 胡志明應該會多種語言，我們知道他能用中文寫詩，1942 至 1943 年他被國民黨拘捕並在廣西入獄後，用漢語寫詩百首言志，後成集出版《獄中日記》。胡於 1924 年底到廣州，是蘇共派到孫

中山身邊的顧問鮑羅廷翻譯班之成員。據曾參與過省港大罷工的人士回憶，胡一般公開場合講法語，對中國工人演講則用中文；他中文很好，但帶廣東口音。參見黃錚編著：《胡志明與中國》（北京：解放軍出版社，1987），頁1–39。該書信息量大，記述了胡早期革命經歷，對其參與組織越共以及在香港召開越共成立會議都有頗詳細的記載。

16　在巴黎和莫斯科期間，胡志明結識了中共在法國以及在蘇俄的代表，胡與中共早期領導人關係非常密切，可以說相當了解中國的情況。

17　詳見黃錚編著：《胡志明與中國》。

18　L. Borton, N. T. Trinh & Viện bảo tàng Hồ Chí Minh [Hồ Chí Minh Museum]. *The legal case of Nguyễn Ái Quốc (Hồ Chí Minh) in Hong Kong, 1931-1933 (documents and photographs)*, pp. 39 & 50.

19　O. Takeshi, "Shanghai Connection," p. 128.

20　B. K. Cheah, *From PKI to the Comintern, 1924-1941*, p. 60.

21　傅大慶，中共早期黨員、馬共創始人。1928年，受廣東區委派往新加坡擔任中共南洋臨時委員會常委兼宣傳部長，在東南亞各地建立支部，領導海外華人和當地群眾開展反殖鬥爭，卓有成效。多次入獄，1944年被日軍殺害。傅大慶是著名作家戴晴的父親。

22　關於杜克洛克斯在新加坡活動、被捕、上庭及判刑的情況，詳見 "Joseph Ducroux, Alias Serge Lefranc, Is Unmasked," *The Straits Times*, 12 March 1939, p. 16, retrieved from http://eresources. nlb.gov.sg/newspapers/Digitised/ Article/straitstimes19390312.2.135 [date of access: 4-1-2018]，以及 "18 Months for Ducroux," *The Straits Times*, 23 June 1931, p. 11, retrieved from http://eresources.nlb. gov.sg/newspapers/Digitised/Article/ straitstimes19310623-1.2.56 [date of access: 4-1-2018]。

23　胡志明被捕的具體地址有幾個說法，胡自己的敘述中也有出入。大多數的說法是香港九龍城譚公道186號（Tam Kung，也有說是 Tam Lung）。李珊的真實姓名為 Ly Phuong Thuan，越共黨員。1931年6月6日隨胡志明一起被捕入獄，當年8月20日在第四次法庭聆訊後，無罪釋放。因她聲稱是廣東人，8月底被港英政

府遞解出境至廣東。李回憶說自 1931 年離開香港，再次見到胡已是 1946 年。她是越共領導、胡志明得力助手胡松茂的妻子。

24 羅賓於 1934 年升任印度支那總督，至 1936 年。

25 L. Borton, N. T. Trinh & Viện bảo tàng Hồ Chí Minh [Hồ Chí Minh Museum]. *The legal case of Nguyễn Ái Quốc (Hồ Chí Minh) in Hong Kong, 1931-1933 (documents and photographs)*, pp. 72-73. 該書中包含法方和英方政府各相關部門之間的文件往來，內容非常豐富且前後連繫緊密。雖然有些英方文件在檔案 CO/129/535 中也能看到，但為了充分利用胡志明博物館的這份珍貴資料，有關英方檔案，凡書中有的，便不再附上英方檔案號碼。

26 港英統治初期，香港治安相當混亂，不少黑社會和冒險家都到此地來一展身手。當時，港府最慣用的手段就是把這些人驅逐出境，禁止他們再到香港來。「驅逐令」歸行政部門頒布，並非屬於司法程序。早期《驅逐條例》給予行政很大權力，後來通過修改條例加以規範。儘管如此，港府仍認為這是其

整治香港的一張皇牌。詳見 C. Munn, "'Our best trump card': A brief history of deportation in Hong Kong, 1857-1955," in M. H. K. Ng & J. D. Wong eds., *Civil Unrest and Governance in Hong Kong: Law and order from historical and cultural perspectives* (London: Routledge, 2017)。

27 引自英國檔案資料 CO/129/535/3, Item 1。

28 L. Borton, N. T. Trinh & Viện bảo tàng Hồ Chí Minh [Hồ Chí Minh Museum]. *The legal case of Nguyễn Ái Quốc (Hồ Chí Minh) in Hong Kong, 1931-1933 (documents and photographs)*, pp. 86-87.

29 Ibid., pp. 88-90.

30 Ibid., pp. 100-101.

31 胡志明曾以第三人稱寫了一本自傳回憶錄，但其中資訊並不準確，給後來的研究造成混亂。胡志明博物館的書中有胡志明修改該書的手跡照片，該書中文版於 1972 年由越南外文出版社出版，作者為陳民先（越），書名《我們的胡伯伯》。

32 反對帝國主義大同盟，是共產國際支援之下的許多國際組織之

一。1927 年由國際工人救濟會主席、德國共產黨人威廉・明岑貝爾格（Wilhelm Münzenberg）發起，旨在團結各方力量，推進民族解放運動。當時很多社會名流如愛因斯坦、宋慶齡、羅曼・羅蘭等都是大同盟成員。「牛蘭事件」中，這些人都曾簽名公開要求釋放牛蘭夫婦。明岑貝爾格在共產國際擔任多個機構的要職，因此可動用多個組織的網絡。也有研究認為羅士庇就是反帝大同盟成員，參見黃錚：《胡志明與中國》。

33　D. J. Duncanson, "Ho-chi-Minh in Hong Kong, 1931-32," *The China Quarterly*, No. 57 (1974): 84-100.

34　例如逮捕時沒有逮捕令。再者，根據《驅逐條例》，政府只能向被拘留的人查問簡單的七個問題。但根據胡志明的敘述，審問胡的政府官員卻問了很多超出法律規定的問題，如胡是否共產黨員，及是否到過蘇聯等。胡還說，有次審問時，有法國警察也在場。

35　詳見 D. J. Duncanson, "Ho-chi-Minh in Hong Kong, 1931-32," p.93。

36　參見 L. Borton, N. T. Trinh & Viện bảo tàng Hồ Chí Minh [Hồ Chí Minh

Museum]. *The legal case of Nguyễn Ai Quốc (Hồ Chí Minh) in Hong Kong, 1931-1933 (documents and photographs)*, pp. 183-187。

37　普利特於 1910 年加入英國工黨，是蘇聯和史太林堅定的擁護者。1936 年進入工黨核心，1940 年因替蘇軍入侵芬蘭辯護，被工黨開除出黨。普利特 1909 年成為御用大律師，多年服務樞密院。克里普斯於 1931 年加入工黨，並選為下議院議員，後多次出任工黨政府要職，並與普利特同期成為御用大律師。他年幼喪母，由姨母和姨丈韋伯夫婦（Beatrice and Sydney Webb）帶大，兩人皆屬費邊社（Fabian Society）早期成員。胡志明案期間，韋伯任殖民地部長。克里普斯 1947 年曾出任財政部長。

38　翻看過往的檔案，經常看到文字上的錯漏和修正，有些頗具戲劇性。胡志明在等待倫敦樞密院的判決期間，他一直擔心自己的安全。考慮到英國對政治犯的傳統，胡志明要求被驅逐到英國去。英外交部諮詢內政部後，告知殖民地部，胡的要求不可能為內政部所接受。然而，不知哪個環節的電報解碼時，把「不大可能」（unlikely）譯成「有可能」

（likely），胡志明故此幾次要求被遞解到英國。而英國各個部門官僚之間信來信往，用了將近半年的時間，才澄清情況。故胡後來只好鋌而走險，要求去莫斯科。

39 1931 年對中國共產黨來說也是備受打擊的一年。因中共領導人顧順章、向忠發等被捕，中共上海網絡受到極大的破壞。胡志明 1933 年抵達上海後，無法與越共和中共聯繫，處境非常危險。據他自己回憶，某天在報章上看到國際反戰同盟的一個代表團訪問上海，代表團中有胡認識的法共成員，而接待代表團的正是宋慶齡。胡因此通過宋聯繫到法共朋友，之後與中共取得聯繫，才最終得以安排乘上一艘蘇聯的輪船，從上海到海參崴，再到莫斯科。參見＜宋慶齡同志幫助胡志明同志找到黨組織＞，《人民日報》老資料網，1981 年 6 月 9 日第六版，http://www.laoziliao.net/rmrb/1981-06-09-6#568564（瀏覽日期：2018 年 5 月 6 日）。

40 胡志明並未停止腳步，二戰爆發後，他又帶領越共和越南人民抗擊日本帝國主義的入侵。1945 年越南發生八月革命，9 月 2 日，胡志明在河內 50 萬人的群眾集會上，代表臨時政府宣讀《獨立宣言》，宣布成立越南民主共和國。1951 年越南勞動黨正式成立，胡志明當選為中央委員會主席。自此，胡成為北越的黨政領袖，帶領越南取得抗法戰爭的勝利，後又展開抗美游擊戰。1969 年 9 月 2 日胡志明因心臟病去世，離北越 1975 年統一越南只差七年。歷史是無法假設的，但是倘若 1930 年代初，胡志明落入法國人手中，越南的歷史無疑將會是另一個寫法。可以說，胡志明在港的脫險成就了他後來的功績，也成就了越南人民的解放事業。

41 K. R. Handley & K. Lemercier, "Ho Chi Minh and the Privy Council," *Law Quarterly Review*, Vol. 124, Issue 2 (2008): 318-330.

以經濟角度管理公共衛生：
造就「公廁大王」點糞成金

—— 莊玉惜

前言

　　2018 年 3 月，首富李嘉誠突然宣布「分身家」，將四成長江與和黃股份等總值數千億港元的資產，悉歸長子李澤鉅，引來全城熱話。發布會上，有記者打趣說很多年輕人都問，為甚麼我的爸爸不是李嘉誠？這恐怕是人人心中的問題，大家有否想過，如果乃父貴為「公廁大王」，獲配的「身家」將會是甚麼呢？

　　沒錯，答案是公廁，而最珍貴的就是內裏的糞便！對現代人來說，糞便絕對是廢物；但在百多年前，它卻是寶！這麼一說，公共糞廁（只設糞桶收集糞便，不備水沖廁）就是「金礦」。不少人認為殖民政府具備高新技術，為殖民地引入先進的公共衛生設施如公共水廁；現實卻是及至 20 世紀初，水廁技術仍未臻完善，加上財政緊絀，政府極度依賴華籍地主或地產商經營的商業公共糞廁來維持基本公共衛生。說穿了，政府公廁及商業公廁均淪為糞便收集站，收集而來的

糞便隆而重之運往絲綢重鎮順德，作種桑養蠶之用，為歐洲列國供應品質優良的絲綢製品。1860 至 1920 年代期間，公廁服務得以持續，全賴蓬勃的國際絲綢市場；以經濟角度管理公共衛生，讓商人從中港跨境糞便貿易中致富，夥拍政府提供公廁服務，共同管理城市公共衛生。

這闡述了數個問題：一、殖民政府並不一定為殖民地引進衛生現代性（Modernity），當中除了因為財政困窘，更受困於技術水平未完善；二、公共角色並不必然存在二元對立或階級性，政府為服務提供者，本地社會則是被動的服務接受者，兩者角色大可逆轉；三、在地域分工上，無論是殖民地 —— 香港，又或半殖民地 —— 中國，均成為歐洲列強的資源供應或生產基地，荒謬的是香港這片小小殖民地的公廁服務，竟取決於國際絲綢市場的發展。以經濟角度管理公共衛生，便造就了「公廁大王」點糞成金之路。荷李活道是早年最繁華的街道之一，熙來攘往，絕對是「集糞」的好地方，無怪乎接連的橫街窄巷設有多所公廁，且看「公廁大王」如何點糞成金。

一、殖民資本主義與糞便需求

1917 年，富爸爸「公廁大王」陳培臨終託廁，煞有介事訂立遺囑，將一所價值 21,000 元（港元，下同）的商業公共糞廁交予長子陳全全權管理，並囑咐一干人等不得異議：

今因年老病多恐難久存，當吾在世特將吾遺下大王街門牌由三號、五號、七號、九號、十一號、十三號，一連六間值銀壹萬五千元 …… 又孖沙橫街門牌十四號廁所一間，值銀二萬一千元，自占八分之三，已向人按揭銀七千元 …… 全權交與長男陳全永遠管理，如吾身後並立長子陳全為吾承辦人，別人不得爭執 ……。[1]（標點符號為作者後加）

將公廁列作遺產的還有上環太保宋興，病塌中念念不忘一手創辦的「新屎坑」——開業甫兩年、位於上環弓絃巷 38 號的公廁（毗連荷李活道）。[2] 宋興在 1867 年所訂立的遺囑中，語重心長地囑咐兩子莫忘父志，應守護照料該所公廁，並強調此乃為人子者應盡之孝道，甚為凝重。然而所託非人，兩子有違父命，該廁於 1870 年代末被轉售予鄧六，後者的家族持有至 1920 年代中：[3]

同治六年正月病，醫藥罔效，自知年老血氣衰弱，恐不能再獲二天，豫為囑咐以為傳後不忘之意，所因香港上環弓絃街之地係前任大英包督憲（註：港督寶靈，J. Bowring，1854－1859）恩典所給予，諭令遍地種植竹林，使其有青秀可觀，着你父管理。內建廁所一間，房屋二間及所有種植竹林，俱你父捐資所置。茲你父病危篤，汝等身為子，道須當善體親心，汝父所遺種植竹林宜隨時料理，所建之屋廁亦宜照舊，安守勿忘父志，方成為子之道也。[4]（標點符號為作者後加）

孖沙街 14 號公廁原址，現為商業大廈
（圖片提供：莊玉惜）

弓絃巷現貌
（圖片提供：莊玉惜）

　　將公廁作遺產，對現代人來說或許匪夷所思，惟在一個世紀前，公廁可說是「金礦」，被充作糞便收集站，所收集的糞便以高價售予廣東珠江三角洲農民。無怪乎，從陳培的遺囑中看到，位於灣仔大王街 3 至 13 號六個相連單數物業，總值僅得 15,000 元，竟敵不過一所公共糞便廁所。究其原因為內設 40 個廁格之多，每格設一糞桶收集被譽為「黃金」的糞便。[5] 相比起動物糞便，人類糞便含有高濃度的氮、磷、鉀，自古以來獲中國農民視之為優質肥料，城市人進食的食物營養價值較諸農村人為高，故城市糞便遂被看高一線。[6] 自 1860 年代起，位處珠三角的順德對優質糞便的需求尤為殷切，完全繫乎國際絲綢市場的發展。其實早於明朝，中國絲綢製品已出口至世界各地，不過和國際市場大幅度地接軌乃肇始於第一次鴉片戰爭（1839 至 1842 年）後，戰敗的中國被迫開放五大港口，包括上海和廣州。而歐洲兩大絲綢生產國意大利和法國，不約而同於 1850 年代遭受蟲禍，絲綢生產基地遂由歐洲轉移至剛剛敞開大門的中國。自此淪為半殖民地的中國，與環球經濟接軌，為歐洲提供源源不絕的絲綢製品，1880 至 1910 年代期間，絲綢出口攀登首位，佔出口總值三至四成。[7]

　　初時，中國國內生產基地主要在上海附近的江南一帶，可是在 1850 及 60 年代遭受太平天國動亂破壞，桑樹幾近全部被砍伐，於是生產重心一再轉移至南方的珠江三角洲。[8] 其實，珠三角生產絲綢的歷史可追溯至西漢年間（公元前 140 至 87 年），及至明朝中葉（1425 至 1590 年），絲綢漸漸成為當地重要出口產品。自 1845 年以降，當地絲綢出口錄得快速增長，由該年的 2,600 擔增加至 1867 年的 9,000

擔，種桑農地亦由 3,500 公頃增至 12,600 公頃，拉開種桑養蠶成為順德的單一經濟活動之帷幕。[9] 20 世紀初，一名旅遊作家的旅遊誌如是記錄：

> 在三角洲，最少有 1,000 平方哩面積完全用作種植桑樹。乘船在區內行走一天，目下所見悉為桑田 …… 最近一次政府人口調查，估計順德人口達 1,800,000，其中 1,440,000 參與種桑養蠶。[10]

以桑葉餵飼蠶蟲為南中國絲綢蓬勃發展的基礎，桑葉為蠶蟲的基本飼料，優質桑葉對蠶蟲質素連帶絲綢品質有莫大影響，是故種桑養蠶的農民對肥料質素要求甚高。商業觸覺敏銳的港商靈機一觸將「香港製造」的糞便，引進位處珠三角的順德，備受當地種植桑樹的農民歡迎。自 1841 年開埠以來，香港城市化迅速擴展，糞便產量顯然過剩。各取所需，港產糞便有質量保證，且香港人口高度集中在城市，減輕收集糞便的成本，中港跨境糞便貿易由是興起。作為農業大國，糞便買賣在中國制度化肇始於南宋，設有糞便售賣場，參與其中的商人更不時穿州過省四出採購優質糞便。百多年前的中港邊境界線並不固守，跨境買糞不足為奇。[11] 自 1860 年代末梢起，往後半個多世紀，糞便就是通過虎門水道運抵順德。

為了便利跨境糞便貿易的進行，殖民政府在港島沿岸銅鑼灣至西營盤，設立十個糞便碼頭，包括機利文街、砵甸乍街、雪廠街、船

街、渣甸坊等。[12] 每天所收集而來的糞便先運往九龍半島的昂船洲，達到一定數量再發送至順德，大約每周兩至三趟。[13] 19 世紀末，香港年產 360,000 擔（4,800,000 磅）糞便。[14]

二、經濟角度管理公共衛生：造就「公廁大王」的誕生

環球絲綢工業興旺，結合中港跨境糞便買賣，1860 年代末起在香港發展出一個商業公廁網絡，在市場主導下公廁被充作糞便收集站，其衛生水平、數量和所在位置全然仰仗市場力量。有利可圖，不論政府和商界辦的公廁均淪為糞便收集站，誠如英國工程師查維克（Osbert Chadwick）所說，公廁被當作商業投機，如沒有糞便貿易恐怕也沒有公廁服務。[15] 自開埠以來，香港已爆發多場疫症，可是在財政緊絀下，政府每每充耳不聞，後因連串發生於 1865 至 1866 年間的疫症，導致大量軍人死亡，終於在英國國會壓力下於 1867 年設立公廁制度。[16] 首兩年糞便並未覓得出口，需向糞便承包商支付糞便清理費，以 1868 年為例，所費 960 元。[17] 幸而，在國際絲綢蓬勃發展下，順德對糞便需求大增，糞便價值連年攀升，政府於 1869 年成立「糞便投標制」（稍後加以闡述），自負盈虧，讓有限的政府公廁服務得以持續。按 1882 年數字顯示，承包商以每擔 17 至 20 仙競投政府公廁內糞便；[18] 時至 19 世紀末，投標價進一步攀升至 23 至 28 仙，而在一河之隔的順德，售價則高達 70 仙，利潤甚為可觀。[19]

雖然糞便投標價未能完全反映商業公廁的糞便收益，利潤豐厚卻

乃為不爭之事實，糞便承包商以高價向商業公廁營辦者收購糞便，後者亦樂意以高價向地主承租公廁。殖民管治的設計為小政府，為資本主義擴張提供支持力，商業公廁營辦者的入行門檻甚低，只需每月向政府繳交每個廁格 60 仙稅款便可開門營業，條款十分有利。[20] 而公廁收益主要來自糞便買賣和入場費（1 至 2 銅錢），由於政府公廁嚴重不足，所以商業公廁使用率奇高，以一所屹立海旁、內設 51 個廁格的廁所為例，每日光顧人次多達 4,000，意味財源滾滾來。[21] 糞便有價有市，而在高地價政策下，物業價值不斷被推高，吸引不少大地主甚或地產商大舉加入公廁市場，紛紛將自家物業改建為商業公廁出租，換取高租金回報，較諸住宅租金高逾 20%。[22] 商業公廁由 1867 年的六所激增至 1868 年的 22 所，在 19 世紀末一直維持在 20 所左右。[23]

　　商業公廁租金被看高一線，與它們具備四項土地空間優勢有莫大關連，有助增加使用率，意味增加糞便收集量。一、在高地價政策下，土地供應有限，令土地價值持續高企；二、公廁多毗連民居而建，且高度集中在華人社區如西營盤、太平山區、堅尼地城，這兒幾近全為簡陋、內不設家廁的房屋，住客多為草根階層的華籍男性，正好供應源源不絕的糞便；三、公廁大多設逾 20 個廁格，某些人流量高的地點如德輔道、孖沙街和皇后大道西，甚至設有 40 個之多。[24] 其中尤以皇后大道西 256 號最嚇人，達到 56 格，此廁設有兩個入口，可由上路的第一街 29 號進入，便利人們使用，背後原因莫不與利潤有關；[25] 四、公廁獲安插在公廁地產商的物業群內，一圈圈的「勢力影響範圍」儼如緩衝區，阻隔對周遭民居帶來的滋擾，有助公廁服務的

持續性。[26]

　　樂此不疲將自家物業改建為公廁的，豈止華籍地主或地產商，跨國企業如渣甸洋行（Jardine, Matheson & Co.，即現怡和洋行）和禪臣洋行（Siemssen & Co.）亦不甘後人，在灣仔持有商業公廁。[27] 由此可見，經營公廁可不是一門令人鄙視的生意，在某種意義上它是門非常特別的生意。在商言商，有些公廁地產商甚至持有多個廁所出租。作為一門生意，公廁不時易手，主要是原公廁地產商投資失利，又或用以抵償債務。皇后大道西 256 號的商業公廁，在 1860 至 1920 年間曾經由四個不同家族持有。最先於 1868 年由郭松設立，1873 年轉售予曹永容；而曹氏則於 1880 年代初出售給許祖，以償還大家長曹永容逝世後所欠下的債項。時屆該年代末，此廁終落入鄧六家族手上，及至 1920 年代後期停止業務。[28]

　　商業公廁發展蓬勃，面對高厚利潤，糞便和垃圾承包商如陳培、許祖和曹保滔也興致勃勃加入公廁市場。[29] 究竟帶來的財富有多龐大，從在糞便和垃圾堆中置富的「公廁大王」陳培的業務規模可見一斑。陳培初於 1884 年承包收集屠宰場的垃圾，後於 1889 年擴而至競投收集政府公廁糞便，四年後接着承包收集地面垃圾。[30] 單是糞便收集一項，1890 年便聘請了 45 名糞便苦力（俗稱「夜香佬」）收集糞便、9 名公廁服務員清潔公廁、48 名船員和 13 名領班，規模可不少哩！承包制為各式各樣的承包商提供了積聚財富的可能性。[31] 曾任拔萃女書院老師和校長的西門士（Catherine Joyce Symons）憶述 1930年代在該校就讀時，其中一名同窗的父親正是糞便承包商，而最令她

印象深刻的，是他「成功投得收集香港島的糞便因而致富」。[32]

　　1841 年英國佔領香港後已清楚表明，小島要自負盈虧。惟早年殖民地政府的財政來源甚為有限，遂推行「餉碼制度」（Farm System）以成為解財困之途，原理是將資源如糞便、鴉片和礦石等，透過競價投標制度而將專營權判給承包商，或是收集、銷售或開採，政府從中收取稅款。此制同時負有政治功能，亦開闢華商置富之路，且聽文基賢（Christopher Munn）道出箇中關鍵：

　　　　鼓勵和賦予本地社會精英控制本地社會的能耐。在實踐自家收益之時，承包商對維護殖民地秩序也有所貢獻⋯⋯。對承包商而言，這些營運提供累積財富的可能性，和建立具權力和影響力位置的機會。⋯⋯通過投標將收集這些資源的權利批給中間人，政府便能在最小麻煩和承擔最少責任下確保收入：大大緩減從人們徵收稅項時產生的煩擾和衝突；這樣對收入保證大可放心，因為金錢是按月預繳，而這些承包商又需獲其他商戶擔保；萬一遇有不妥，政府更能夠和有關承包活動保持距離。可見，承包制同時具有政治價值⋯⋯有助政府鞏固英國在新殖民地的主權。[33]

　　經過廿載的努力，時屆 1890 年代中，陳培已持有或承租多所商業公廁，包括歌賦街 2 號、皇后大道西 256 號、三多里 3 號和孖沙街 14 號，堪稱「公廁大王」。[34] 其時，公共糞廁如同「金礦」，手握多座自然惹人垂涎。1905 至 1906 年間，陳培多次被一名歐籍衛生督察勒

索逾百元。[35] 這足以證明，商業公廁利潤甚為豐厚，除了是糞便收集站，更是資本累積場，這在陳培於 1917 年所訂立的遺囑中清楚可見。另一名商業公廁地產商許祖同樣出身寒微，於 1880 年代起當垃圾承包商和政府醫院物料供應商，並於 1890 年代中開始經營商業公廁，1899 年歸化英籍，其後更分別於 1904 和 1907 年兩度獲任為太平紳士。[36] 除了和殖民政府保有良好關係，他與滿清政府的關係亦甚為密切，20 世紀初為中國通商銀行主要股東之一，此行為首家以西方銀行為藍本而設的中資銀行。[37]

　　有別於傳統中國，早年在香港商業市場中崛起的社會精英，不少來自草根階層，憑藉自身努力，窺準殖民政府所提供的商業機會，攀上社會領袖之列。早年主要納稅人中便有不少染指商業公廁市場，1876 年首 20 名最高納稅人士中，五人為公廁地產商，依次為：郭松（第 3 名，繳納 6,906 元）、鄭星揚（第 9 名，5,730 元）、蔡贊（第 13 名，2,988 元）、曹永容（第 15 名，2,585 元）、吳浤（第 16 名，2,572 元）。及至 1881 年，六人為公廁地產商，名單如下：吳浤（第 2 名，10,240 元）、郭硯溪（郭松之子，第 8 名，5,748 元）、鄧六（第 12 名，4,748 元）、英文譯名 Kwok Yin-shew（同為郭松之子，第 13 名，4,700 元）、葉晴川（第 16 名，4,156 元）、蔡贊（第 18 名，4,048 元）。[38]

　　這些公廁地產商乃來自各方各面的社會精英。鄭星揚是德安銀號創辦人，因機緣於 1880 年晉身香港總商會華籍成員的三家華人公司之一，這被視之為華人在殖民地冒升的標誌；[39] 張亞秀是量地處內首位

華人監督，更曾出任羊隻買賣零售商及承建政府工程，並於 1867 年獲政府委任為苦力監工；[40] 古輝山為蒸氣船公司 Yuen On Steamship 的董事、中華總商會創辦人之一及大有鴉片合夥人；[41] 許祖原為垃圾承包商，後成功晉身為長發船務公司董事和廣惠鴉片公司合夥人；[42] 黃義隆於 1880 年代初是一名屠宰羊隻的承包商；[43] 盧冠庭也是長發船務公司董事和鴉片零售商，並參與日本貨物買賣。[44] 不得不提的是，其中五名公廁地產商或其家庭成員貴為買辦 —— 蔡贊之子蔡季悟（英資新旗昌洋行 Shewan, Tomes & Co.）、[45] 葉晴川（香港、廣東及澳門輪船公司 Hong Kong, Canton and Macau Steamboat）、[46] 郭松（英資鐵行輪船公司 Peninsular and Oriental Steam Navigation Co.）、[47] 吳洤（英資得忌利士洋行 Douglas Lapraik & Co.）同時身兼 Wong Li Cheng Hong 公司合夥人，主要出口中國絲綢和茶葉到英國，[48] 以及鮑秉鈞（美資奧立芬洋行 Olyphant & Co.）。[49]

　　公廁地產商之間有各式各樣的商業往來。1870 年代，吳洤分別和鮑秉鈞及梁安合作買賣土地，梁為仁記洋行（Gibbs, Livingston & Co.）的買辦，並同為東華醫院和保良局創辦人之一[50]。1875 年時，吳洤是 Chinese Insurance 的主要股東之一，其他股東包括李德昌等。[51] 1870 年代末至 1880 年代初期間，鄭星揚分別和郭松之子郭硯輝、李德昌和曹永容等成立商業夥伴關係。[52] 1880 年代，鮑秉鈞和吳秉森同為新安銀號合夥人，當中還包括身兼泰和洋行（Reiss & Co.）買辦以及保良局總理和東華醫院主席的葉竹溪、東華醫院主席曹雨田（其叔父為曹善允），還有渣打銀行買辦容翼廷。[53]

　　當財富不斷增長，公廁地產商們亦成功變身為華人領袖，當中不少曾出任兩大慈善組織保良局和東華醫院的總理，通過這些組織的網絡，讓華人領袖有效地向華人社會施以社會和政治影響。隨着這些精英們的財富累積和社會身份提升，新的政治秩序相繼形成，尤其是為了和本地商界維持良好的殖民關係，部分公廁地產商被委以榮譽職銜，大大提升他們對其他精英和華人社會的影響力。[54] 吳泩和鮑秉鈞於 1870 年代中獲委為「婦女移民美國委員會」（Committee on Emigration of Women to US）委員，東華醫院主席梁安亦為該會成員；[55] 古輝山亦於 1907 年出任「颱風賑災基金委員會」（General Committee of Typhoon Relief Fund）委員。其他具聲望的委員還有遮打、周少岐、何啟、麼地、容翼廷、何甘棠（何東之弟，同為渣甸洋行買辦）、劉鑄伯（立法局議員兼保良局和東華醫院總理）等。[56]

三、以糞養廁：政府的剩餘公共角色

　　公廁制度引入後兩年，1869 年出現「糞便炒賣」，由糞便承包商區昌利和勞竹笙掀起。一改行之兩年的制度，兩人提交的標書不獨沒有向政府出價清理政府公廁糞便，更反過來以 240 元收購新一年度的糞便，兩人順利獲得是年收集糞便的專利權，亦促使政府推行糞便投標制。[57] 政府壟斷了其轄下公廁的糞便，並將之作公開競投。在糞便買賣投標制下，糞便收集權為價高者得，某程度而言有助維持環境衛生，中標者需向政府交款以換取是年承包權，自然勤於收集糞便。競

價拍賣，政府不單獲得可觀收入，同時獲得免費的收集糞便服務。早於南宋，糞便買賣已在中國盛行，但一直以來僅囿於私人領域，政府並不負有經濟角色，充其量作出監管而已。可是在殖民政府催生下的糞便投標制度，糞便在性質上出現重大變化，政府公廁內的糞便成為官產，收益納入政府財政制度，掀動糞便投機炒賣。[58] 其次，糞便炒賣連帶商業公廁內糞便的銷情也被看俏，結合高地價政策，引發華籍地產商紛紛將物業轉作公廁，待價而租。由市場主導的公廁服務促進了市場力量，最終帶來遍地開花的商業公廁網絡。

糞便炒賣終究有多熾熱？1870 年共錄得 29 份標書競投糞便收集權，投標價由 400 至 1,656 元不等，充分反映競爭激烈之況。[59] 兩年後中標價更上升至 2,750 元，其中一名投標者甚至揚言願出價 4,000元；政府更容許年終結算，而非每半年預付。[60] 某程度上，糞便投機倒把的競烈程度從不斷上升的政府糞便收入中可見一斑，當投標制於 1869 年施行時，收入僅得 240 元，時屆 1902 年已攀升至 67,920元。當糞便收入持續上升，1890 至 1902 年時，政府將之獨立歸類為「糞便合約」，1890 年收入為 19,740 元，1902 年更達至 67,920 元。[61]驟看數目細小，然而卻佔政府總年收入約一個百分比，不可小覷。毋庸置疑，政府公廁的業績驕人，達到自負盈虧。[62] 誠如查維克所說，要是糞便沒有賣得好價錢，恐怕公廁服務無以為繼。[63]

雖然如此，政府的糞便專營權並不完整，皆因公廁市場基本上被華商包攬，九成公廁為商業公廁，政府不得染指其中糞便，其在公廁服務上僅扮演剩餘角色。由於大部分服務須依賴商界提供，複雜化了

官商兩界在公廁發展上的關係，壯大後者在城市用地上及政府公廁選址的話語權。出於私人利益，商業公廁地產商每每借口政府公廁臭味擾人、危及健康，迫令政府把興建公廁的提案作罷。與這些地產商有往來的雙料議員（立法局及潔淨局）何啟，便經常反對政府公廁的設立。1887 年潔淨局建議在德輔道中和永樂街交界處興建一座公廁，何啟力陳只要屋內備有充足糞桶和尿壺，根本沒有設立的需要；再者，政府公廁的衛生水平也不見得比商業公廁為勝。[64] 何啟一直被指為地主的代言人，[65] 高姿態反對是項建議未知是否和商業公廁地產商蔡贊有關，因蔡所擁有的其中一所公廁正好位於德輔道中 116 號（現中環廣場所在位置），靠近局方建議的政府公廁選址。[66] 時屆 1891 年，何啟甚至高姿態支持商業公廁的興建，聲稱有很多地產商渴望加入公廁市場，看不到為何還要動用公帑和土地建政府公廁。[67]

反對的豈止何啟，律敦治醫院創辦人的父親 Hormusjee Ruttonjee 指在尖沙咀伊利近街（此街現已不存在）的公廁選址，會對他新近開辦、位處對面街的酒店構成滋擾，最後公廁建議遭否決。[68] 類似投訴還有來自香港置地投資公司，他們反對在紅磡機利士路設廁的方案。[69] 政府和地產商之間的張力在公廁選址上可見一斑，將物業價格下降和公廁設立掛勾，遇有不滿，便動輒運用手上土地資源來反對有關設施，令政府在推行公廁建設上常常遭到阻攔。很清楚，公廁選址困難，反映出坐擁龐大土地資源讓地產商可以和政府保有討價還價的關係，挑戰土地用途，在公共衛生建設上扮演着支配性角色，重塑公廁發展。[70] 1901 年潔淨局會議上，律政司終按捺不住開腔指：

　　每當政府採取積極行動以滿足社區的願望，努力執行潔淨局有關公廁的提議，就會立時遭公廁選址附近地主反對……。這是老問題。大家都知公廁不是一件令人樂於討論或看到的東西，同樣不是人們願嗅到的；姑勿論如何，在香港特有環境下公廁是必需品。[71]

　　其實，不光地產商和政治家為既得利益者，政府同樣有利益在其中。為恐土地收益受損，政府部門常反對公廁的設立，其一例子是 1906 年潔淨局和其他衛生部門提出在歌賦街靠近庇理羅士女子中學重建一座公廁的建議。該處面積 10,000 平方呎，公開拍賣可為政府帶來 60,000 元收益，不言自喻建議遭工務局否決。[72] 政府部門之間的張力亦常見於公廁建設上，在德輔道西和干諾道西交界處的公廁提案中，工務司漆咸（William Chatham）不諱言反對在主要通道設立公廁，皆因為這須動用較多資金維持有關服務，而部門往往沒有為此撥備，言下之意還是作罷！[73] 這就是政府公廁不足的原因之一，亦促使政府更多地倚重商業公廁提供服務，這類公廁為 19 世紀中至 20 世紀初的主要公廁模式，長期維持在 20 所左右，1899 年維多利亞城內 75%（15 所公廁）的廁格由其提供；[74] 政府公廁相形見絀，只有不足十所。[75]

結語

　　毋庸置疑，能夠帶來巨大利潤的糞廁成就了殖民地的主要公廁制度，官商在糞便收益上分享着共同利益，作為一門生意，衛生顯然為次要。話雖如此，毗連荷李活道設公廁以利出發，這畢竟為當區衛生提供了基本保障。在利潤驅使下，公廁不一定為公眾利益而設，而是充作糞便收集站，正正因為有利可圖，為殖民政府解決了公共衛生問題，節省了不少公帑和土地。

　　一言以蔽之，商業公廁盛行實為多種條件組合而成。一、歐洲人尤其是軍人在疫症中死亡比率偏高，觸發英國政府對疾病傳染的恐懼；二、適逢順德與國際絲綢市場接軌，對優質糞便有所需求，為過剩的香港糞便提供出路，亦激發港商經營商業公廁；三、蓬勃的地產市場，令公廁租金上揚，吸引地產商或地主大舉進入商業公廁市場。各取所需，就在這些不同條件組合下，商業公廁大行其道，營辦者和地主均從中獲利，甚而致富。在物業發展為主的資本主義下，把城市基礎設施的興建和運作重任放在商人肩上，在利益掛帥下公廁地產商不時反對政府介入公廁市場，以便在自家土地上大建商業公廁牟利。以經濟角度管理公廁，大大複雜化了官商在城市公共衛生管治上的角色，同時讓一大批在糞便堆中「謀生」的商人富起來。

注　釋

1　引自 "Chan Pui," HKRS 144-3-
3130, 1918。

2　參考 HKRS 38-2-3, 1865。在家
廁未盡普及的 19 世紀，為草根
階層提供公廁解決生理需要，絕
對急需。為了鼓勵商界或地區領
袖提供公廁服務，在引入公廁制
度前兩年，1865 年政府將弓絃
巷 38 號贈予宋興，着其營辦公
廁為街坊提供服務。及至 1867
年引入制度後，又將灣仔船街一
處官地以寮屋牌照交予彭華經營
公廁。牌照持有人需按年繳納差
餉，以及按廁格數量交稅，並在
政府下令徵用土地的一個月交
還。引自 "Latrine at Ship Street,"
HKRS 58-1-14-98, 1899。兩家廁
內糞便悉歸經營者所有，可予出
售，稍後詳加闡述。

3　引自 *HKRB*, HKRS 38-2, 1877-
1925。

4　引自 "Soong Hing," HKRS 144-3-
180, 1867。

5　引自 *Report on the Urine and Urinal
Accommodation of the City*, 1899。

6　參考余新忠：《清代江南的瘟疫
與社會：一項醫療社會史的研究
（修訂版）》（北京：北京師範大

學出版社，2014）；施振國編著：
《上海環境衛生志》（上海：上海
社會科學院出版社，1996）；F.
H. King, *Farmers of Forty Centuries,
or Permanent Agriculture in China,
Korea and Japan* (Madison, Wis.: Mrs.
F. H. King, 1911)。

7　R. Y. Y. Eng, *Imperialism and the
Chinese Economy: The Canton and
Shanghai Silk Industry, 1861-1932*
(Michigan: University Microfilms
International, 1986), p. 44.

8　參考 R. Y. Y. Eng, *Imperialism and
the Chinese Economy*。

9　A. Y. So, *The South China Silk District:
Local Historical Transformation and
World-System Theory* (Albany: State
University of New York Press, 1986),
p. 80.

10　引自 A. Y. So, *The South China Silk
District*, p. 78。

11　參考余新忠：《清代江南的瘟疫與
社會：一項醫療社會史的研究》。

12　引自 Order and Cleanliness Ordinance,
1876, *HKGG*, 22 June 1867。

13　參考 "Medical and Sanitary," *HKAR*,
1910-1920。

14 引自 *Report on the Urine and Urinal Accommodation of the City*, p. 6。

15 引自 O. Chadwick, *Mr. Chadwick's Reports on the Sanitary Condition of Hong Kong; with appendices and plans*, 1882, p. 18。

16 同註 12；參考 HKCSR, *HKSP*, 1865-1866; Report of the Commission on Epidemic Disease, *HKGG*, 12 May 1866。

17 引自 "Contract for the Removal of Nightsoil from Public Privies," HKRS 149-2-534, 1869。

18 引自 O. Chadwick, *Mr. Chadwick's Reports on the Sanitary Condition of Hong Kong; with appendices and plans*, p. 21。

19 引自 *Report on the Urine and Urinal Accommodation of the City*, p. 6。

20 引自 C.S.O. 1775 of 1873。

21 引自 O. Chadwick, *Mr. Chadwick's Reports on the Sanitary Condition of Hong Kong; with appendices and plans*, p. 18。

22 引自 *HKT*, 26 March 1891。

23 引自 *HKRB*, HKRS 38-2, 1867-1905。

24 參考 *Report on the Urine and Urinal Accommodation of the City*, 1899。

25 參考 O. Chadwick, *Mr. Chadwick's Reports on the Sanitary Condition of Hong Kong; with appendices and plans*。

26 參考 *HKRB*, HKRS 38-2, 1865-1925。

27 參考 *HKRB*, HKRS 38-2, 1870-1910。

28 由郭轉手至曹，參考 "Quok A Cheong to Tsoo Wing Yung," HKRS 205-11A-887-5, 1873。如欲多了解曹永容，可詳看 *HKDP*, 30 September 1885。曹永容是早年香港社會精英，1876 年名列首 20 名納稅人，其名字和澳門地產巨擘曹有（20 世紀初頗具名聲的立法局議員曹善允之父）之弟 Tsoo Wing-chow（別名曹安）十分相似，惜未能找得相關資料佐證，姑且存疑。

29 有關許祖，看 "General Scavenging," HKRS 149-2-1233, 1886。至於曹保滔，看 "Contract for the Removal of Nightsoil," HKRS 149-2-581, 1870。

30 引自 "Removal of Excretal Matters," HKRS 149-2-1415, 1889；Sanitary Superintendent's Report, *HKSP*, 1890；"Slaughter House Farm," HKRS 149-2-1123, 1884。

31 C. A. Trocki, *Singapore: Wealth, Power and the Culture of Control* (Oxon: Routledge, 2006).

32　C. J. Symons, *Looking at the Stars:
Memoirs of Catherine Joyce Symons*
(Hong Kong: Pegasus Books, 1996), p. 5.

33　C. Munn, *Anglo-China: Chinese
People and British Rule in Hong
Kong, 1841-1880*（Hong Kong:
Hong Kong University Press, 2011),
p. 99.

34　參考 *HKRB*, HKRS 38-2, 1895-
1918。

35　*South China Morning Post (SCMP)*,
23 August & 25 October 1906.

36　引自 Justices of the Peace, *HKGG*, 4
March 1904 and 22 February 1907。

37　引自《華字日報》，1905 年 5 月
29 日。這家銀行在晚清「自強
運動」倡議者盛宣懷推動下，於
1897 年創辦。參考中國社會科學
院近代史研究所中華民國史研究
室：《中國第一家銀行：中國通商
銀行的初創時期，1897 − 1911》
（北京：中國社會科學出版社，
1982）。

38　引自 Rate-payers, *HKGG*, 11
February 1882。

39　引自 *Hong Kong Daily Press*, 24
February 1880。

40　引自施其樂牧師資料集，香港政
府檔案處。

41　同註 40；引自 Ku Fai-shan, HKRS

144-4-2573, 1912。

42　General Scavenging, HKRS 149-2-
1233, 1886；施其樂牧師資料集，
香港政府檔案處。

43　引自 Slaughter Monopoly 1882,
HKGG, 31 December 1881。

44　同註 40。

45　同註 40。

46　同註 40。

47　引自 *Hong Kong Daily Press*, 12
May 1880。

48　同註 40。

49　同註 40。

50　W. K. Chan, *The Making of Hong
Kong Society: Three Studies of Class
Formation in Early Hong Kong*
(Oxford: Clarendon Press, 1991).

51　引自 M. L. No. 140, HKRS 265-
11D-2466-1, 1877。

52　同註 40。

53　同註 40。

54　H. J. Lethbridge, *Hong Kong:
Stability and Change. A Collection of
Essay* (Hong Kong: Oxford University
Press, 1978); J. F. Tsai, *Hong Kong
in Chinese History: Community and
Social Unrest in the British Colony,
1842-1913* (New York: Columbia
University Press, 1993).

55 同註 40。

56 引自 Report of the Typhoon Relief Fund Committee, *HKGG*, 17 May 1907。

57 引自 "Contract for the Removal of Nightsoil," HKRS 149-2-534, 1869。

58 參考上文提供的糞便投標價及在中國的零售價。

59 引自 "Contract for the Removal of Nightsoil," HKRS 149-2-581, 1870。

60 引自 "Contract for the Removal of Nightsoil," HKRS 149-2-688, 1872。

61 糞便收入於 1890 年前被納入「雜項收據」，1903 年起重新歸類為「廢物合約」，內含其他廢物的承包收益。這表示 1890 年前和 1903 年後糞便收益未足以獨立入賬，引自 Nightsoil Revenue, *HKBB*, 1870-1920。

62 多項專營權均採價高者得的投標制，包括糞便收集、鴉片銷售和礦石開採，在 1840 至 70 年代期間，總計收入佔政府年收入 10% 至 25%，引自 C. Munn, *Anglo-China*, p. 99。某程度而言，糞便專營權貢獻一個百分比，為數不少哩！

63 O. Chadwick, *Mr. Chadwick's Reports on the Sanitary Condition of Hong Kong; with appendices and plans*, p. 18.

64 引自 Minutes of Sanitary Board, *HKGG*, 29 October 1887。

65 G. H. Choa, *The Life and Times of Sir Kai Ho Kai: A prominent figure in nineteenth-century Hong Kong* (Hong Kong: The Chinese University Press, 1981); G. B. Endacott, *A History of Hong Kong (Revised edition)* (Hong Kong: Oxford University Press, 1973).

66 參考 *HKRB*, HKRS 38-2-57, 1887。

67 引自 Public Latrine, *Hong Kong Hansard*, 5 December 1890。

68 引自 *The China Mail*, 13 August 1901; *HKT*, 15 May 1900; Latrine in Elgin Road, *HKGG*, 10 February 1900。

69 引自 *Hong Kong Hansard*, 27 February 1902。

70 C. Chu, "Combating Nuisance: Sanitation, Regulation, and the Politics of Property in Colonial Hong Kong," in R. Peckham & D. M. Pomfret eds., *Imperial Contagions: Medicine, Hygiene, and Cultures of Planning*

in Asia（Hong Kong: Hong Kong University Press, 2013）, pp. 17-36.

71 *Hong Kong Hansard*, 27 February 1902.

72 *SCMP*, 25 January 1906 & 18 January 1907.

73 *HKT*, 18 January 1907.

74 參考 *HKRB*, HKRS 38-2, 1865-1895; Report on the Urine and Urinal Accommodation of the City, 1899。

75 參考 Crown Property, 1891-1911。

附錄：縮寫一覽表

縮寫	英文全稱	中文全稱
CM	China Mail	德臣西報
CRN	Contract for the Removal of Nightsoil from Public Privies	移除公廁糞便合約
HKAR	Hong Kong Administrative Report	香港行政報告
HKBB	Hong Kong Blue Book	香港藍皮書
HKCSR	Hong Kong Colonial Surgeon Report	香港殖民地醫官報告
HKDP	Hong Kong Daily Press	孖剌西報
HKGG	Hong Kong Government Gazette	香港政府憲報
HKH	Hong Kong Hansard	香港議事錄
HKRB	Hong Kong Rate Book	香港差餉紀錄冊
HKRS	Hong Kong Records Service	香港政府檔案處文件
HKSP	Hong Kong Sessional Papers	香港立法局會議文件彙編
HKSSR	Hong Kong Sanitary Superintendent's Report	香港衛生總監報告
HKT	Hong Kong Telegraph	士蔑報
MSB	Minutes of Sanitary Board	潔淨局會議紀錄
RUUA	Report on the Urine and Urinal Accommodation of the City	維多利亞城尿液和小便池報告

暴發速亡的盧亞貴與文武廟

—— 鄭宏泰　鄭心翹

前言

　　在這裏，曾有普羅民眾求神問卜，祝願自身平安、家人幸福；[1] 在這裏，曾有戀人求神明作證，可永結同心、白頭偕老；[2] 在這裏，曾有江胡人物斬雞頭、發毒誓，以示忠心、誠實；[3] 在這裏，曾有社會賢達代表民眾求雨解旱，祝願香港可渡過困難險阻，有更好未來……[4] 這裏，是位於荷李活道西端的文武廟。

　　今天的文武廟，在四周現代高樓大廈林立的圍繞下顯得特別矮小古舊。就算建築別具中國傳統氣息，由於矮小之故，還是讓人覺得不太起眼。但曾經，在香港開埠初期，它的派頭十足，不只建築本身常會吸引目光，扮演的角色亦令人肅然起敬，甚至有着保境護民、穩定人心的作用，所以在一段不短的時間內成為華人社會的核心，地位超然，乃市民大眾論公益、宣道德、講倫理、評時政，甚至是尋公道、解紛爭、化恩怨的場所。至於本文所要探討的目標，則是一位致富與敗亡步伐急速，且充滿神秘的「時代人物」——盧亞貴。他曾牽頭創立了這家廟宇，並被視為社會領袖，主持不少公眾會議。文武廟既見

1900 年代文武廟外廣場
（圖片提供：高添強）

證不少人 —— 如盧亞貴 —— 在香港社會的暴發速亡，亦見證無數家族在香港書寫傳奇，更見證了殖民地政府管治哲學與施政理念的特質和變遷。

一、開埠初期的香港社會與華人領袖

在進入討論前，讓我們先扼要地描繪香港開埠之初所面對的各項頭痛問題：其一，香港地位尚未完全確定，滿清與英國之間的關係仍然相當緊張，影響香港整體發展大局；其二，人口結構失衡，本地原居民很少，絕大多數為新移民，而且青壯男性佔絕大比例，女性人口比例極少；其三，治安惡劣，三山五嶽人馬混雜，治安不靖，犯罪率極高；其四，香港缺乏天然資源，貿易經濟不但未如理想，反而疲不能興，不少商行陷於長期虧損；其五，華洋社會普遍對殖民地政府施政十分不滿，常指斥其管理無方。

具體地說，鴉片戰爭中初嘗敗陣的滿清大臣琦善，與英國在華全權代表義律（Charles Elliot）簽訂《穿鼻草約》後，義律旋即於 1841 年 1 月 26 日命令英軍在與荷李活道只有一箭之遙的水坑口登陸，插上英國國旗「The Union Jack」（中文俗稱「米字旗」），並宣布佔領香港。隨後，慕利而來、背景複雜，並且各有所圖的洋人商賈及傳教士乃一湧而上，希望搶佔有利位置，設立據點，發展業務。

但是，義律不久便被英國政府解除職務，由砵甸乍（Henry Pottinger）接任；琦善亦被道光皇帝降罪，並抄其家產，由奕山頂

上。中英雙方旋即重燃戰火，香港地位仍處於懸而未決局面。接着的
戰爭中，滿清軍旅仍是不堪一擊，遠渡而來的英軍則勢如破竹般自南
向北直逼清廷核心。結果是清廷戰敗再次求和，並於 1842 年 8 月簽訂
了《南京條約》。條約經雙方更高層確認後於 1843 年 6 月正式生效。
就算是條約生效後，中英雙方關係仍相當緊張，未能立即恢復到正常
交往水平。由於開埠初期香港地位懸而未決，中英關係緊張，烽火未
熄，商業經濟等自然難有突出發展。

　　英軍佔據香港時，島上村民約有 6,000 人左右，不少更屬水上
人。[5] 開埠後，殖民地者、傳教士和洋商相繼湧至，然後是珠江三角洲
的不少華人，惟大部分據說是三教九流或社會邊緣人，諸如海盜、罪
犯、賭徒、三合會成員、走私者及無業遊民等，他們湧到香港旨在碰
運氣、求財致富，所以眼中只有錢，道德觀念尤其薄弱。

　　說得直白點，開埠初期的人口結構嚴重失衡，一方面是來港移民
眾多，當中男多女少，性別嚴重失衡。另一方面是人口的教育水平很
低，目不識丁者眾，品流更是複雜。就以人口數量為例，開埠十年後
的 1851 年，香港人口由原來的 5,690 人上升至 3.29 萬人，其中九成
半為華人，移民人口又屬總人口的絕大多數。在華人人口中，女性人
口約佔 24.6%，兒童人口則只佔 17.7%，[6] 可見人口結構失衡之嚴重。

　　人口質素欠佳直接引發治安嚴重問題。由於早期移民人口大多只
為求財發達，不求長期居留，因而令治安問題顯得極為嚴峻，不但集
體打鬥、無故殺人時有發生，偷竊、拐騙、搶劫更是接連不斷，連門
禁森嚴的港督寓所，據說亦曾在 1843 年 4 月 26 日晚上遭遇爆竊。

事件發生兩天後，同樣保安嚴密的顛地洋行（又名寶順洋行 Dent & Co.）、渣甸洋行（即現怡和洋行 Jardine, Matheson & Co.）和積斯比洋行（Gillespie & Co.），更在同一晚遭到盜竊。[7] 香港治安之惡劣，可見一斑。

正因當時治安差劣，自 1843 年起，殖民地政府便實行了宵禁政策，規定華人家庭的門前晚間必須掛上燈火，夜間九時後外出，必須手持照明工具（燈籠），並持有由僱主發出的「街紙」，否則會受檢控。[8] 另有一說尤其嚴重，指當時華人人口中，有多達四分之三的比例為三合會成員，[9] 比例之高，可謂十分誇張，而犯罪率佔整體人口比率之高，亦令人咋舌。[10]

英軍佔領香港後，隨即宣布為自由貿易港，亦拍賣土地，並投入一定資本於興建道路、碼頭與重要設施，因此吸引了不少基礎建設的石匠、三行工人、苦力、僕役及小販等到港，投入建設，帶來一定經濟活動。但畢竟香港缺乏天然資源，經濟實難以在一時三刻間發展起來；尤其當時的中英關係緊張，戰火仍在燃燒，轉口貿易無法邁出正常腳步。由是之故，香港開埠初期的大小商舖幾乎可以用門可羅雀來形容。經濟疲不能興，其中一些華洋商行的經營更出現長期虧損的情況。

由於政府稅收不理想，只能依靠大英帝國的撥款支撐，外資洋行亦未能謀取巨利，反而持續虧損，令他們既對英國政府當初攫取香港這個「荒山野嶺」舉動有微言，亦對殖民地政府未能刺激經濟、繁榮商業而感到不滿。華人社會雖然沒有大型反政府舉動，但卻人心虛

浮，不利社會安定。面對當時各種混亂不堪的政治、經濟及社會狀況，殖民地政府在施政上本已感到束手無策，加上華洋商賈的不滿，尤其有洋商返回英國告狀，殖民地政府在管治上尤其顯得有些進退失據。[11]

在其他殖民地上，英國政府最常用和最基本的統治手法，是政治吸納社會 —— 即是藉吸納社會精英進入政治體制的手法，消除社會上阻撓或不滿政府施政的壓力。作為殖民地統治者，除了吸納本國在港精英，亦不能完全不理會被統治地區人民的聲音，因而必會尋找當地社會賢達或精英，作為「政治同盟者」（political collaborators）。將這些「代表」吸納到立法議會中去，作為「政治花瓶」，象徵其「尊重當地民意」，從而鞏固其殖民統治（即後來的所謂「精英吸納」模式）的方法。[12]

當然，在那個品流複雜的社會，這種方法似乎較難發揮。學術界過去的說法，認為港英政府所面對的早期華人社會，不但有如一盤散沙，更沒法從中找到可信、可靠、有教養與學識的華人精英。就算勉強當作精英招安吸納，又會發現他們一般沒有社會威望，不被華人社會接納，欠缺認受性和代表性，[13] 因而只能採取觀望態度，任由各種各樣的社會問題惡化下去。只是在嚴重危害殖民統治的時刻，才採取直接介入的強硬手段，[14] 當然同時亦採取了不少「嚴格進行人口登記、夜禁，採取歧視華人的法律制度，對下層華人之觸犯法令者，施加監禁、鞭打及各種嚴苛不公之刑罰」的手段，[15] 惟成效不彰，所以問題一直未能根治。

本文探討的焦點，在於說明英國殖民地政府其實曾經作出政治吸納的嘗試，目標人物之一，很可能是一位極具爭議性的人物 —— 盧亞貴。他曾被滿清政府指為漢奸，又認為他曾充當海盜，但卻是香港開埠初期「居於華人社會與殖民地統治者之間最有權力的中間人」。[16] 文武廟的興建，推論應是用來塑造盧亞貴在華人社會中的領袖角色與形象，為政治吸納製造理由。惟這種打算或努力，最後因種種事件阻撓未竟成功，因而留下無數至今仍讓人無法解答的謎團。

二、荷李活道上的文武廟

屹立於荷李活道西端太平山地區的文武廟，無疑為香港島上保存至今歷史最悠久的中式建築之一，它與英國殖民統治香港後最先修築落成的主幹道 —— 荷李活道 —— 可謂互相輝映。名如其義，文武廟主要供奉了兩位神祇：文昌帝君和關聖帝君。「文」所代表的是文事，指的是功名官祿；武所代表的是武功，指的是誠信義氣和財富。由於「兩者的精神符合了中國人的傳統價值，所以深得華人的信奉」。[17]

資料顯示，英國對香港實行殖民統治伊始，除了義律發出的公告，出榜安民，強調「鄉約律例，率准仍舊」[18]，並將港島劃為「四環九約」，[19] 方便行政管理和發展，同時亦宣布各項措施，包括興建政府重要建築、軍事設施、道路、碼頭、貨倉、市場、醫院和學校等。連番舉動很自然地讓人覺得殖民地政府將會大力開發香港，機會無限。

雖然各項工程陸續展開，移民亦相繼湧入，但一如本文開首時提

及，發展速度與幅度明顯沒預期中快，商業環境亦波濤洶湧。其中的
主要原因，據說與香港殖民地地位仍存在不確性有關，因一方面清廷
威脅收回香港，英國亦不承認義律的做法，然後將他撤職，改派砵甸
乍，向華再動干戈，戰火重燃；另一方面當然是中英兩國仍處於戰時
狀態，關係緊張，因而難免影響投資，情況直至 1843 年《南京條約》
正式獲兩國確認為止。[20]

　　香港地位獲得確定後的建築工程應是相對加快了，其中在沿港島
海岸線修築由東至西主要道路幹線 —— 皇后大道及荷李活道 —— 的
重要項目，亦有不錯進展；長度相對較短的荷李活道，於 1844 年初全
線竣工，成為殖民地統治者連結華人社會的主幹線，因為荷李活道的
東端為警察總部、法院、監房和政府管治核心聚集地，而西端則是太
平山的華人生活集中地。荷李活道全線開通的同年，與開鑿該道路時
同時起步，而豎立於該路旁的戲院，亦同時落成，並於同年年底的 12
月開業，推出首場演出，令早期的香港社會與市面，增添不少熱鬧
氣氛。

　　人類社會的發展特質或基本發展模式是，當決定在一個地方扎根
發展時，除了興建必要設施、確立俗世社會制度，例如成立政府、通
過法律，以統管俗世事務外，同時必會招來神祇宗教，興建教堂或廟
宇，提供信仰或精神慰藉，並以之約束法律未能制約的行為。由是之
故，與英軍登陸水坑口時前後腳踏足香港島的傳教士，於 1843 年即已
在修築中的威靈頓街興建了一座木製小教堂，是為聖母無原罪天主教
聖堂的前身（1859 年被焚燬，後遷往現址堅道），然後又於 1845 年在

荷李活道上興建了愉寧堂（Union Church，現稱「佑寧堂」），讓信眾有了崇拜祈禱的地方。[21]

殖民統治下的華人社會，隨着人口的不斷上升，社會問題漸趨複雜，很自然地有了興建廟宇、供奉神祇，提供精神與信仰寄託，並藉以約束社會的需求。為此，一批當時華人社會上有頭面的人物，於 1846 年向殖民地政府提出要求，希望政府能在荷李活道旁的太平山區興建中式廟宇。由於此舉有助社會穩定，同時又可籠絡華人中的頭面人物，殖民地政府很快便答允，而那些牽頭創立廟宇的頭面人物又能籌得啟動資本，乃隨即展開了工程，並於一年時間內完成了廟宇建設，這便是 1847 年落成啟用的文武廟。[22]

相對於那個年代同樣矗立於荷李活道上的其他重要建築物，如別具氣派與特色的教堂與政府建築等，文武廟無疑並不突出。到了今天，在高樓大廈林立的比較下，儘管文武廟香火十分鼎盛，持久不絕，[23] 但仍不像其他廟宇或宗教建築般具讓人望而生畏的外表。

走進文武廟內，不難發現廟內蘊藏的珍寶。據不同的香港歷史愛好者所記述，最古老和最有價值的文物廟內的一個銅鐘和兩條大石柱被視為「鎮廟之寶」。銅鐘據說鑄於 1847 年，即文武廟建成後，並以「闔環眾信」的名義鑄造；[24] 兩條大石柱則稍晚一點，豎立於 1850 年，由一名信眾捐贈。[25] 兩者距今已有 170 年歷史，算是見證了香港歷史的變幻。

「山不在高，有仙則名」。雖然文武廟在建築或高度上不甚起眼，但在當時華人心目中卻十分有分量，地位超然。過去社會深信不疑的

一個說法，是由於此廟既具精神慰藉與信仰寄託的功能，同時又充當了作為公眾集會、調解糾紛、仲裁爭議和宣揚社會道德的重要平台。所以在早期社會，誰能成為文武廟的帶頭人，自然可以成為華人社會的領袖，不但享有較高的社會地位，在營商買賣時更被視為有實力的保證。就連殖民地政府亦會對之刮目相看，認為乃華人社會的精英賢達，屬於應該籠絡吸納的對象。

更為重要的是，由於當時的華人社會仍抱着「生不入官門，死不入地獄」的觀念，加上要進入殖民地政府的官門實在並不容易，不但語言不通、習俗制度有別，投訴申冤的花費更是高不可攀。所以每當遇到商業或民事糾紛，總是選擇依賴民間社會自行協商解決的機制。有些協議或承諾，為了增加信守與落實的決心和力量，亦會舉行某些傳統或半宗教儀式，文武廟結合了社會力量與宗教力量，因此發揮了很好的仲裁、調停或監督功能，因而備受當時華人社會的重視。殖民地政府對於這種可以自己解決問題，無須其插手的機制，當然樂觀其成。至於每逢時節或重要事件的祭祀，則必然有社會賢達及公眾領袖帶頭上香、率眾參拜，祈求保境安民。

在那個社會制度尚未完全建立的年代，調停紛爭最慣常的做法，是捲入糾紛的各方共同尋求社會賢達主持公道、從中調停；而有時候社會賢達會在個人威望亦未能令各方信服時，祭出文武廟的神祇應對。具體地說，當遇審問、裁決，甚至是同意調解後具體執行時，大多會在文武廟舉行莊嚴儀式。其中一個常被引述的環節，就是帶有江湖味道的「斬雞頭，燒黃紙」[26]，讓涉事者當眾立誓，表明清白也好、

四方街上望樓梯街，約 1920 年。中間為文武廟義學，
設於 1880 年。
（圖片提供：鄭寶鴻）

以示決心也好，總之是以神靈之力，約束各方行為，從而解決問題。這種傳統讓文武在樹立調解者或主持公道者的公眾領袖角色之餘，亦鞏固了其社會地位。

在人浮於事的年代，大多數移民冒險到港只為「搵快錢」，基本上沒有留下來長期生活的念頭，為何卻有華人想到在太平山這個華人社會核心位置，投入不少的人力財力興建廟宇，作較長遠打算？供奉的神祇，為何並非如不少沿海漁村或農村般的媽祖、天后、土地；或是如城市守護者的城隍；甚至是一般情況的觀音、元天上帝或佛教寺廟等保境安民類別？例如與香港一海相隔的澳門，便供奉了媽祖（媽閣廟）、觀音（觀音堂）和哪吒（哪吒廟）；香港鄉郊的沙田有車公廟、灣仔的洪姓爺廟和九龍東的黃大仙祠等，都是祈求國泰民安的神祇。為何單單太平山區選擇了供奉既強調功名官祿，又講求義氣發財的文昌帝與關聖帝，祈求既富且貴、文武兼得？

事實上，據廖麗暉引述香港歷史愛好者許舒（James Hayes）的研究，[27] 香港開埠時，島上居民已建有最少十座廟宇，而早年殖民地官員在考察香港本地神祇情況後的記述則顯示，那些廟宇應與漁業與海上生活有關，並列舉了三個例子作出說明：鴨脷洲的洪聖廟、赤柱的天后廟和銅鑼灣的天后廟。由於香港開埠前以漁業為主，四面環海，居民崇拜與海洋有關的神祇，既反映日常生活所需，亦說明其對海洋與風浪的信仰敬畏。

但是，由於文武廟的神祇與香港作為漁村的傳統地位有別，深入了解其背後的動機或原因乃顯得十分有必要，亦有助加深我們對早

期香港社會發展狀況的了解。若果我們細查文武廟的歷史，則不難發現，相關的歷史與演變頗為眾說紛紜，但基本上可歸納出如下數端：一、文廟及武廟各自獨立存在的歷史雖然悠久，但文武二神並置一廟的討論，則始於唐朝，然而結果是信眾大多重文輕武，難以得到平等對待，所以未見落實。二、文、武兩位神祇同置一廟共同受到供奉的情況，到明末清初才見興起，南方看來較多，但仍並不普遍。三、文、武兩位神祇到底何方神聖，前後說法不一，且曾出現變化。[28]

進一步的考據資料還顯示，有關何謂「文」、何謂「武」的兩位神祇，基本上有兩個說法：其一是文廟所供奉的是孔子（後世尊稱文宣王，有文宣王廟，簡稱文廟或孔廟），武廟所供奉的是姜太公（後世尊稱武成王，有武成王廟，簡稱武廟或太公廟）。戰國以後，由於文、武分途發展，官制和教育（科舉）各趨兩端，而對文武兩位神祇的供奉，亦各有廟宇。唐朝時，玄宗、德宗朝曾討論文武合置一廟，共同供奉的問題，但未能落實。[29]

另一說法的文帝本指文昌帝君（來自文昌星，主管祿位），而武帝則指關聖帝君（主管財帛）。文昌帝君在唐朝時又與四川民間崇拜的神祇梓潼帝君（原名叫張蠶子）混為一談，並指梓潼帝君曾在唐代時因保佑一位名叫孫樵的考生榮登進士而流行起來，受到讀書人崇拜。宋代則「流傳梓潼夢的傳說，認為得梓潼神托夢，可以預知科舉勝算」，令拜祀梓潼帝君之風大盛，尤受追求功名的士子，以及那些望子成龍、祈求子孫金榜題名家長的歡迎，所以自南宋起「梓潼逐漸定型為科舉之神」。[30]

1857 年文武廟圖
（圖片提供：高添強）

　　關羽由古人變為神祇的故事，據說始於梁朝「關羽顯靈的傳說」，
到唐朝時有「關羽為護法伽藍神，傳法二十餘」之說，到南宋時更「將
關羽成為道教神祇 …… 加封武安王，立祠祭祀」，再之後的明朝，又
加封為「三界伏魔大帝神威遠鎮天尊關聖帝君」。接著的滿清開國後，
關羽更獲封為「忠義神武大帝」，所以在清朝時更出現了「關帝信仰
遍至各階層，帝王崇拜關帝，民間教派敬祀關帝，商人、武官也信奉
關帝」的情況。[31]

　　按此推論，到了明末清初，以忠義為標榜的關羽，取代了姜太
公，成為武廟神祇；文廟中的神祇則改為文昌帝或梓潼帝君，取代了
孔子。後者的其中一個說法，是有功名者才可拜孔子，未得功名且祈
求文運亨通者，只能拜文昌帝，所以文昌帝在民間更廣為流行。但問
題是，文、武二神還是各受香火，甚少同置一廟，共同受到供奉。

　　在〈華人廟宇與殖民地的香港華人社會 ── 以上環文武廟為研究
個案〉一文中，廖麗暉[32] 曾就「文武合祀」一事作出初步探討，但所
引述的劉海燕[33] 與宗力、劉群[34] 等人的說法，仍未真正回答兩位神祇
為何會同置一廟的問題，所提到的觀點，只指中國文化一直有文武同
受社會重視，而兩者合在一起，又可產生更大效力等觀點，惟這樣的
討論既乏根據支持，又讓人有穿鑿附會之感，基本上還是沒回答為何
文、武兩位神祇會走在一起，被放到同一廟內供奉的問題。

　　反而科大衛、陸鴻基、吳倫霓霞在《香港碑銘彙編》中曾粗略提
及，由於清代不但有文科舉的考試，還有武科舉的考試。於是便有人
把文昌帝與關聖帝合祀，讓所有追求功名者 ── 文科或武科 ── 有

「一站式服務」，便利信眾祈求作福，並給予保佑，因而便有了文武廟的興起。[35] 以此觀之，設立文武廟的主要作用，是讓那些有心追求功名者，獲得神靈保佑，如願以償。

　　法國社會學巨匠涂爾幹（Emile Durkheim）曾經指出，人類崇拜具神聖地位的圖騰或宗教，其實是崇拜他們自己的社會；或者說對宗教的信仰，實質是折射了自己追求的價值與理想。[36] 沿着這個角度思考，帶頭創立這家廟宇的人物，必然有其特殊背景、價值觀念與人生追求，而這家廟宇在創立之初地位吃重，香火鼎盛，必然切合當時社會的需要，其後雖然香火仍盛，但社會地位急降，則反映了社會環境的巨大變遷。正因如此，要更好地了解香港開埠初期的社會狀況和特質，實應先了解牽頭創立文武廟的人物。

三、暴發速亡充滿神秘的盧亞貴

　　毫無疑問，文武廟之所以能夠在眾多傳統神祇中突圍而出，在香港開埠不久即可頗具規模地興建於太平山這個華人社區核心位置，尤其是屹立於荷李活道這條通往殖民地統治核心的道路上，當然不能沒有兩位牽頭人物 —— 盧亞貴和譚亞財 —— 的功勞，兩人不但出錢出力，還因能與殖民地官員有效溝通而水到渠成。其中的盧亞貴，據說與殖民地官員有不能見光的關係，民族意識薄弱，甚至被滿清政府指斥為漢奸。他曾在鴉片戰爭中私通洋人，因而讓不少人不齒。至於更讓人印象深刻的，還有他崛起至敗亡的過程既急速又神秘，長期被視

為香港開埠初期渾沌格局中，典型「三更窮五更富」、性格複雜曖昧的代表人物，因而特別吸引了我們的研究視線，並成為本文深入探討的焦點。

有關盧亞貴的出身、暴發和迅速敗亡的紀錄不多，僅有的一些資料亦十分零碎，很不全面，當中有部分更是前後不一、相互矛盾。[37] 綜合不同資料顯示，在香港開埠之初叱吒一時的風雲人物盧亞貴，又名盧亞景，別名、渾號不少。他曾居於廣州黃埔，但原屬番禺縣的蜑家人，乃傳統主流社會排斥的社會最低層 ——「賤民」，並因這種身份與背景，為謀生計不惜淪為海盜，經常出沒於珠江口。後來與遠渡而來的英國人有了接觸，「曾做過英商船買辦」[38]。

由於敢拼敢衝，又甚精明幹練，盧亞貴不但成為了海盜中的領袖，亦家財日厚，所以在珠江口一帶甚具影響力。1839 年爆發鴉片戰爭而清兵被初步擊潰後，琦善雖與義律簽訂了《穿鼻草約》，答允割讓香港，導致了英軍於 1841 年 1 月 26 日登陸香港島事件。但當時的戰局其實尚未完全確定，道光皇帝在革去琦善職位的同時，決定對英開戰。走馬上任的奕山乃作出各項備戰籌劃，其中一項便是為了防止盧亞貴與英人勾結而向他招安。清廷不但答允不追究他過去曾當海盜的罪名，還賜予六品官職的銜頭；盧亞貴亦一度接納條件，決定金盆洗手，且表示會落腳廣州。[39]

更為重要的是，盧亞貴後來答應為朝廷出力，到香港收集英軍情報，然後配合清廷軍事行動伺機起事。但是，當盧亞貴到了香港後，據說反為英軍的重金厚利所收買。原因是盧亞貴乃海盜頭目，擁有不

少具實力的堂號（如聯義堂和忠心堂），所以仍有號召江湖的力量。
英軍則看重此點，收買他並利用其江湖地位和人脈關係，突破清軍
「海禁」限制，為英軍提供諸如食水、食物及生活物資等補給。盧亞貴
在衡量六品官職與重金厚利之後，選擇了後者，站在英軍一方打擊滿
清。奕山等大臣在上奏朝廷的文件中，則這樣介紹與盧亞貴的轇轕：

> 香港漢奸，其著名頭目，盧亞景即盧景，又有鄧亞蘇……
> 等，為之勾引煽惑，立有聯義堂、忠心堂各名目，均在香港，約
> 計十餘處，曾經奴才等於上年（1841）招回石玉勝、黎進福等
> 一千餘人，妥為安置，奏明在案。因盧亞景一名，尤為首惡，設
> 法招致，當即密派眼線，給以翎頂。盧亞景旋亦允許，願為內
> 應，相機舉事。此逆夷占據香港，漢奸各立名目之情形也。[40]

即是說，在「翎頂」的招安下，盧亞貴不但答應「從良」，甚至
願意到香港「為內應，相機舉事」，但最終卻是清朝官員反為中了他
「外託於歸命投誠，內姿其懷欺挾詐」的奸計，受其所「勾引煽惑」，
令盧亞貴可糾集數十隻漢奸船駛入鄉村運貨，補充了英人的軍需。滿
清官員在奏折中這樣補充說：

> 廣東漢奸，所在多有，而外託於歸命投誠，內姿其懷欺挾
> 詐。曾給翎頂者，惟盧景尤為首惡，其人熟習夷語，來往自如，
> 包庇漢奸船數十隻，礮械俱全，替夷運貨，而且駛入鄉村，搶劫

擄掠，無所不至。其餘漢奸船隻，自立堂名，如聯義堂、忠心堂
之類，不一而足。[41]

　　歷史的結果是：道光皇帝雖然決心與英軍一戰，但清兵還是不堪
一擊，英軍大舉獲勝，然後有了 1842 年 8 月簽訂了《南京條約》，正
式割讓香港為英國殖民地的重大事件。經此一役，盧亞貴自然在港英
殖民地政府面前立下大功，但在滿清政府面前則犯下大罪，所以他不
敢再返回大陸，只能落戶香港。殖民地政府看來亦很「識做」，在佔
領香港後「論功行償」，不但贈予他多塊地皮，還給予鴉片專利權，
令他成為香港開埠時的華人富豪。

　　即是說，與其他不少華人移民不同，由於盧亞貴基本上已沒有重
返故鄉的念頭，香港自然成為其長期發展的地方。正如史學家施其樂
（Carl Smith）所言，香港開埠之初有部分華人購入土地物業的舉動，
其實是視港為家，扎根下來的重要象徵。[42]

　　事實上，不同層面的研究均顯示，最能說明早期移民有否在港長
遠打算的指標，是他們的投資決定：若果只是著眼於短期投資，那必
然並非心存久留；若有購買物業地皮，甚至建屋起樓之類的，則必有
長期發展之想。[43] 盧亞貴在香港開埠之初，即購入多塊地皮 —— 那時
的香港不但地位未定、前景未明，貿易及經濟亦未見興旺，反映他實
在十分清楚自己沒有返回故里的退路，只能留在香港。

　　綜合各方論述，盧亞貴在香港開埠初期的發展，可謂風生水起，
指點江山。[44] 不只因曾為英人立下犬馬之功，得到好處，而是他還與

香港開埠初期大貪官威廉堅（William Caine）關係緊密之故。[45] 其中一些說法，他一方面獲殖民地贈予中環下市場的多塊地皮，另一方面則於 1844 年獲批以月租 200 元的價錢經營及興建太平山市場。[46] 更為重要的是，他曾任威廉堅的代理，代表他在中環街市一帶向華人商戶索取賄賂，用今天的話便是「收黑錢」（收保護費）。[47] 與威廉堅的關係，更令他可於 1845 年獲得鴉片專利權，經營那種當時被認為本小利大的鴉片生意。

之後，他還針對當時社會狀況，開辦了妓院和賭館，顯示他在香港立足後，黃（妓院）、賭（賭館）、毒（鴉片）、黑（收黑錢）四方並進，撈得風生水起，令個人財富不斷增加。難怪渣甸洋行大班麥地臣（Alexander Matheson）曾指他：「有如高地首領（Highland chief）般時刻有大批手下跟隨，他們的關係緊密得有如一人，行動極為一致。」[48] 言下之意是盧亞貴有如幫派領袖，其社團極有組織，甚至帶有紀律部隊的服從性。

據日後成為香港主教的施美夫（George Smith）於 1844 年親身與盧亞貴接觸後的記述，那時的盧亞貴在中環區已擁有 50 間房屋了，應是當時香港最有錢的華人，基本上可以依靠物業收租過奢華生活。施美夫指出，盧亞貴剛獲得了鴉片專利權，並確認盧亞貴曾在鴉片戰爭期間為英軍提供物資補給，所以曾向施美夫表示他不敢返回故鄉，怕被清廷算賬。除此之外，施美夫還提到，當時見到盧亞貴有兩名妻妾陪同，她們均衣著光鮮。[49]

到了 1846 年，盧亞貴的生意再有新發展，主要是興建了亞貴戲

院，進軍娛樂事業。同年，威廉堅遭人舉報，指斥他縱容盧亞貴貪污受賄，甚至誣良為盜，令他和盧亞貴一度低調下來。[50] 翌年初，盧亞貴作出一個引起華洋社會高度注視的重要舉動：宣布與另一華商巨富譚亞財牽頭在太平山區興建文武廟，作為華人社會慎終追遠、祭祀神明、仲裁糾紛，乃至華人社會聚眾論事的場所，其倡議更迅速獲殖民地政府首肯，然後展開工程，廟宇不久即屹立於荷李活道上。

在這個輸財出力的過程中，盧亞貴由過去的漢奸、海盜、江湖人物，甚至黑社會頭目，搖身一變成為社會領袖與賢達，既建立了個人名望與威信，亦塑造了社會中的領導地位。據估計，在那個時候，盧亞貴名下擁有的店舖及樓房多達百多間，[51] 較 1844 年增加了接近一倍。加上生意層面亦有了不少擴展，其身家財富乃急速膨脹，成為遊走於華人社會與殖民地政府之間最有力量的中間人。[52]

然而，到了翌年的 1848 年，當英國政府宣佈減少對香港殖民地政府財政撥款，令當時已經十分低迷的香港經濟雪上加霜，各項政府撥款的公共工程被迫停工，就連政府職員亦要打折支薪之時，盧亞貴則聯同其他 27 名華人大地主，上書殖民地政府，抗議過高地租，要求寬免。值得一提的是，在那 27 名華人大地主中，竟然有五分之一來自盧氏家族，其名字包括盧景、盧薀、盧寬、盧成及盧昭（最後兩位可能是盧亞貴的兒子），可見那時的盧亞貴家族，確實富甲一方。[53]

1851 年，文武廟擴建，盧亞貴仍有捐款。[54] 但是，同年 12 月 28 日，盧亞貴根據地的下市場發生大火，燒燬近 500 間民居與商舖。此災難相信亦令盧亞貴家族蒙受不少損失。下市場火災之後展開重

建工作，在盧氏家族地皮最集中的地方開闢街道，仿效殖民地政府的方法，以盧亞貴的名字為其中一條街道命名。當時稱為「亞貴里」（Aqui's Lane，即現貴華里）。可見盧亞貴家族的財富與勢力在當時社會而言，確實相當龐大。[55]

接着的 1852 年，倫敦傳道會（London Missionary Society）的醫務傳教士賀旭柏醫生（Dr. Henry J. Hirschberg）找盧亞貴捐款，計劃興建醫院，他還能慷慨地捐了 50 元以表支持，顯示他仍有財有力。可是，到了 1855 年，他卻突然宣布破產。原因是他曾為一位遺產管理人（此管理人負責管理一位名叫「Chinam」華商的遺產）作擔保，[56] 但那位遺產管理人卻濫用了遺產中的物業，盧亞貴必須承擔那位遺產管理人所欠下的損失。由於預見了必須承擔那位遺產管理人留下的債務，盧亞貴據說事先已把不少名下物業轉給兒子與親屬，減少個人損失，而他在宣布破產後則變得低調，不再在公開場合出現。[57]

但是，據蔡榮芳[58]記述，盧亞貴在 1858 年還為福隆鴉片行的吳翼雲（又名吳振揚）做擔保人，顯示他最後露面日期應在 1858 年，而非 1855 年。即是說，起碼在 1858 年之前，盧亞貴尚未失勢，或完全淡出。惟在 1858 年之後，便再沒其音訊了，儘管據施其樂[59]進一步記述，盧亞貴其中一個兒子盧昭，在 1870 年代成為沙宣洋行（Sassoon Sons & Co.）的買辦，另一個兒子盧錦俊則在 1872 年擔任東華醫院（即東華三院前身）的秘書。

曾經叱吒一時，在開埠初期呼風喚雨、富甲一方，被滿清政府視為眼中釘與大漢奸的盧亞貴，在 1850 年代末，卻又像謎一般敗亡滑

落，然後消聲匿跡。家族後人似乎未如他般可以叱吒風雲，盧氏盛極一時的局面，就如沙灘上的腳印般，在大浪沖刷過後了無痕跡。

四、渾沌社會的複雜時代人物與特殊管治手段

割裂地單從文武廟與盧亞貴各自的經歷和發展而言，我們明顯未必能夠察覺當中的連結與因果關係，亦難以了解殖民地政府對兩者間的互動、拉扯和影響。但是，若果我們結合兩者一起分析，則不難察覺當中的重要籌劃與打算，尤其有助探討殖民地政府對當時管治狀況的評估、思考與部署，有助揭示早期殖民地政府的管治哲學與施政理念。

扼要地說，在香港開埠初期的渾沌時代，殖民地政府基於現實考慮，頒佈了「鄉約律例，率准仍舊」、日後被稱為「二元化法制」的司法制度。[60] 不但如此，還在華人社區實施了「保甲制」，實行讓華人自我管治的「以華制華」安排。[61] 之後很可能亦思考如何以「精英吸納」的手法，吸納華人社會中有實力的領袖，為甚所用，藉以強化殖民管治。

可以想像的是，由於當時社會百孔千瘡，充滿變數，華人社會又三山五嶽、龍蛇混雜，罪案頻生，要實行直接管治極為困難。環境使然，促使一心只想賺錢發財的大小洋商與殖民地政府意識到，最好不要觸碰華人社會內部管治這個燙手山芋。寧可從現實主義出發，不參與其中。或者說基於實效，在華人社會中尋找代理人物，再藉其力量

「治」理華人社會，從而減少社會壓力，免添煩添亂。至於代理人物的
背景與名聲如何，是否根正苗紅，出身正派，皆非計算之列。

從多個層面上看，盧亞貴應是香港開埠初期殖民地政府一度想政
治吸納的對象。原因有如下四端：一、曾在鴉片戰爭中協助英國攫取
香港，立下功勞，且已與清政府反目，沒有退路，具有一定可信度；
二、乃當時社會中極少數「熟習夷語」的華人，[62] 可直接與英人溝通；
三、與殖民地官員如威廉堅關係密切，並有深厚私交；四、有江湖地
位，起碼可以擺平黑勢力，遏止治安不靖的亂局。

但是，由於盧亞貴背景複雜，發跡過程極具爭議，又與滿清朝廷
水火不容，他同時亦有如下四個缺點：一、有海盜及黑社會背景；二、
生意屬黃、賭、毒、黑等偏門類別；三、與清廷官員有「牙齒印」，
重用他可能招來清廷的不滿；四、個人形象不良，江湖味太重太濃。
如此種種，顯示若然要吸納盧亞貴進入殖民地管治核心，容易引人話
柄，遇到阻力。

在那個價值觀念扭曲的年代，首兩個缺點實在不是太大問題，因
為殖民地政府可以特殊手段應對特殊問題，惟對於第三及第四點，則
相信難以自圓其說，必須拿出一些具體應對方法。據《華友西報》(*The
Friend of China*) 報道，在 1840 年代，盧亞貴曾花巨額金錢賄賂滿清
重臣耆英，獲朝廷赦免他過去的罪過，並得到一個銜頭；[63] 而威廉堅
在寫給殖民地部的信函中則表示，盧亞貴曾以金錢向滿清政府換得一
個小官，[64] 藉以化解清廷對其家人的騷擾。[65] 到了 1840 年代中下葉，
在「有錢能使鬼推磨」的年代，盧亞貴已運用手上金銀成功化解了與

滿清朝廷的「恩怨」，雖然他本人仍不敢踏足中華大地。[66]

到了 1846 年，當威廉堅獲擢升為輔政司後，便開始促使盧亞貴要進一步思考如何改善形象、提升社會地位，從而讓自己有更大機會獲得吸納的問題。至於具體的行動，則是 1846 年率頭捐建文武廟，選址則在於他的根據地 ── 太平山區，藉以消除不良形象，彌補第四點缺陷，以樹立個人社會賢達與善長仁翁的形象，爭取更多社會階層上流的機會。

問題是：為何曾當海盜，又屬水上人的盧亞貴，當時會想到創立文武廟，而非如不少水上人般信奉或崇拜馬祖、天后，或是興建城隍廟或觀音廟之類的神祇？多重原因相信乃考慮之關鍵：

其一，盧亞貴其實在鴉片戰爭期間曾獲滿清政府授予六品官銜，就算在 1840 年代中，亦據說曾獲朝廷再授予官職，這種身分與地位在那個帝制年代，尤其對於本來乃社會「賤民」的盧亞貴而言，肯定留下了不能磨滅的重要印記。到他有了錢之後，相信尤會「念念不忘」，亦折射或反映他在這方面應該仍有追求，希望更上層樓。

其二，盧亞貴雖出身海盜，但同時又有聯義堂和忠心堂等帶有三合會色彩的堂口，一生亦在刀口上求發財、討生活，所以應對關羽這位既強調忠肝義膽、又可帶來滾滾財運的神祇並不陌生，甚至有可能早已時常拜祀，既祈求好運，亦相信以此約束或要求手下要如關帝般有忠肝義膽的素質。

其三，這樣的一種神祇，較切合殖民地政府的脾胃與現實需要，因為當時社會治安惡劣，人心虛浮，欠缺教化，無法維持社會長治久

安，所以希望一方面藉文昌帝激勵民眾對功名利祿的追求，而另方面則希望藉關聖帝震懾黑白社會，應該忠肝義膽，不應作奸犯科，破壞社會治安。

其四、殖民地統治者應該對於滿清朝廷利用文科、武科兩項科舉制度，以吸納社會精英，從而強化管治的方法十分認同，亦覺得其做法對穩定社會發揮重大作用，因而很自然地會希望文武廟的興建，可以籠絡或教化華人，從而促進社會穩定。

正因文武廟具有以上內容與含意，算是照顧了各方利益與關注，加上盧亞貴與威廉堅等殖民地官員的關係，建議自然得到政府支持，令興建文武廟的工作可以很快完成，然後在 1847 年落成揭幕，令文武廟可屹立於太平山華人高度集中的荷李活道上，供人崇拜供奉。至於盧亞貴自然因為乃牽頭人，又曾捐出巨資的關係，成為該廟的管理人，一躍而成社會賢達與領袖，擁有主持公道、調停糾紛的「軟實力」，文武廟因而「成為華人社會在殖民地的政治中心」。[67]

事實上，盧亞貴的確曾於不同時期，在文武廟舉辦了不少調停糾紛、宣揚道德與酬神祭祀等活動。其中值得一提的是，據林友蘭[68]記述，威廉堅出任「警察裁判司」（Police Magistrate，即集警政和司法權於一身）期間，被判罪成的華人，會「披枷帶鎖，遊刑示眾」。其中一個途經的地方，是「太平山區附近一間古廟前的空地（原註：即今日荷李活道文武廟）……帶枷示眾。」在時序上，林友蘭的說法與文武廟的創立雖有些出入，但基本上則揭示了威廉堅一心想利用文武廟約束華人社會的意圖，盧亞貴則顯然配合了這些行動或政策。

可是，由於長期行走江湖，個性桀驁不馴，甚至可說未脫匪性，加上那種只知拼搏冒險，又總是不擇手段的性格，盧亞貴似乎又非完全聽從威廉堅，或是全面配合政府政策，有些時期或會陽奉陰違。例如他於 1848 年聯合全港華商地主，上書港府，要求寬減地租，便帶有不給威廉堅面子的色彩，令其尷尬。其次，盧亞貴在經商或是為威廉堅收取保護費時，表現得很是兇狠，不留情面，[69] 令不少民眾聞名生畏。相信此舉已令一人之下、萬人之上的威廉堅感到尷尬，或是產生一定壓力，要與之保持關係，劃清界線，因而減低了盧亞貴獲得吸納的機會。

更為重要的是，據文基賢（Christopher Munn）的分析，1850 年代中期，當寶靈（John Bowring）擔任港督時，確實曾經考慮吸納那些在香港擁有物業地產的文武廟領袖，進入立法局（即現時的立法會），藉以提升管治，盧亞貴作為被吸納的其中一個重大目標，可謂呼之欲出。可惜，這一別具特殊時代意義的構思，卻因遭到殖民地部反對，加上不久揭露不少盧亞貴與威廉堅的醜聞，招來洋商強烈抗議。各方力量害怕盧亞貴被吸納後，勢力更加壯大，乃在明在暗間作出攻擊，最後令構思胎死腹中。反映盧亞貴及威廉堅平時樹敵太多，斷送了大好前程。[70]

盧亞貴計劃更上層樓的如意算盤雖打不響，但此舉卻清楚地讓人看到，那時的殖民地政府，在施政或管治上的考慮，總是從現實環境與利益出發，缺乏是非對錯觀念。由於日後不少學術研究的目光，基本上落到盧亞貴隨後兵敗如山倒般在社會上消失的事跡上，對於當時

殖民地政府的管治哲學和施政原則，乃至興建文武廟背後的因由等則少有觸及，所以乃令問題如謎一般懸而未解。

五、暴發速亡核心因素的思考

進一步資料顯示，1851 年盧亞貴家族主要的生意與物業所在地中環下市場發生大型火災，明顯給盧亞貴帶來巨大打擊，損失不少。接着，他又先後失去了盈利極豐厚的兩大生意：其一是鴉片專利生意，其二是太平山市場的管理權。兩者相繼落入洋商都爹利洋行（Duddell & Co.）及渣甸洋行（Jardine, Matheson & Co.）手中。[71] 至於更為關鍵的，則是前文提及，他曾因充當陳濟南遺產管理人的擔保人，在管理人欠下巨債未能履行債務後，被迫承擔而宣布破產。[72]

由於盧亞貴乃江湖人物，又具一定社會地位和強勁政商人脈關係，若他本身不是出現問題，犯了嚴重錯誤，單單因為代人擔保一事而「債務上身」，在那個「發誓當吃生菜」、重利輕義且道德價值扭曲的年代，很難想像他會毫無條件地承擔債務。當然，我們同意，以盧亞貴愛冒險、敢拼搏的性格，就算是已經富甲一方，在社會上可以呼風喚雨，他最終仍會在投資策略上採取一如過往的「不是發財、就是破產」策略。[73]

事實上，盧亞貴具有視財如命，對任何可以賺大錢的機會也抓緊不放的性格。由於他不諳風險管理，雖然買對注碼可迅速致富，贏來巨大利潤；但當押錯注時，則會產生全軍盡墨的連鎖反應。至於他擔

保陳濟南導致破產一事，可能只是壓垮駱駝的最後一根稻草。那事件之後，盧亞貴個人及其家族名望迅速下滑，更在香港社會中消聲匿跡。

若進一步分析則不難發現，令他兵敗如山倒的致命因素，相信是他與威廉堅的關係發生變化，尤其是威廉堅決定退休返回英國老家一事。自出任輔政司後，威廉堅為了避免招人話柄，很可能減少了與盧亞貴的往來，因為《華友西報》的主編其實一直對於威廉堅的貪贓受賄窮追猛打、鍥而不捨，這樣難免影響了盧亞貴在方方面面的發展。[74]

對盧亞貴衝擊最大的，則相信是 1859 年 9 月初羅便臣（H. G. R. Robinson）接替寶靈成為第五任港督。由於羅便臣年輕有為，銳意整頓香港吏治，影響了香港管治氣氛。與此同時，威廉堅則於同年 9 月底宣布退休返英。這些重大政治變化，明顯既令盧亞貴頓失靠山，亦令他必須面對全新的政治挑戰，促使他不得不乘時而退。[75] 事實上，那時的盧亞貴相信亦已年紀不輕了。

所謂「時勢造英雄」。只屬一介草莽，又缺乏基本民族氣節的盧亞貴，當然不是甚麼英雄。若不是那個渾混時代，他絕無可能會得到清廷頒下六品官銜，日後更不可能搖身一變成為巨富與社會賢達，既令殖民地政府不敢小覷，亦在華人社會中可以左右橫行。至於無論是他本人或家族，甚至是文武廟，自威廉堅離去後，逐漸因失去後台而淡出社會，失去影響力。以文武廟為例，在 1860 年代前，地位極為吃重，但自威廉堅離任後，即明顯失去了昔日的光輝，不久更被新崛起華商階層另起爐灶的東華醫院及保良局所取代。這兩家新機構

及牽頭人，代表了華人社會一股新力量，整體面貌與盧亞貴時代明顯不同。

自 1839 年爆發鴉片戰爭始，盧亞貴因敢於鋌而走險而冒起，到 1859 年威廉堅離任而無聲無色淡出。在這 20 年間，他之所以能夠翻雲覆雨、兩面通吃，說到底是他背後有一位行伍出身，與黑白兩道、三山五嶽人物長期打交道的威廉堅為他撐腰，而威廉堅更是香港開埠接近 20 年間的「造王者」（king-maker），一直抓緊實權。那些如走馬燈般輪替到任的港督，反而沒有像他那般在社會上擁有無孔不入的影響力。[76]

由於威廉堅本人具有如盧亞貴般複雜曖昧的性格，尤其是厚實利、寡廉恥方面，所以在施政或管治上，總是流露了有強權、沒公理，重利益、輕對錯的道德價值扭曲問題。具體地說，無論在考慮問題、推出政策，乃至於挑選人才以配合政府施政等方面，他總是從現實的個人利益出發，不執着於公平正義、是非對錯，以及是否符合道德。實施這種手法的理由，相信是他覺得當時治安不靖，所以必須實施重典，甚至起用如盧亞貴那般的江湖人物。他認為這樣可以更有效地應對那個渾沌狀態，其施政思想可說帶有濃烈的「馬上得天下，但仍馬上治之」色彩，一點沒有想到如何落實善治的問題。

事實上，威廉堅不只重用盧亞貴，還與不少聲名狼藉的官員為伍，沆瀣一氣，莊士敦（A.R. Johnston）和必烈者士（William T. Bridges）都是例子；他亦起用多名與他一樣經常捲入連串貪污指控的

殖民地官員或江湖人物，當中黃墨洲及高和爾（Daniel R. Caldwell）據說便與他私交甚篤。這些人大多與他一樣，曾被傳媒或社會多番批評指摘，並牽涉貪贓枉法、以權謀私等問題。惟威廉堅仍我行我素，不但重用或保護他們，還利用各種手段令自己置身事外，最後光榮退休。[77]

所謂「上樑不正下樑歪」，威廉堅成為香港「話事人」時期的施政原則，呈現了一面倒只講利益、不問對錯的風氣。普羅民眾乃至社會精英看在眼中，自然上行下效，製造了重利輕義、寡廉鮮恥與不問是非對錯的氛圍。同時間，這又會吸引同類人士湧到，令正當人家或有識之士聞港色變，不敢移居。[78] 香港在開埠之初的 20 年間，處於一種道德淪喪、治安不靖的混沌雜亂狀態，甚至彌漫著為求生存可以不擇手段、不問曲折對錯的意識。社會學者稱之為「暴發戶社會」（parvenu society）[79]。

雖然這種社會狀態有其現實的問題，包括時值殖民地草創，各種新制度及新價值尚未完全建立，但舊制度及舊價值卻遭到顛覆等；可是殖民地統治政府長期不作糾正，反而默許縱容，甚至自身亦不講公平正義、是非曲直，強調森林規則的弱肉強食與眼前利益，將傳統價值與道德按自身需求作出扭曲。以上種種貪贓枉法、以權謀私、其身不正的行為，實在應被嚴厲批評，更須為此局面承擔最大責任。

結語

概括而言，由於開埠之初的香港處於「暴發戶社會」的渾沌狀態，森林規則的適者生存成為主導，所以海盜出身、屬江湖人物，又處於傳統社會邊沿位置的盧亞貴，才可如魚得水般撈得風生水起，尤其能在押中注碼時暴發起來。致富之後的盧亞貴，亦曾如不少富人般慷慨捐輸，大做慈善，雖然目標可能另有所圖。可惜，其愛冒險、好投機，忽略風險的本性，則將他推向了暴升急跌、大起大落的浪尖。另外亦因他樹敵太多，招來各方或明或暗攻擊之故，在偶一不慎中走向敗亡。對於盧亞貴的個性與經歷，蔡榮芳如下一段評論，則可作為其性格或精神面貌的一個註腳。他這樣寫道：

> 像他這樣冒著風險由貧賤而致富的人，具有複雜曖昧危險的性格……另一方面，為了社會公益，為了救濟貧困，他又時常慷慨解囊，因此也令人尊敬。能夠令人感到既畏懼又尊敬，這是當時港島粗暴社會精英所具有的品格。[80]

作為「暴發戶社會」的代表性人物，盧亞貴的特殊經歷，既讓我們看到在那個特殊的時代，敢於鋌而走險或是「撈偏門」起家的人，若果懂得經營包裝，做些慈善救濟，甚至可以獲得港英政府的垂青，搖身一變成為社會賢達，叱吒一時。但另一面又揭示了那時的殖民地統治哲學或施政理念，其實又非我們今天想當然般的浪漫高尚。不但

同樣貪污腐化嚴重，中飽私囊頻仍，更是不分黑白、不講對錯，只求實利。這樣的管治手段與原則，雖能取得一定短期效果，但卻給長遠發展帶來傷害，令香港一度惡名遠播，華南一帶曾聞港色變。直到像威廉堅、盧亞貴，乃至是莊士敦、必烈者士及高和爾之流先後離去，加上殖民地政府又下定決心重整吏治之後，問題才漸見改善。

注　釋

1　*South China Morning Post (SCMP),*
2 April 1988.

2　*SCMP,* 25 July 1933.

3　*SCMP,* 13 & 26 September 1918.

4　*SCMP,* 28 October 1982 & 24 April
1929.

5　丁新豹：〈香港早期華人社會：
1841 − 1870〉，香港大學博士論
文，1988。

6　余繩武、劉存寬編：《十九世紀
的香港》（北京：中華書局，
1994），頁 344、348。

7　*The Hongkong Almanack and
Directory for 1846,* with an appendix
(Hong Kong: The China Mail, 1846).

8　可兒弘明：《「豬花」：被販賣海
外的婦女》（河南：河南人民出版
社，1989），頁 108 − 109。

9　J. W. Norton-Kyshe, *The History of
the Laws and Courts of Hong Kong
from the Earliest Period to 1898*
(Hong Kong: Vetch and Lee, 1971).

10　鄭宏泰、黃紹倫：《婦女遺囑藏著
的秘密 —— 人生、家庭與社會》
（香港：三聯書店，2010）。

11　G. B. Endacott, *A Biographical sketch-
book of Early Hong Kong* (Hong
Kong: Hong Kong University Press,
2005); W. K. Chan, *The Making of
Hong Kong Society: Three Studies of
Class Formation in Early Hong Kong*
(New York: Oxford University Press,
1991).

12　N. J. Miners, *The Government and
Politics of Hong Kong* (Hong Kong:
Oxford University Press, 1975).

13　J. M. Carroll, *Edge of Empires:
Chinese Elites and British Colonials
in Hong Kong* (Hong Kong: Hong
Kong University Press, 2007).

14　C. Munn, *Anglo-China: Chinese
People and British Rule in Hong
Kong, 1841-1880* (Richmond:
Cruzon Press, 2001).

15　蔡榮芳：《香港人之香港史
1841 − 1945》（香港：牛津大學
出版社，2001），頁 37。

16　C. Munn, "Lo Aqui," in M. Holdsworth
& C. Munn eds., *Dictionary of Hong
Kong Biography* (Hong Kong: Hong
Kong University Press, 2012), pp.
274-275.

17 梁炳華：《香港中西區風物志》（修訂版）（香港：中西區區議會，2011），頁 153。

18 中國第一歷史檔案館編：《香港歷史問題檔案圖錄》（香港：三聯書店，1996），頁 59。

19 「四環」指：下環（由灣仔道起至軍器廠街）、中環（由美利操場起至威靈頓街與皇后大道中交匯處止）、上環（由威靈頓街與皇后大道中交匯處起至國家醫院止）、西環（由干諾道西起至堅尼地城止）。「九約」指：一、堅尼地城至石塘咀，二、石塘咀至西營盤，三、西營盤，四、干諾道西東半段，五、上環街市至中環街市，六、中環街市至軍器廠街，七、軍器廠街至灣仔道，八、灣仔道至鵝頸橋，九、鵝頸橋至銅鑼灣。見丁新豹、黃廼錕：《四環九約：博物館藏歷史圖片精選》（香港：香港歷史博物館，1999），頁 8。

20 M. R. Bristow, *Land-use Planning in Hong Kong: History, Policies and Procedures* (Hong Kong: Oxford University Press, 1987); W. S. Wong, "The Effects of Building Regulations Control on the Design of Private Residential Buildings," unpublished Ph.D. Dissertation, The University of Hong Kong, 2003.

21 黃文江：〈十九世紀香港西人群體研究：愉寧堂的演變〉，載劉義章、黃文江編：《香港社會與文化史論集》（香港：香港中文大學聯合書院，2002），頁 37－56。

22 之後的 1851 年、1888 年及 1929 年曾進行多次擴建修葺等，才有了今天的模樣。或是說，文武廟有今天的面貌，其實是多次重修加建的結果，原本的建築，應沒今天的氣派。

23 梁炳華：《香港中西區風物志》（修訂版）。

24 同上。

25 魯金：《廟在其中》（香港：文彩坊，1988）。

26 丁新豹：《香港歷史散步》（香港：商務印書館，2008）；梁炳華：《香港中西區風物志》（修訂版），頁 154。

27 廖麗暉：〈華人廟宇與殖民地的香港華人社會——以上環文武廟為研究個案〉，香港大學碩士論文，2013，頁 15。

28 高明士：《中國中古政治的探索》（台北：五南圖書出版，2006）。

29 同上。

30 廖麗暉：〈華人廟宇與殖民地的香

港華人社會 —— 以上環文武廟為研究個案〉，頁 33。

31 同上，頁 34 - 35。

32 同上，頁 36 - 38。

33 劉海燕：《翰墨英風：文昌帝君與關聖帝君》（北京：宗教文化出版社，2006）。

34 宗力、劉群：《中國民間諸神》（河北：河北人民出版社，1986）。

35 科大衛、陸鴻基、吳倫霓霞編著：《香港碑銘彙編》（香港：香港市政局，1986）。

36 E. Durkheim, *The Elementary Forms of Religious Life* (Oxford: Oxford University Press, 2001).

37 有關盧亞貴的生平、名字及舉動等資料，坊間說法頗多。例如名字與綽號還有：盧亞九，並擁有一家 Acow & Co 的買辦公司；另有「西門慶」的綽號，亦一說指為「斯文景」，可能是英文 See Mun King 之誤；其次還有「海王」（Sea King）的外號。以上各項說法，可參考湯開建、蕭國健、陳佳榮：《香港 6000 年：遠古 - 1997》（香港：麒麟書業，1998），頁 72 及 90；G. Smith, *A Narrative of an Exploratory Visit to Each of the Consular Cities of China, and to the Islands of Hong Kong and Chusan, in behalf of the Church Missionary Society, in the years 1844, 1845, 1846* (London: Seeley, Burnside, 1847)；C. T. Smith, *A Sense of History: Studies in the Social and Urban History of Hong Kong* (Hong Kong: Hong Kong Educational Publishing Company, 1995); C. T. Smith, *Chinese Christians: Elites, Middlemen, and the Church in Hong Kong* (Hong Kong: Hong Kong University Press, 2005); C. Munn, *Anglo-China*; C. Munn, "Lo Aqui," 及廖麗暉：〈華人廟宇與殖民地的香港華人社會 —— 以上環文武廟為研究個案〉等記述。

38 詳見郝延平：《十九世紀的中國買辦：東西間橋樑》（上海：上海社會科學院出版社，1988），頁 242；C. Munn, *Anglo-China*; C. Munn, "Lo Aqui," pp. 274-275。

39 齊思和、林樹惠、壽紀瑜編：《鴉片戰爭》第三冊（上海：神州國光社，1954），頁 25 - 26；葉林豐：〈威廉堅手下的「六品頂戴」買辦〉，載張千帆、辛文芷、黃蒙田等編：《南星集》（香港：上海書局，1962），頁 228 - 231；郝延平：《十九世紀的中國買辦：東西間橋樑》，頁 242。

40 齊思和：《籌辦夷務始末・道光朝》（北京：中華書局，1964），卷58，頁40-41。

41 同上，卷52，頁3。

42 C. T. Smith, *A Sense of History*, p. 48.

43 鄭宏泰、黃紹倫：《香港大老 —— 何東》（香港：三聯書店，2007）；鄭宏泰、黃紹倫：《婦女遺囑藏著的秘密 —— 人生、家庭與社會》。

44 詳見陳鳴：《香港報業史稿（1841-1911）》（香港：華光報業有限公司，2005），頁32；張連興：《香港二十八總督》（香港：三聯書店，2012），頁37；C. Munn, *Anglo-China*; C. Munn, "Lo Aqui,".

45 威廉堅據說出身行伍，懂基本華語，曾參與鴉片戰爭，與盧亞貴應早有直接接觸。香港開埠後，威廉堅成為主要治港官員，先後出任裁判官、監獄長等職，1846年升為輔政司（Colonial Secretary），乃港督副手，位高權重，握有實權。他自香港開埠後任職長達18年，共歷五任港督，乃早期香港管治的老手，1859年才退休返英。載自 G. B. Endacott, *A Biographical sketch-book of Early Hong Kong*。威廉堅任內雖有政績，但亦被指貪污枉法，其中的《華友西報》（*The Friend of China*）主編泰倫（William Tarrant），更一直指斥威廉堅縱容盧亞貴貪污舞弊，惟他的指控並沒得到殖民地政府跟進或接納，但他後來反被威廉堅控告，更被判罪成，淪為階下囚。威廉堅不但官運亨通，就算有人指控亦安然無事，到他退休離港後，更獲殖民地港府厚待，用其姓氏作為港島半山一條重要街道命名，以茲紀念，此點算是給香港那個暴發戶社會開了一個歷史玩笑。載自陳鳴：《香港報業史稿（1841-1911）》。

46 C. Munn, *Anglo-China*; C. Munn, "Lo Aqui,".

47 有關盧亞貴與威廉堅的個人關係，相信是他為何背叛滿清、投誠英國，日後又為何會牽頭創立文武廟，最後又為何會消聲匿迹的關鍵所在。對於這種關係，施其樂並沒指出，只是較為隱晦地提到，「（盧亞貴）似獲得了政府圈內人給予支持，才能在下市場地段取得大片貴重地皮，這地皮便是皇后大道與蘇杭街隔鄰向急庇利街交界延伸的地段。不只他本人，其家人亦購入或獲得贈予

了不少地皮。」載自 C. T. Smith, *Chinese Christians*。

48　C. Munn, "Lo Aqui," p. 274.

49　G. Smith, *A Narrative of an Exploratory Visit to Each of the Consular Cities of China, and to the Islands of Hong Kong and Chusan, in behalf of the Church Missionary Society, in the years 1844, 1845, 1846*, pp. 82-83.

50　陳鳴：《香港報業史稿（1841－1911）》；張連興：《香港二十八總督》（香港：三聯書店，2012）；C. Munn, *Anglo-China*; C. Munn, "Lo Aqui,"。

51　C. T. Smith, *A Sense of History*; C. T. Smith, *Chinese Christians*.

52　C. Munn, "Lo Aqui," p. 274.

53　C. T. Smith, *Chinese Christians*, p.109.

54　蔡榮芳：《香港人之香港史 1841－1945》（香港：牛津大學出版社，2001）。

55　C. T. Smith, *Chinese Christians*, p. 231.

56　這個「Chinam」，可能是陳濟南。據 *The Hong Kong Government Gazette* 在 1855 年 11 月 3 日登刊的公告顯示，牽涉陳濟南的物業交易，價值高達 25,000 元，涉及的地皮及店舖，則有「敦和街第 54 號地段，連地共舖 49 間，大行一間」，數量與金額實在不少。載自 *The Hong Kong Government Gazette*, 3 November 1855。

57　C. T. Smith, *Chinese Christians*, pp. 109-110.

58　蔡榮芳：《香港人之香港史 1841－1945》，頁 28。

59　C. T. Smith, *Chinese Christians*, p. 110.

60　蘇亦工：〈香港華人遺囑的發現及其特色〉，載《中國社會科學》（第 4 期，2002），頁 100－113。

61　丁新豹：〈香港早期華人社會：1841－1870〉。

62　從各方資料看，盧亞貴的英語能力應該相當高，G. Smith 在 1844 年與他接觸時，並沒表示透過翻譯，即能直接溝通。其次，倫敦傳道會的 Henry J. Hirschberg 醫生在 1852 年曾向盧亞貴徵求捐款，之後盛讚他「英語講得很好」。載自 *The China Mail*, 23 September 1852。

63　*The Friend of China*, 6 May 1846.

64　有關盧亞貴在滿清朝廷的官位問題與威廉堅的關係，可參考葉林

豐：〈威廉堅手下的「六品頂戴」
買辦〉的有趣討論。

65 "William Caine to Colonial Office",
CO 129/27/287, 25 February 1848,
Hong Kong Public Records Office.

66 C. Munn, *Anglo-China*, p. 76.

67 C. Munn, "Lo Aqui," p. 274.

68 林友蘭：《香港史話》（香港：芭
蕉書房，1975），頁 18。

69 C. Munn, *Anglo-China*, pp.101-103.

70 Ibid., pp. 374-375.

71 C. Munn, *Anglo-China*; C. Munn, "Lo
Aqui,".

72 C. T. Smith, *Chinese Christians*,
pp.109-110.

73 鄭宏泰、黃紹倫：《香港股史
1841－1997》（香港：三聯書店，
2006）。

74 *The Friend of China,* 6 May 1846 &
2 August 1854.

75 G. B. Endacott, *A Biographical sketch-
book of Early Hong Kong.*

76 詳見 G. B. Endacott, *A Biographical
sketch-book of Early Hong Kong*；
曾銳生：《管治香港：政務官與良
好管治的建立》（香港：香港大學
出版社，2007）。

77 同上。

78 丁新豹：〈香港早期華人社會：
1841－1870〉；C. Munn, *Anglo-
China, 1841-1880.*

79 H. J. Lethbridge, *Hong Kong: Stability
and Change: A Collection of Essays*
(Hong Kong: Oxford University Press,
1978), p. 53.

80 蔡榮芳：《香港人之香港史
1841－1945》，頁 25。

青樓妓院：
遊走於燈紅酒綠的何婤顏

—— 鄭宏泰

前言

　　橫跨中上環的荷李活道，各式店舖林立，門庭若市，人流如鯽。人氣雖然依舊，其實已幾度夕陽紅，不少行業或生意因敵不過時代變遷已消失得無影無蹤，不留痕跡。當中包括曾屬這條街道上的「招牌生意」——吸引無數尋芳客光顧，令不少人心猿意馬，也讓衛道之士大加鞭撻的各式妓院。

　　掀開香港的歷史，娼妓行業曾在這個前英國殖民地合法經營了接近一個世紀，雖然因此而衍生出不少問題，卻同時為這個缺乏天然資源的城市注入經濟活力、創造財富，以及讓當時人口結構嚴重失衡的社會解決了不少問題。與此同時，其發展歷程又記錄了無數婦女走過辛酸苦澀但又充滿傳奇的道路。此外，娼妓業亦有不少鮮為人知的社會生活和社會關係。這裏則希望利用各種檔案資料和紀錄，就行業帶來的利弊與時代背景作深入的探討和分析。

一、人口結構失衡與娼妓行業蓬勃

　　香港自割讓為英國殖民地後，因有利的地理環境被闢作國際商
埠，高舉自由貿易，無論人、貨、資金和資訊等均自由進出、來去自
如，自然吸引了不同背景、階層和種族的移民湧入，尋金發財。這個
冒險家樂園由於是要在刀口上賺錢，因而產生若干特殊現象，其中兩
個特色則是：一、絕大多數移民均為男性，女性極少；二、青、壯
年人口極多，幼童及老齡者極少。表 1 是香港早期人口結構的粗略統
計數據，反映出當年男女嚴重失衡的問題。即是說，人口結構極不平
衡，所以無可避免地衍生了相關的社會問題，當中最為突出者，自然
是男多女少狀況下的娼妓業蓬勃發展現象。[1]

表 1：1851 至 1901 年香港人口規模與結構的變動

項目	1851	1861	1871	1881	1891	1901
男性人口（萬人）	2.48	8.79	8.58	10.81	15.41	20.62
女性人口（萬人）	0.81	3.14	3.36	4.48	6.38	7.77
總人口（萬人）	3.29	11.93	11.94	15.29	21.79	28.39
華人人口比率 (%)	95.4	97.6	96.5	97.3	96.8	96.7
兒童人口比率 (%)*	17.5	17.3	17.9	20.9	20.3	17.2
女性人口比率 (%)*†	24.5	26.5	28.2	28.9	29.1	27.0

* 只計算華人人口中的人口比率。
† 為作者根據上列資料計算所得。
資料來源：余繩武、劉存寬編：《十九世紀的香港》（北京：中華書局，1994），頁 344、348。

　　由於奉行自由貿易之故，加上行業有助維持社會穩定，刺激經濟活動，香港開埠伊始即默認了娼妓業的經營和生存，不但沒有明文禁止，還自 1845 年起向其徵收「妓捐」，[2] 以充庫房，間接承認其合法地位。事實上，在中國傳統社會，娼妓並非違法行業，由於《大清律例》繼續在香港適用，在「鄉約律例，率准仍舊」原則的「二元化法制」下，[3] 娼妓業亦有其生存的法律理據。

　　進一步說，自香港開埠始，由於男多女少，加上大量只有男性才能擔任的工作 —— 軍人、海員和苦力等 —— 利用香港轉口，均令娼妓市場長期呈現一個巨大的求過於供現象，生意長盛不衰，利潤亦特別豐厚。眾所周知，在資本主義社會，任何有利可圖的生意，必然會吸引生意人的垂青，娼妓行業亦不例外。起初，只有少數妓院在香港島上經營，但隨著人口不斷增加、海外貿易日趨繁盛而政府又採取登記制度讓其合法化，自然令娼妓行業不斷發展起來，令早期華人聚集的太平山區呈現妓院林立的景象，亦令香港發展成娼妓轉運中心，令香港作為溝通中外樞紐地位添加一種頗為特別的色彩。

　　1847 年，在倫敦政府的壓力下，殖民地政府曾宣布取消「妓捐」，娼妓業隨之變成非法，不少妓女被驅逐出境，但這並不表示娼妓從此絕跡，反屢禁不止，並產生了嚴重問題。其中最令港府尷尬的，則是軍人染上了性病，並在軍營內傳播，影響駐軍穩定與安全。為此，到了 1857 年，在駐港英軍司令的支持下，娼妓業再獲合法經營地位，惟同時頒布了《防止性傳染病擴散條例》（*An Ordinance for Checking the Spread of Venereal Diseases*）。

條例特別作出如下數點規定：一、所有妓院必須先向政府登記，支付費用（即等同以前的「妓娟」），持有政府發出的牌照才可營業；二、只有女性才能持牌經營；三、只容許妓院設於指定地區經營，與民居保持距離；四、妓院督察會定期或非定期進行巡查；五、染有性病的娼妓，會被強行送往醫院隔離治療，到證實病癒，才准離開；六、從簽發牌照中獲得的「妓娟」，會用於醫治及防止性傳染病；七、任何觸犯者可被處以不多於一年的監禁或不多於 500 元的罰款。[4]

自此之後，不但娼妓行業出現重大發展，商業與社會環境亦有頗大變化。眾所周知，娛樂業是最能刺激消費且可活躍市場氣氛的。就行業而言，最大的發展當然是妓院可以堂而皇之地打開門口做生意，從業者不用如過去般偷偷摸摸、擔驚受怕，受到多方壓榨，而是可以較好地獲得法律保護。至於本地消費則漸有起色，夜生活變得尤其熱鬧，因而帶動了其他服務業，如酒樓飯館、歌唱娛樂與交通運輸等行業的發展。政府則可從「妓捐」及其他相關活動中增加收入，充裕庫房，算是一舉數得。

表 2 是引自《香港藍皮書》*Hong Kong Blue Book* 及 *Report of the Commissioners Appointed by His Excellency John Pope Hennessy......to Enquire into the Working of "The Contagious Diseases Ordinance, 1867"*（下文簡稱 *Report of the Commissioners*）有關早期登記妓院數目及牌照收入的統計數據。可以看到，妓院數目為數不少，但常有波動。舉例說，在 1850 年，香港島上仍然約有 33 家妓院。俟後兩年，可能是與太平天國之亂在華南地區迅速蔓延有關，數字明顯回落，但 1853 年又

HONGKONG.

REPORT

OF THE

COMMISSIONERS

APPOINTED BY

HIS EXCELLENCY JOHN POPE HENNESSY, C.M.G.,

Governor and Commander-in-Chief of the Colony of Hongkong and its Dependencies,

&c.,   *&c.,*   *&c.*

TO ENQUIRE INTO THE WORKING OF

"THE CONTAGIOUS DISEASES ORDINANCE, 1867,"

TOGETHER WITH

AN

APPENDIX

CONTAINING MINUTES OF EVIDENCE TAKEN BEFORE THE
COMMISSION, OFFICIAL CORRESPONDENCE, RETURNS,

&c.,   &c.,   &c.

———————

HONGKONG:
PRINTED BY NORONHA & SONS,
Government Printers.
1879.

Report of the Commissioners, 1879

大幅上升至 86 家。翌年，數字又急跌只有 27 家，但 1855 年又驚人地飆升至 152 家，這些數字的驟升急跌，與當時有大批軍隊為了向滿清開戰，在香港集結及調動頗有關係。

1857 年，港府以立法形式重推登記妓院並徵收「妓捐」政策後，妓院的數目亦從 1856 年的 137 家大幅下跌至 1857 年的 99 家及 1858 年的 105 家。在整個 1860 年代，妓院的數目很多時都維持在 100 家以上，高峰期（1868 至 1870 年）更有接近 200 家之多。進入 1870 年代，數字雖呈現了持續下滑之勢，但整體上仍有超過 100 家的高水平。以彈丸大小而人口只有十數萬左右的城市，卻開了超過 100 家的妓院，用「妓院處處」來形容，實在一點亦不誇張。

由於妓院處處，生意暢旺，政府從登記妓院方面的收入（「妓捐」）亦水漲船高。舉例說，在 1857 年重推登記妓院政策之時，「妓捐」的收入只有 200 多元，翌年全年收入已接近 6,000 元，之後則逐漸上升至 1860 年的 9,772 元。俟後的整個 1860 年代，「妓捐」的收入一直與妓院的數目一起升降。1869 年至 1870 年，隨着妓院數目升至接近 200 家，帶動「妓捐」收入亦跨越萬元的水平。[5] 進入 1870 年代，受妓院數目日漸減少的影響，政府相關的收入亦逐漸由 1870 年的 10,696.20 元滑落至 1873 年的 8,978.50 元、1876 年的 6,530.10 元及 1880 年的 5,753 元（表 2）。

表 2：1850 至 1880 年登記妓院數目統計（家）及妓院牌照等收入（元）

年份	維多利亞城	村郊	總計	妓院牌照等收入 †（元）
1850	32	1	33	不適用
1851	21	2	23	不適用
1852	16	--	16	不適用
1853	84	2	86	不適用
1854	27	--	27	不適用
1855	152	--	152	不適用
1856	137	--	137	不適用
1857	99	--	99	237.00
1858	102	3	105	5,975.70
1859	109	7	116	7,730.94
1860	126	6	132	9,772.00
1861	117	13	130	9,429.60
1862	缺	缺	缺	9,017.80
1863	110	11	121	7,823.80
1864	75	13	88	7,581.00
1865	72	9	81	7,563.20
1866	127	7	134	7,155.30
1867*	不適用	不適用	158	8,950.30
1868	不適用	不適用	170	9,785.80
1869	不適用	不適用	190	10,806.10
1870	不適用	不適用	188	10,696.20

（續上表）

年份	維多利亞城	村郊	總計	妓院牌照等收入†（元）
1871	不適用	不適用	176	9,772.00
1872	不適用	不適用	171	9,632.70
1873	不適用	不適用	163	8,978.50
1874	不適用	不適用	133	7,068.80
1875	不適用	不適用	127	6,337.70
1876	不適用	不適用	131	6,530.10
1877	不適用	不適用	不適用	7,023.90
1878	不適用	不適用	不適用	6,718.20
1879	不適用	不適用	不適用	6,005.30
1880	不適用	不適用	不適用	5,753.00

* 此年後的數據來自 *Report of the Commissioners*, 1879，俟後的資料再沒細分維多利亞城與村郊之別。

† 除了牌照費，還包括一些因違反相關法律條例的罰款。

資料來源：*Hong Kong Blue Book*, various years; *Report of the Commissioners*, 1879。

在那個時代，不論是當娼或經營妓院，基本上可分為兩種：合法娼妓與妓院（即已向政府有關部門登記、交納「妓捐」，並且被核實不會引起性病傳播）或非法娼妓與妓院（即沒有向政府登記）。合法娼妓或妓院又稱「登記娼妓」或「登記妓院」，持有政府發出的經營牌照及相關證明。在那些合法妓院或娼妓中，又可再細分為如下兩個類別：一類專門招待華人，另一類只招待洋人。其中招待華人的妓院，又分別有高級、中級及低級的三種不同級別，至於招待洋人的妓院雖

沒進一步細分，但應有妓院與「包養」之別，所謂「包養」，應是所謂「涉外婚婦」（protected women）的類別，[6]是最高級的類別了。

　　概括地說，由於人口結構嚴重失衡，成年男性人口遠超於成年女性人口，加上大量過境短暫停留的人口當中，絕大多數為成年男性，娼妓市場一直既活躍又蓬勃。政府將之合法化，令問題表面化、經營制度化，既讓庫房有可觀收入，創造一定就業，亦更易於管理。然而在道德層面上難免招來嚴厲批評，亦無可避免地會產生各種諸如拐賣女子、操控妓女等社會問題。[7]

二、荷李活道上的妓院

　　由於娼妓行業被視為乃「厭惡性行業」，殖民地政府在批出經營牌照時，自然亦作出了規定，最簡單直接的，是劃出了特定區域，讓妓院集中經營，[8]這些地區計有被指是第二區的 Tsz Mi Lane（疑為現時的「紫薇街」）一帶；第三區的堅道、Cheung Hing Lane（音譯「長興里」）、荷李活道、西街、東街、四方街、太平山街一帶；第五區的閣麟街、德己立街、嘉咸街和威靈頓街一帶；第六區的船街一帶，以及九龍的油麻地與港島東北端的筲箕灣部分地方。[9]

　　1877 年 12 月的政府統計數字顯示，當時香港和九龍半島共有 140 間發牌妓院。按地區劃分，則香港島有 135 家，九龍半島有 5 家；按服務對象劃分，則服務華人者有 101 家，服務非華人者 39 家；同年 10 月份之數據顯示，聘用服務華人的妓女有 1,314 名，服務非華人的則

有 226 名。在港島上服務華人的妓院，主要散布在堅道、荷李活道、四方街和太平山街等地，服務非華人的則主要散布在東街、閣麟街、威靈頓街及船街等地；在九龍半島上服務華人的妓院則集中於油麻地。其中港島上最為集中的地區，則是第三區，荷李活道則是該區其中一條妓院林立，時刻人流如潮的街道。[10]

由是之故，若我們將目光集中於荷李活道上，則可發現，在這條香港開埠不久即開通，藉以連結殖民管治核心與華人社區重心的道路上，星羅棋布地開設了很多妓院，其中不少更屬規模頗大的高級妓院。細看荷李活道由東向西伸延，兩旁分為靠山與靠海，靠山一旁為雙數，地勢較高且上揚；靠海一旁為單數，地勢較低且下斜。至於前文引述 1877 年政府的統計數字顯示，當時的荷李活道上開設了多達 24 家合法妓院。

在靠山一旁的門牌號碼由小至大計有：144、146、162、180、182、184、186、194、198、200、202、206。在靠海一旁的門牌號碼由小至大計有：7、93、93c、97、99、99b、101、109、115、119、225。[11]由於荷李活道由東（小號碼）向西（大號碼）延伸，從妓院所在位置看，則明顯較靠向華人社區一端。

在這 24 家妓院中，不少屬中高級妓院，其中三家 —— 勤香（Kan Heung）、錦秀堂（Kum Sow Tong）和順姿（Shun Chi）—— 既頗有名氣，亦甚具規模。表 3 是這三家妓院的基本資料和簡單比較，我們可以看到如下特點：

其一，在這三家中高檔的妓院中，「聘用」的妓女數目明顯不少，

1880 年代妓館的畫像
（圖片提供：高添強）

例如勤香便「聘用」了 37 人，每名妓女均有女傭跟隨；妓女的年齡則相當年輕，最年幼的只有 15 歲，用今天的標準而言屬於「未成年人士」，最年長的亦只有 25 歲，用今天的標準看，則只是剛離開校門踏足社會而已；妓院愈高級，妓女愈年輕，所以低級妓院的妓女，一般都年齡較長。

其二，三家妓院的規模明顯不細，例如已經營了 20 年的錦秀堂不但聘了 26 名妓女，更有 22 名女傭貼身照料她們。除此以外還有超過 50 名看場、廚師、洗衣、藝技師等男工，全間妓院聘用超過百名員工，開支不少。持牌人何阿儀曾表示，該妓院每日基本開支約為 21.5 元，每月則要 600 多元，而若加上租金（70 元）、政府徵稅（7 元）和雜費（10 元）等，則高達 700 元，在那個年代而言，實屬不少的支出，反映其規模龐大。

其三，光顧妓院的基本消費（入場費與聽唱）似乎不高，但若計算飯局開支，則為數不小。在當時社會而言，明顯不是一般民眾能負擔得來。一如所料的是，高級娼妓的每月收入相當可觀，由 16－17 元到 50－60 元不等，視乎服務層面與性質而定。高級妓女更會有不錯的待遇，尤其有女傭貼身照料，甚至可學習唱跳吹打等娛樂技藝，而這樣的待遇當然並非僱主（鴇母）特別仁慈，而是因為這樣的特殊包裝可以顯得更高檔，然後可「賣」得較好價錢。

表 3：勤香、錦秀堂和順姿 1878 年的基本資料比較

	勤香	錦秀堂	順姿
妓院登記編號	9 號	4 號	92 號
妓院級別	高級	高級	中級
所在位置	荷李活道 194 號	荷李活道 180 號	荷李活道 7 號
持牌人姓名及年齡	何娣顏 / 30 歲	何阿儀 / 30 歲	梁阿有 / 22 歲
本身持牌經營時間	未足 2 年	7 年多†	4 年
妓女人數	37 人	26 人	20 人
妓女年齡	16 － 24 歲	15 － 23 歲	16 － 25 歲
收費			
基本消費	2 元	2 元	1.36 元
聽唱	1 元	1 元	0.68 元
晚宴	12 元	12 元	6 元
盛宴	16 元	16 元	8 元
其他服務收費	另議	另議	不詳
妓女每月平均收入	50 － 60 元 *	16 － 17 元	最高可達 20 元
員工數目（不包妓女）			
照顧妓女的女傭	37 人	22 人	不詳
其他員工	20 人	超過 50 人	不詳
妓院每日基本開支 **	約 18 元	21.5 元	不詳

* 包括提供歌唱、其他服務及禮物（原註）
** 不包括租金和政府徵稅等（原註）
† 妓院本身已存在 20 年（原註）
資料來源：*Report of the Commissioners-Appendix*, 1879, pp. 29-32

　　除此之外，還有三點特質沒顯示在上表的資料中但卻同樣重要，

值得我們注意：

其一，由於屬中高級妓院，光顧者當然屬於付得起錢、「身光頸靚」一群，這些人不只是富商大款，更有不少官員。據這三家妓院的持牌人敍述，其妓院有「熟客掛單記賬」的安排，生客則須即場付現金，而熟客無論本身光顧，抑或招乎重要朋友後，均可掛單記賬。至於何時結賬，則由熟客按本身情況決定，通常是每季結算，很少會出現賴賬的情況。

其二，保持處女身的妓女很值錢。「破處」（行內稱為「開苞」deflower）有價，有些富豪欲納妾侍，亦以此為條件。所以當時的「拐子佬」在拐帶女童時亦特別加以保護，不敢侵犯，原因不是出於仁心，而是為了賣得好價錢。

其三，能跳唱吹打者，可以「叫」得較好價錢，而若能略通文墨，亦可有更佳待遇。顯示光顧者並非只是着眼性滿足，還有精神和思考溝通等層面，此點尤其成為高級妓院與中低級妓院之別。「高尚」包裝十分重要。[12]

由王家衛執導、梁朝偉與章子怡主演的經典電影《一代宗師》中，前半部的故事多發生在妓院「金樓」。這所金碧輝煌的妓院，不但老闆是大隱隱於市之人，連鴇母、妓女、伙記等均身懷絕學。光顧者更是大有來頭，背景複雜：有人是來送炸彈的，三天之後，就行刺了廣州將軍鳳山，民國就此開始；也有武林宗師在此金盤洗手，在「共和」牌匾下將救國大業讓渡予年青一輩。種種秘密籌劃與暗戰，揭示一幅鮮為人知的圖像 —— 妓院表面是賣笑買醉的風塵地，但同時也是臥虎

藏龍處。

　　若將電影中的情節比照荷李活道上的妓院，可讓我們對其功能和活動，有更多和更深層次的認識與了解。由於荷李活道的東面乃政府核心所在，洋人高官巨賈經常出入；西面則是華人社區，有不少富豪商賈聚集活動。中高檔妓院設於這條華洋混雜的街道上，自然有其盡在不言中的現實意義。在殖民統治下，洋人統治者與華人被統治者之間，必然有不少發展機會和社會問題出現。人口日多、經濟不斷發展，社會亦愈趨複雜。既增加了機遇，但同時必然湧現更多問題，並必須透過增加雙方的接觸交往與溝通互動，才能順利解決。

　　舉例說，大至競投生意專利（例如鴉片經營權）、辦理購買地皮或興建樓宇手續；小至申請成立公司、批出各樣生意牌照，到申請某些貨物的出入口許可；或是在某些情況下出現違例犯規，遭到撿控問題等，均需在某些層面上透過華洋多方的接觸和疏通，才能得到解決。

　　但是，當時社會制度尚未完全建立，而且欠缺透明度，加上種族之間的樊籬，大家「分區而住」的環境下，無論是洋人走進華人社區，或是華人進入洋人社區，均會引來雙方社區高度注視，不利某些別有目的之遊說、斡旋與上下其手。至於荷李活道連結了華洋社區，處於「鹹淡水交界」或者「在中間」位置，[13] 不論哪一方走進對方的社區，均顯得十分自然，不會引來太多注視。這條街道便利了華洋接觸交往，是「水乳交融」的區域。

　　至於設立在這條街道上的妓院，自然更能兼得多方優勢，成為當時社會華洋政商進行溝通聚首的最理想平台。他們在這條街道上行走

由荷李活道下望西街，有戲館等娛樂場所，行人如鯽。
（圖片提供：鄭寶鴻）

出入十分方便，而妓院則有較好的隱蔽性，可避人耳目，亦易於放煙霧，進行偽裝——例如表面上是為了尋歡作樂或是「包養二奶」，實質上是與心目中的人物進行深入接觸，建立人脈關係，進而商討發財大計；或是處理某些糾紛，然後在多番討價還價下達到目的。正因如此，我們在分析中高級妓院的活動時，不能單從賣笑買醉的表面現象上看，更應有多面向和深層次的思考。

三、遊走於燈紅酒綠的何娣顏

由於法例規定只有女性才能持有妓院的經營牌照，開辦妓院自然成為那個時代某些婦女踏上經商之路、且極為少有的一種選擇。[14] 儘管傳統上開辦妓院屬於偏門生意，不是很多正當人家樂意為之。但是，在那個笑貧不笑娼的「暴發戶社會」，由於價值觀念扭曲，[15] 加上社會的人口絕大多數屬移民，大家素未謀面，乃毫無關係的陌生人，經營妓院自然不會如鄉村社會般，因為人與人相互認識，關係緊密，有了強烈的羞恥感與道德感，因而吸引不少女性投身其中。前文提及的勤香妓院持牌人何娣顏（Ho Tai Ngan），很可能在考慮到經營妓院乃人生或家族的致富之道，最後選擇投身其中。她的經歷基本上折射了那個時代不少三更窮、五更富人物的故事，在接下來的篇章中，讓我們把分析焦點集中於她的身上。

到底何娣顏是何許人也？人生經歷有何特別之處？傳奇故事又說明了何種時代特質？下文會憑僅有的一些零碎資料，作扼要的說明和

分析。首先，在前文提及一份持牌人接受殖民地官員訪問、暢談開辦妓院狀況的資料中，[16] 可粗略地了解到，何娣顏大約生於 1849 年（因她接受訪問時報稱已經 30 歲），並於 1876 年左右，在荷李活道 194 號這個頗為獨特的位置上，開辦了勤香這家擁有 37 名妓女的高級妓院。換句話說，大約在 28 歲時，何娣顏已經創業，在香港島荷李活道那條極為繁盛、租金不菲的街道上，開辦了當時市場上數一數二的一家全新高級妓院。這份事業或成就，就算在今天社會亦無疑十分突出，更不用說在那個相對封閉的年代了。

據何娣顏本人的敍述，在經營這家高級妓院之前，她曾在另一家妓院充當「僕人」，在此行業中摸索多年。積累足夠經驗之後，才另起爐灶。雖然這種方法與古今不少企業家創業的路徑相同，但由原來只是「僕人」的身份，到闖出一片天，自立門戶，開辦一家規模龐大的高級妓院，令人感到驚奇之餘，無疑亦會惹人猜疑，更不用說主角只是一位年輕女性。她身處民智未開的時代，父權主義高漲，女性難如今天社會可享有較平等的對待。故她很可能只是「捉刀人」，是別人操弄的「人頭」（傀儡）而已，因為當年的娼妓業確實有很多「人頭」代背後的「金主」（真正的老闆）經營妓院。

進一步資料顯示，何娣顏所開辦的妓院，資本投入多達 2,000 元，在當年可算是一擲千金。[17] 至於這個龐大資本的投入，據她本人的說法，部分來自她的積蓄，其他的則來自朋友借貸。而她進一步的披露則是，她的朋友不是香港人，部分為廣州妓院的持牌人。言下之意是，她所以能成為持牌人因她是香港人，而她開辦的這家高級妓

院，與在廣州開辦持牌妓院的朋友關係密切。她亦毫不掩飾地指出，
旗下妓女主要來自廣州，說明無論她本人，或是妓院，均與廣州的妓
院和朋友緊密相連。

由是觀之，由何娣顏持牌的這家勤香妓院，其實並非只有香港資
本與人脈關係，而是牽涉到廣州，甚至尚未知曉或揭露的地方。事實
上，當時不少較有規模的妓院或生意，同樣具有這種橫跨粵港澳的業
務、資本與關係網絡，甚或遠至新舊金山與南洋的情況，折射了香港
在大中華、亞洲地區，甚至全球貿易、資金與商業網絡中所扮演的吃
重位置。

從何娣顏接受殖民地官員訪談時的侃侃而談，對本身妓院具體運
作、服務特質、各項收費，以及妓女來源去向等均瞭如指掌的情況來
看，她一方面對行業有落地和充分的認識，另一方面亦頗為精明，所
以能在殖民地官員面前應對自如。不難想像，要打理像勤香這樣一家
規模巨大、妓女數目不少的妓院，而每晚又有大量客人光顧，當中更
有不少相信為高官或大款之流，也有三山五嶽人馬出出入入，何娣顏
必然十分忙碌，不但要監督妓女們好好款待客人，又要應酬熟客大款
光臨，有時甚至要調解應對一些難纏的人及事，如政府人員的「查牌」
刁難，可謂經常要穿梭燈紅酒綠之間。若果她沒有過人才幹與背景，
必然難以應對，不但生意無法持久，個人的事業亦未必可以乘風破浪。

事實上，由何娣顏作為持牌人的勤香妓院，一直發展不錯，直
至 1890 年仍然屹立於荷李活道上，惟自 1890 年起出現問題。1894
年 7 月 24 日，報紙上報道了一宗業主向長期租客追租的官司（"Tam

Chun v. Sui A See"），何娣顏的名字又再出現在公眾檔案之中。據《孖剌西報》（*Hong Kong Daily Press*）的報道，業主譚真（Tam Chun）將其名下位於水坑口街的多家房屋，過去 20 年一直租予租客徐阿詩（Sui A See）用於經營妓院，而她則為該妓院的持牌人。惟在過去四個月，徐阿詩卻一直沒有交租，累積欠租達 1,000 元，所以業主乃興訟追討，要求支付。

法庭上的爭辯揭示，徐阿詩指自己乃妓院的僕人，真正的老闆是何娣顏；而何娣顏本人亦在宣誓後作證，表示她本人只是僕人而已，並乃另一家妓院（可能是指勤香）的持牌人，而指示她作持牌人的，其實正是被告人徐阿詩——「一位小腳女人」（a small-footed woman，意指來自大戶人家，乃真正的老闆）。法官在聽取雙方律師陳詞後判興訟方勝訴，被告方要支付所有拖欠租金。[18]

案件審結一個星期後，法庭收到一位名叫陳祺昭的人入稟，指他曾多次向何娣顏追討欠債不果，要求法庭頒布何娣顏破產。入稟狀指出，何娣顏為勤香妓院持牌人，居於水坑口街 14、16 及 18 號，乃一名寡婦。她於 1890 年 7 月 11 日以無抵押的方式向入稟人借了 494.06元。入稟人指過去四個月已不斷向她追討連本帶利的債項，惟一直沒有得到回覆，估計她可能已離開香港或是拒絕與人接觸，所以要求法庭頒令，若在指定日期內再不回覆，則頒令她破產。

雖則如此，何娣顏還是沒有現身，找不到她，所以法庭按入稟人請求，頒令何娣顏破產，[19] 其時她大約 46 歲。自此之後，就再也找不到有關何娣顏的消息。勤香妓院所在位置的荷李活道 194 號，日後則

由一家經營「杏林庄」藥酒的公司於 1903 年起承租。[20]

　　按以上零碎的資料推測，何娣顏很可能只是妓院幕後老闆的「人頭」，而其中一位幕後老闆，則可能如她所言是那位「小腳女人」徐阿詩。但她可以維持這一角色十多二十年，則顯示她應深得幕後老闆信任，亦頗為精明幹練，具有目光、能力與識見，所以在維持勤香的生意上應有一定角色。但 1890 年時可能出現財政危機，最後甚至要借錢周轉解決。1889 至 1890 年香港曾爆發開埠以來最大規模的股災，之後令經濟大幅下滑。[21] 此一事件，不知會否影響了何娣顏的財政狀況，例如因為投資股票失利而舉債。

　　作為「人頭」，個人投資失利應不影響大局，所以她隨後仍能生活如常，繼續成為勤香持牌人。惟到了 1894 年，明顯出現了更為巨大的危機，令她及背後老闆均沒法脫身，她本人更走上破產之路。至於那次危機，相信與 1894 年 5 月初香港爆發一場前所未見大型鼠疫有關。從資料上看，1894 年 2 月，廣州已爆發大型鼠疫，引至社會人心惶惶，娛樂場所的生意自然大受打擊。4 月份，香港亦出現因染上鼠疫死亡個案，轟動社會，不久更出現社區爆發。5、6 月間，單是醫院，每天約有 60 至 80 人死亡，高峰期的 24 小時內，共有 109 人死亡。由於瘟疫來勢洶洶，社會極度不安，估計有多達八萬人選擇離港返鄉避難，佔全港 24.6 萬總人口中的三成，而全年則合共有 2,550 人因感染疫症死亡，即每百人口便有一人死於那場鼠疫。[22]

　　在鼠疫瀰漫、人心惶惶的情況下，無論是勤香或是其他妓院，生意自然一落千丈。若然有妓女或員工死於鼠疫，受到打擊與牽連的情

1894 年太平山之疫時的街市街，正進行清理工作。
（圖片提供：鄭寶鴻）

況則尤為嚴重。無論是由何娣顏持牌、位於荷李活道的勤香妓院，或是由徐阿詩持牌、位於水坑口的妓院，其背後老闆很可能還有投資其他妓院，在那場極為猛烈鼠疫的衝擊下，明顯受到了巨大打擊，生意一落千丈，但開支則沒法一下子減少，單是租金負擔已不是小數，可能因此負債累累。其背後老闆為求脫身減債，極有可能將責任推到何娣顏身上，惟何娣顏則不願啞忍，直認自己只是「人頭」，令徐阿詩沒法脫身。此舉自然令背後老闆動怒，因而出動了追債的殺著，以早年無抵押借貸為由，將何娣顏推上了破產之路的敗亡結局。何娣顏亦可能因為避疫之故，早已離開香港，所以入稟人一直沒法聯繫到她。不論真實內情是否如此，何娣顏從此不再遊走於燈紅酒綠之間，則是肯定的。

四、偏門生意所折射的香港故事

　　一如香港的開埠離不開鴉片貿易與鴉片戰爭，早期香港經濟與荷李活道的繁華亦離不開娼妓合法化政策與妓院林立。無論是鴉片貿易或娼妓生意，殖民地政府雖然通過立法來給予合法地位，但總難擺脫其「偏門生意」的標籤，反映在社會大眾的心目中，始終有一把道德的尺。殖民地政府無論進行何種美化與包裝，始終沒法改變社會大眾內心的觀念。但縱觀香港的成功故事，當中確實由不少偏門生意，經數代人以血汗辛酸與種種手段換取得來。

　　從現實角度說，娼妓業之所以能在香港興旺起來，除了殖民地政

府採取了合法化政策，歸根結底則是人口結構失衡所致。在娼妓業合法化的背景下，由於只有婦女才能經營和持牌，因此可說為部分婦女開放一扇憑一己之力謀生、自立自主的門戶，儘管這扇門戶並非正當人家樂意進入，進入之後更要付出巨大代價，遭受不少屈辱與歧視，經歷辛酸，但畢竟還是可讓部分較為幸運且能自律自強者，獲得了擺脫被支配、剝削和壓榨的命運。

事實上，在娼妓業合法發展近一個世紀的時間裏（約由 1841 至 1935 年，其中的 1847 至 1857 年列為非法，甚至曾驅逐娼妓出境，但禁而不絕），無數從業者在迎送生涯中默默為香港創造財富，搞活經濟，並且解決了人口嚴重失衡背景下的不少社會問題。可是，由於這乃偏門生意，不但從業者從來不敢名正言順地說出她們為香港作出的巨大貢獻，殖民地政府亦多是半遮半掩，既從來沒真正善待從業者、給予真正的法律保護，亦沒肯定其為香港經濟與社會注入的發展動力；至於社會大眾亦總是站在道德高地上，批評娼妓不知自愛，沒有持平地看待問題，更遑論會體諒其苦衷——因當中不少人其實是在迫於無奈之下才走上了娼妓之路。[23]

透過對何娣顏、勤香妓院和荷李活道上其他中高級妓院的粗略考察，更可加深我們對中高級妓院營運、社會關係和人物互動的認識。投機者吸納不同地區與背景資本以組成財團，生意網絡與投資角落不只集中於香港，還伸延至中國大陸及海外，乃過去其中一個經常談及且有頗多研究的層面。表面看妓院乃飲花酒、講風月的逢場作慶地方，實際上則乃商談秘密機要，甚至進行私下交易場所，則屬過去甚

少觸及且常被忽略的另一重要層面。

若果將荷李活道放到原來連結華人社區與洋人社區的歷史背景上思考，尤其能加深我們對後一種層面問題的體會，因而不難明白到，早期的不少洋人大班及政府高官們 —— 例如 19 世紀最著名的跨國貿易公司旗昌洋行（Russell & Co.）旗下輪船船長安德葛（James B. Endicott）、曾任總登記官的高和爾（Daniel R. Caldwell）、甚至是曾任兩局議員的遮打（Paul C. Chater）等等 —— 為何曾捲入包養妓女或是經營妓院的指控。[24]

更應注意的，當然還有殖民地政府於 1857 年決定將娼妓業合法化的思考。其核心所在，其實不是我們想當然的為了解決香港人口男女性別嚴重失衡的問題，而只是着眼於解決性病傳入軍營，影響英軍健康與士氣穩定的問題，所以法例才有招待洋人的妓女必須驗身，證明沒染性病才能發牌接客的規定；招待非洋人的妓女，則沒強迫一定要驗身的規定。這種「差別待遇」的奇怪與特殊規定，赤裸裸地說明了殖民地政府真正保護的目標所在。至於從業的娼妓，雖然一直被視為必須保護的一群，但拐賣婦女、歧視及操控妓女等事件不絕於耳；就連警察與妓院督察亦經常找妓院的麻煩，威脅勒索常聞。但殖民地政府則總是冷處理，始終沒採取負責任方法應對。

娼妓業雖為偏門生意，但由於人口結構失衡和英軍駐港等現實問題，促使殖民地政府不得不採取半推半就、聲東擊西的手法處理娼妓問題。設立於荷李活道上的中高級妓院，亦包括那些被包養的妓女，則因其所處特殊環境成為當時華洋社會接觸交往的極重要管道，牽

動了上流社會的政商關係。由是之故，在理解和分析娼妓及妓院生意時，我們實在不應如一般生意般看待，或是只看其表、不察其裡，而應有新視野和新高度，尤應多方了解各種行為背後的動機。只有這樣，我們才能對妓院的歷史與社會發展有更全面和透徹的認識和了解。

結語

從何婕顏的人生遭遇，到荷李活道上高級妓院的運作和景象，再到對香港娼妓業發展和香港故事的研究與耙梳，可以粗略看到早期香港歷史走過的崎嶇腳步，更可察覺到不少女性在半自願或不自願情況下投身娼妓這個不被傳統社會接納的行業中。她們曾作出巨大犧牲，經歷辛酸，貢獻巨大，但卻不被政府和社會認可與肯定。我們多少可以體會到人類社會進程某些不容否認的盲點與局限。

此處引述 18 世紀英國著名古典經濟學家曼德維爾（Bernard Mandeville）「私惡與公益」（private vices and public benefits）的悖論作為本文註腳。在曼德維爾的重要著作《蜜蜂的寓言》（*The Fable of the Bees*）一書中，他指出在蜜蜂社會，若果沒有個體為了私慾而「捐簬捐鑊」的創造性舉動，則不會有整個蜜蜂團體的繁盛與壯大。[25]他進而推斷，私人貪慾，乃經濟繁榮的必要條件（private vice was a necessary condition for economic prosperity），並批評教會的泛道德主義教育扼殺學生自由思想的偽善。曼德維爾的此一觀點，啟發了日後亞當・斯密（Adam Smith）提出人為私利乃驅使經濟發展的思想核

心。站在這一個位置上看，我們或者可以這樣說：若果沒有她們為香港經濟及社會作出的巨大貢獻，香港的經濟發展將失去其中一項重要的推動力。

注　釋

1　鄭宏泰、黃紹倫：《婦女遺囑藏著
的秘密 —— 人生、家庭與社會》
（香港：三聯書店，2010）。

2　該年向政府繳納「妓捐」的妓院
有 31 家（*Hong Kong Blue Book,*
1845）。

3　丁新豹：〈香港早期華人社會：
1841－1870〉，香港大學博士論
文，1988；蘇亦工：〈香港華人
遺囑的發現及其特色〉，《中國社
會科學》，（第 4 期，2002）。

4　*Hong Kong Government Gazette,* 14
November 1857.

5　1870 年，政府全年的總收入為
914,976 元。若按此數計算，「妓
捐」的收入，約佔政府全年總收
入的 1.17%，比率明顯沒有像賭
館徵費或鴉片專利稅般高。

6　C. T. Smith, *A Sense of History:
Studies in the Social and Urban
History of Hong Kong* (Hong Kong:
Hong Kong Educational Publishing
Company, 1995).

7　鄭宏泰、黃紹倫：《婦女遺囑藏
著的秘密 —— 人生、家庭與社
會》。

8　*Hong Kong Government Gazette,* 14
November 1857.

9　*Report of the Commissioners,* pp.
266-267.

10　Ibid., pp. 262, 266-267.

11　Ibid.

12　*Report of the Commissioners -
Appendix,* pp. 29-32.

13　C. T. Smith, *A Sense of History.*

14　E. Sinn, "Women at Work: Chinese
Brothel Keepers in Nineteenth
Century Hong Kong," *Journal of
Women's History,* Vol. 19, No.3, pp.
87-111.

15　H. J. Lethbridge, *Hong Kong: Stability
and Change: A Collection of Essays*
(Hong Kong: Oxford University Press,
1978).

16　相關資料，可參閱鄭宏泰、黃紹
倫：《婦女遺囑藏著的秘密 ——
人生、家庭與社會》，頁 209－
210 的引述。

17　1875 年，殖民地政府全年的財政
總支出為 896,600 元左右。2,000
元的資本投入，即約政府財政支
出的 0.22%，比率其實不小。

18　*Hong Kong Daily Press*, 24 July 1894.

19　In the Supreme Court of Hong Kong, In Bankruptcy No. 6 of 1894, 14 September 1894. HKRS 62-5-51.

20　*The Hong Kong Government Gazette*, 18 June 1909.

21　鄭宏泰、黃紹倫：《香港股史 1841－1997》（香港：三聯書店，2006）。

22　Y. W. Lau, *A History of the Municipal Councils of Hong Kong, 1883-1999: From the Sanitary Board to the Urban Council and the Regional Council*（Hong Kong: Leisure and Cultural Service Department, 2002）；鄭宏泰、黃紹倫：《山巔堡壘：何東花園》（香港：中華書局，2012）。

23　鄭宏泰、黃紹倫：《婦女遺囑藏著的秘密 —— 人生、家庭與社會》。

24　C. T. Smith, *A Sense of History*；曾銳生：《管治香港：政務官與良好管治的建立》；黃紹倫：〈遮打的抉擇〉，載鄭宏泰、周文港編：《大浪淘沙：家族企業的優勝劣敗》（香港：中華書局，2017），頁 152－165。

25　B. Mandeville, *The Fable of the Bees* (Hildesheim: Georg Olms, 1981).

參考書目

第一篇　荷李活道的歷史見證：從開埠到抗戰

理雅各與荷李活道社區

1.　"Missions in China." *The China Mail*, 1 May 1867.

2.　"Rise and Progress of the Mission at Hong-Kong." *The Missionary Magazine and Chronicle* 12 (February 1848): 18-19.

3.　"The Colony of Hongkong: From a Lecture by the Rev. James Legge, D.D., L. L. D., On Reminiscences of a Long Residence in the East, Delivered in the City Hall, November 5, 1872." *The China Review, or notes & queries on the Far East*, Vol. 1, No. 3 (1872): 163-176.

4.　"The Honorary Graduates' Speeches, 144th Congregation, 3 October 1992." *The University of Hong Kong Gazette*, Vol. 39, No. 3 (23 August 1993): 60

5.　"The Rev. J. Colville's Farewell to Union Church." *Hong Kong Daily Press*, 1 September 1884.

6.　Bickley, G. "Plus ca change, plus c'est la même chose: Attitudes towards English Language Learning in Hong Kong – Frederick Stewart's Evidence." *World Englishes*, Vol. 9, No. 3 (1990): 289-300.

7.　Bickley, G. *The Golden Needle: The Biography of Frederick Stewart (1836-1889)*. Hong Kong: David C. Lam Institute for East-West Studies, Hong Kong Baptist University, 1997.

8.　Bondfield, G. H. & Ball, J. D. *A History of Union Church*. Hong Kong: Union Church, 1903.

9.　Bondfield, G. H. & Ball, J. D. *A History of Union Church: The Record of Three Quarters of a Century*. Hong Kong: South China Morning Post, 1919.

10. Bowman, M. L. *James Legge and the Chinese Classics: A Brilliant Scot in the Turmoil of Colonial Hong Kong*. Victoria, B. C.: Friesen Press, 2016.

11. Bunzl, M. "Counterfactual History: A User's Guide." *The American Historical Review*, Vol. 109, No. 3 (June 2004): 845-858, retrieved from https://doi.org/10.1086/ahr/109.3.845.

12. Chalmers, J. "The History of the Hongkong District from 1870 to 1880 (Unpublished report to the London Missionary Society)." LMS Archives, South China, Reports, Box 1, School of African and Asian Studies, London: University of London, undated.

13. *Committee Minutes of the Eastern District* Book 2, 29 May 1866, London Missionary Society (LMS) Archives, School of African and Asian Studies. London: University of London, 1866.

14. Eitel, E. J. "Materials for a History of Education in Hongkong." *The China Review, or notes & queries on the Far East*, Vol. 19, No. 5 (1891): 308-324.

15. Eitel, E. J. *Europe in China: The History of Hongkong from the Beginning to the Year 1882*. London: Luzac & Co.; Hongkong: Kelly & Walsh, 1895.

16. England, V. *Kindred Spirits: A History of the Hong Kong Club*. Hong Kong: The Hong Kong Club, 2016.

17. Girardot, N. J. "Legge, James (1815-1897), Sinologist and missionary." *Oxford Dictionary of National Biography*, retrieved from http://www.oxforddnb.com/view/10.1093/ref:odnb/9780198614128.001.0001/odnb-9780198614128-e-16354 [date of access: 15 January 2018].

18. Girardot, N. J. *The Victorian Translation of China: James Legge's Oriental Pilgrimage*. Berkeley: University of California Press, 2002.

19. Harrison, B. *Waiting for China: The Anglo-Chinese College at Malacca, 1818-1843,*

and Early Nineteenth-century Missions. Hong Kong: Hong Kong University Press, 1979.

20. *Hong Kong Blue Book*, various years.

21. Lee, P. T. ed. *Colonial Hong Kong and Modern China: Interaction and Reintegration.* Hong Kong: Hong Kong University Press, 2005.

22. Legge, J. "Notes on My Life." (An unpublished manuscript in the Papers of James Legge, deposited in the Bodleian Libraries, University of Oxford), pp. 56-57.

23. Legge, J. *Inaugural Lecture, on the Constituting of a Chinese Chair in the University of Oxford; Delivered in the Sheldonian Theatre, 27 October 1876*. Oxford: Trubner and Co., 1876.

24. Lethbridge, H. J. "Hong Kong Cadets, 1862-1941." *Journal of the Hong Kong Branch of the Royal Asiatic Society*, No. 10 (1970): 36-56.

25. Leung, C. Y. "A Bilingual British 'Barbarian': A Study of John Robert Morrison (1814-1843) as the Translator and Interpreter for the British Plenipotentiaries in China between 1839 and 1843." M.Phil. Thesis, Hong Kong Baptist University, 2001.

26. Leung, K. H. "The Impact of Mission Schools in Hong Kong (1842-1905) on Traditional Chinese Education – A Comparative Study." Ph.D. Thesis, London: University of London, 1987.

27. Leung, Y. S. "Some Found It, Some Lost It – Legge and the Three Chinese Boys from Malacca." *Asian Culture* 1 (February 1983): 55-59.

28. Mak, R. K. S. & Paau, D. S. L. eds., *Sino-German Relations since 1800: Multidisciplinary Explorations*. Frankfurt am Main: P. Lang, 2000.

29. Ng Lun, N. H. "The Role of Hong Kong Educated Chinese in the Shaping of Modern China." *Modern Asian Studies*, Vol. 17, No. 1 (February 1983): 137-163.

30. Ng Lun, N. H. *Interactions of East and West: Development of Public Education in Early Hong Kong*. Hong Kong: Chinese University Press, 1984.

31. Paquette, J. "An Uncompromising Land: The London Missionary Society in China,

1807-1860." Ph.D. Dissertation, Los Angeles: University of California, 1987.

32. Pfister, L. F. *Striving for 'the Whole Duty of Man': James Legge and the Scottish Protestant Encounter with China: Assessing Confluences in Scottish Nonconformism, Chinese Missionary Scholarship, Victorian Sinology, and Chinese Protestantism* (2 vols). New York: Peter Lang Publishing, 2004.

33. Ritchie, L. A. "Ogilvie, William (1736-1819), Classical Scholar and Advocate of Common Property in Land." *Oxford Dictionary of National Biography*, retrieved from http://www.oxforddnb.com/view/10.1093/ref:odnb/9780198614128.001.0001/odnb-9780198614128-e-20589 [date of access: 12 January 2018].

34. Sinn, E. *Power and Charity: The Early History of the Tung Wah Hospital. Hong Kong*. Hong Kong: Oxford University Press, 1989.

35. Smith, C. T. *A Sense of History: Studies in the Social and Urban History of Hong Kong*. Hong Kong: Hong Kong Educational Pub., 1995.

36. Su, C. "The Printing Presses of the London Missionary Society among the Chinese." Ph.D. Dissertation, University of London, 1996.

37. 1861 年 3 月 23 日立法會會議紀錄，擷取自 https://www.legco.gov.hk/1861/h18610323.pdf。

38. 小澤三郎：《幕末明治耶穌教史研究》，東京：日本基督教團出版局，1973。

39. 王成勉編：《十字架前的思索 —— 文本解讀與經典詮釋》，台北：黎明文化，2010。

40. 王誌信編：《道濟會堂史 —— 中國第一家自立教會（1886-1926）》，香港：基督教文藝出版社，1986。

41. 李國祁主編：《郭廷以先生百歲冥誕紀念史學論文集》，台北：台灣商務印書館，2005。

42. 卓南生：《中國近代報業發展史》，台北：正中書局，1998。

43. 周佳榮：《潮流兩岸：近代香港的人和事》，香港：香港中和出版有限公司，2016。

44. 林啓彥、黃文江合編：《王韜與近代世界》，香港：香港教育圖書公司，2000。

45. 陳學霖：〈黃勝——香港華人提倡洋務事業之先驅〉，《崇基學報》，第 3 卷，第 2 期（1964 年 5 月），頁 226–231。

46. 黃文江：〈英華書院（1843–1873）與中西文化交流的歷史意義〉，《アジア史諸問題：深澤秀男教授退官紀念論文集》，盛岡：岩手大學人文社會學部アジア史研究室，2000。

47. 趙維本：《譯經溯源：現代五大中文聖經翻譯史》，香港：中國神學研究院，1993。

48. 劉紹麟：《中華基督教會合一堂史：從一八四三年建基至現代》，香港：中華基督教會合一堂，2003。

49. 劉義章、黃文江合編：《香港社會與文化史論集》，香港：香港中文大學聯合書院，2002。

50. 霍啟昌：《香港與近代中國》，香港：商務印書館，1992。

51. 蘇精：《馬禮遜與中文印刷出版》，台北：台北學生書局，2000。

52. 蘇精：《基督教與新加坡華人，1819–1846》，新竹：國立清華大學出版社，2010。

53. 蘇精：《鑄以代刻：傳教士與中文印刷變局》，台北：國立台灣大學出版中心，2014。

皇仁書院畢業生黃作梅與香港抗戰

1. "The Canton-Hongkong Guerrillas and Allied Strategy in the Pacific." *Amerasia*, Vol. 8, No. 13 (1944): 215-220.

2. *Escape Report*. 1943. London: The National Archives, CO 129/590/22.

3. *Extract from GHQ INDIA W.I.S. No. 71*. 1943. London: The National Archives, WO 208/334.

4. *Extract from Report by Lieutenant-Colonel C. R. Spear*. 1942. London: The National Archives, WO 208/254.

5. Lindsay, O. *At the Going Down of the Sun: Hong Kong and South-East Asia, 1941-1945*. London: Hamilton, 1981.

6. *L. T. Ride's Letter for Mr. Derry*. 1946. London: The National Archives, FO 371/53741.

7. *Major D. R. Holmes to Major Egerton Mott*. 1944. London: The National Archives, WO 208/451.

8. Priestwood, G. *Through Japanese Barbed Wire*. New York: Appleton-Century, 1943.

9. Ride, E. *BAAG: Hong Kong Resistance, 1942-1945*. Hong Kong: Oxford University Press, 1981.

10. Smith, C. T. "Notes on Chinese Temples in Hong Kong." *Journal of the Hong Kong Branch of the Royal Asiatic Society*, Vol. 13 (1973): 133-139.

11. 皇仁書院:《黃龍報》*The Yellow Dragon*，1934、1935。

第二篇　八面玲瓏的社會精英：跨國集團與文化商人

英商、印商抑或巴斯商人：塔塔集團在荷李活道的早期足跡

1. "Removal Notice." 9 May 1935. Company File No. (554) 2163. HKRS 111-4-191: B. D. Tata & Co., Ltd.

2. "Will in the Supreme Court of Hong Kong. Probate Jurisdiction No. 229 of 1955. In the goods of Bejan Dadabhoy Tata, Retired Merchant, deceased." HKRS 1446A-1442, p. 1.

3. Board of Directors 1895/1896. Tung Wah Group of Hospitals, retrieved from www.tungwah.org.hk.

4. Carl Smith Collection. Hong Kong Public Records Office.

5. Dobbin, C. "Bombay: The Parsi-British Affinity 1661-1940." *Asian Entrepreneurial Minorities: Conjoint Communities in the Making of the World-Economy, 1570-1940*. Richmond, Surrey: Curzon Press, 1996.

6. Harris, F. R. *Jamsetji Nusserwanji Tata: A Chronicle of His Life (Second edition)*. Bombay: Blackie & Son (India) Ltd., 1958.

7. Hong Kong Broadcasting Committee, *Hong Kong Centenary Commemorative Talks, 1841-1941*. Hong Kong: World News Service, 1941.

8. *Millard's Review of the Far East*, Shanghai, 1918.

9. Note of Mr. Brenan on "B. D. Tata and Co. Ltd." 5 June 1931. Company File No. (554) 2163. HKRS 111-4-191: B. D. Tata & Co., Ltd.

10. *South China Morning Post*, various years.

11. Thampi, M. & Saksena, S. *China and the Making of Bombay*. Mumbai: The K. R. Cama Oriental Institute, 2009.

12. *The China Press*, 1926.

13. *The Chronicle & Directory for China, Japan, & The Philippines, for the Year 1873*. Hong Kong: The Daily Press Office, 1873.

14. *The Hong Kong Government Gazette*, various years.

15. *The North-China Herald and Supreme Court & Consular Gazette*. Shanghai, various years.

16. Waley, A. *The Opium War Through Chinese Eyes*. Stanford: Stanford University Press, 1958.

17. 「塔塔集團簡介」，塔塔中國網站，擷取自 www.tatachina.com.cn（瀏覽日期：2018 年 5 月 28 日）。

18. 郭德焱：《清代廣州的巴斯商人》，北京：中華書局，2005。

19. 鄭宏泰、黃紹倫：《政商雨和：何東》，香港：三聯書店，2013。

荷李活道與文物交易

1. Rujivacharakul V. ed. *Collecting China: The World, China, and A History of Collecting*. Newark: University of Delaware Press, 2011.

2. Steuber, J. with Lai, G. L. eds. *Collectors, Collections and Collecting the Arts of China: Histories and Challenges*. Gainesville: University Press of Florida, 2014.

3. 〈77 歲玩具大王即興玩出碟〉,《星島日報》,2006 年 10 月 8 日,Z06「名人家居」。

4. 〈文化中心納賢 58 員　打造中華文化本地品牌　促進交流〉,《明報(溫哥華)》,2013 年 12 月 16 日,社區新聞。

5. 〈香港名流何鴻章向兒子追討「家傳之寶」〉,中國新聞網,2013 年 4 月 23 日,擷取自 www.chinanews.com。

6. 〈浙聯會第七屆理事就職　夏寶龍呂新華黎桂康曾德成主禮　李德麟任會長〉,《文匯報》,2011 年 7 月 2 日,A19「紫荊廣場」。

7. 〈馬榮成:當年無敵太寂寞　鐵板神算籤文　扭轉一生〉,《AM 730》,2013 年 7 月 19 日,A04 新聞。

8. 〈陳風子慈善作品展〉,《明報(溫哥華)》,2013 年 6 月 9 日,社區新聞。

9. 〈葉仲午慶 80 華誕　禮金捐滬慈善基金〉,《文匯報》,2009 年 11 月 20 日,A41「紫荊廣場」。

10. 〈跨越半個世紀　《徐志摩全集》出版傳奇〉,《報刊文摘》,2011 年 3 月 11 日,08 版。

11. 〈熱烈祝賀　香港浙江省同鄉會聯合會　慶祝香港回歸祖國 18 周年暨第九屆理事會就職禮〉,《大公報》,2015 年 6 月 21 日,A11 特刊。

12. 〈懷念香港著名工業家陸宗霖〉,《文匯報》,2003 年 8 月 29 日,A17「中小企揸 Fit 人」。

13. 「張光裕簡介」,香港恆生管理學院中文系,擷取自 http://www.hsmc.edu.hk/hk/schools-departments/school-of-humanities-and-social-science/departments/chinese/academic-staff/?staffId=177(瀏覽日期:2017 年 11 月 1 日)。

14. 上海大學古代文明研究中心、清華大學思想文化研究所編：《上博館藏戰國楚竹書研究》，上海：上海書店出版社，2002。

15. 王世濤：〈紀念隱市藏家朱昌言先生〉，《新民晚報》，2014 年 6 月 28 日，B11〈夜光杯〉「序跋精粹」。

16. 王世濤：〈紀念隱市藏家朱昌言先生〉，《澳門日報》，2014 年 4 月 21 日，C03 特刊。

17. 朱紹正：〈藝術家要有收藏家的識見眼界〉，《新快報》，2014 年 8 月 24 日，A23 收藏周刊・專欄。

18. 李一能：〈「愛心雅集」又添 300 萬元善款〉，《新民晚報》，2016 年 1 月 13 日，A28「藍天下的至愛」。

19. 李婷：〈申城緣何成為青銅收藏重鎮〉，《文匯報》，2016 年 11 月 1 日，文化版。

20. 李朝遠、周亞：〈多年發掘＋搶救回歸＋公安截獲＋友情出借：晉侯墓群出土青銅重器首次合璧上海〉，《文物天地》，第 5 期，2002 年，頁 31 — 35。

21. 馬如風：〈馬榮成 —— 成敗榮辱也風雲〉，《信報財經月刊》，2015 年 3 月 1 日，頁 136 — 139。

22. 馬承源：《馬承源文博論集》，上海：上海古籍出版社，2007。

23. 馬承源主編：《上海博物館藏戰國楚竹書（一）》，上海：上海古籍出版社，2001。

24. 馬哲非：〈馬承源與上海博物館〉，《中國博物館》，第 4 期，2004 年，頁 73 — 79。

25. 陳佩芬：〈情滿浦江 —— 馬承源與上海博物館〉，《文物世界》，第 4 期，1999 年，頁 53 — 56。

26. 陳慧瑩、文倩儀：〈何鴻章喪禮　後人同日分身家〉，《壹週刊》，2017 年 10 月 5 日，A012−015 壹號頭條。

27. 楊楠：〈吳湖帆書畫在滬亮相〉，《大公報》，2014 年 4 月 23 日，A20 文化、藝術賞析版。

28. 廖傑堯：〈名師收費高　動輒數十萬元〉，《香港經濟日報》，2009 年 9 月 19 日，A16 中國專題。

29. 鄭重：〈何東軒與吳王夫差盉〉，《中國證券報》，2006 年 8 月 5 日，A08 收藏版。

30. 錢紅莉：〈一生半累煙雲中（下）〉，《深圳晚報》，2008 年 8 月 7 日，綜合新聞。

31. 駢宇騫、段書安：《二十世紀出土簡帛綜述》，北京：文物出版社，2006。

紅塵裏的遠親近鄰：《華僑日報》與岑氏父子的一個世紀

1. Carrie, W. J. *Report on the Census of the Colony of Hong Kong Taken on the Night of March 7, 1931*. Hong Kong: Noronha and Company, 1931.

2. 〈市建局撤回中環士丹頓街 / 永利街重建項目改劃申請〉，《星島日報》，2017 年 7 月 13 日。

3. 〈全拆上環「卅間」唐樓　市建局出爾反爾時間表〉，《明報周刊》，2017 年 7 月 12 日，擷取自 https://bkb.mpweekly.com/cu0004/20170712-42547（瀏覽日期：2018 年 4 月 27 日）。

4. 〈老報人慈善家岑才生逝世　對港傳媒發展舉足輕重　推兒童助學惠無數學子〉，《文匯報》，2016 年 4 月 28 日，A07 版。

5. 〈活化街市變新聞博覽館　劏雞房展疫症史〉，《蘋果日報》，2018 年 4 月 8 日，擷取自 https://hk.news.appledaily.com/local/daily/article/20180408/20355211（瀏覽日期：2018 年 4 月 27 日）。

6. 〈街知巷聞：士丹頓街 88 號唐樓　維多利亞城肌理 「梯田」小巷被消失〉，《明報》，2017 年 5 月 21 日，擷取自 https://news.mingpao.com/pns/dailynews/web_tc/article/20170521/s00005/1495302843464（瀏覽日期：2018 年 4 月 27 日）。

7. 〈港大成立「利樹培梁蕙卿教育基金」　推動數碼媒體發展〉，香港大學網站新聞稿，2009 年 4 月 27 日，擷取自 https://www.hku.hk/press/c_news_

detail_5964.html（瀏覽日期：2018 年 3 月 8 日）。

8. 〈緬懷岑才生先生（1922–2016）〉，香港大學新聞及傳媒研究中心網站，
擷取自 http://jmsc.hku.hk/in-memory-of-mr-shum-choi-sang-chi/（瀏覽日期：
2018 年 3 月 8 日）。

9. 《岑才生服務社會六十年特刊》，香港：紫荊出版社，2013。

10. 《香港年鑑》第七回，香港：華僑日報出版社，1954。

11. 「中西區關注組」專頁新聞稿：〈「卅間」舊城區發現珍貴華僑日報唐樓　團
體促市建局保育配合地區報業歷史〉，2017 年 7 月 11 日，擷取自 https://
www.facebook.com/Central.and.Western.Concern.Group/posts/1507691255934299
（瀏覽日期：2018 年 4 月 27 日）。

12. 丁潔：《《華僑日報》與香港華人社會（1925–1995）》，香港：三聯書店，
2014。

13. 王賡武主編：《香港史新編增訂版（上冊）》，香港：三聯書店，2017。

14. 何杏楓等著：《《華僑日報》副刊研究（1925.6.5–1995.1.12）資料冊》，
香港：香港中文大學中國語言及文學系「《華僑日報》副刊研究」計劃，
2006。

15. 胡嘉豐：《我在華僑日報的日子》，香港：高霖國際出版有限公司，2013。

16. 香港報業公會：《香港報業 60 載印記：香港報業公會鑽禧紀念特刊》，香
港：香港報業公會，2014，擷取自 http://www.nshk.org.hk/ebook/cel60/index.
php#page/38（瀏覽日期：2018 年 3 月 10 日）。

17. 莊玉惜：《街邊有檔報紙檔》，香港：三聯書店，2010。

18. 陳直夫校釋：《萬震：《南州異物誌》輯稿》，香港：陳直夫教授九秩榮慶
門人祝賀委員會，1987。

19. 鄭宏泰、黃紹倫：《香港將軍 —— 何世禮》，香港：三聯書店，2008。

20. 鄭明仁：《淪陷時期香港報業與「漢奸」》，香港：練習文化實驗室，
2017。

21. 閻靖靖：〈香港《華僑日報》的南向視野 —— 淺析「東南亞」雙週刊

（1951－1986））〉，《當代評論》網絡版（馬來西亞），2017 年 12 月 29
日，擷取自 http://contemporary-review.com.my/2017/12/29/1-25/（瀏覽日期：
2018 年 3 月 5 日）。

22. 龍景昌主編：《明周城市系列：荷李活道》，香港：明報周刊，2013。

23. 濱下武志著，馬宋芝譯：《香港大視野：亞洲網絡中心》，香港：商務印
書館，1997。

第三篇　東方之珠的神秘幽微：監獄、公廁、廟宇與妓院

域多利監獄中的胡志明案：背後的較量

1. Borton, L., Trinh, N. T. & Viện bảo tàng Hồ Chí Minh [Hồ Chí Minh Museum].
    *The legal case of Nguyễn Ái Quốc (Hồ Chí Minh) in Hong Kong, 1931-1933
    (documents and photographs)*. Hà Nội: National Political Publishers, 2006.

2. Cheah, B. K. *From PKI to the Comintern, 1924-1941: The apprenticeship of the
    Malayan Communist Party*. Ithaca, N.Y.: Southeast Asia Program, Cornell University,
    1992.

3. Duncanson, D. J. "Ho-chi-Minh in Hong Kong, 1931-32." *The China Quarterly*,
    No. 57 (1974): 84-100.

4. Fu, H. L. & Cullen, R. "Political Policing in Hong Kong." *Hong Kong Law Journal*,
    Vol. 33, No. 1 (2003): 199-230.

5. Handley, K. R. & Lemercier, K. "Ho Chi Minh and the Privy Council." *Law
    Quarterly Review*, Vol. 124, Issue 2 (2008): 318-330.

6. *Item 1*. 1931. London: The National Archives, CO 129/535/3.

7. Litten, F. S. "The Noulens Affair." *The China Quarterly*, No. 138 (1994): 492-
    512.

8. Ng, M. H. K. & Wong, J. D. eds. *Civil Unrest and Governance in Hong Kong: Law and Order from Historical and Cultural Perspectives.* London: Routledge, 2017.

9. Streets-Salter, H. "The Noulens Affair in East and Southeast Asia: International Communism in the Interwar Period." *Journal of American-East Asian Relations*, Vol. 21, No. 4 (2014): 394-414.

10. Takeshi, O. "Shanghai Connection: The Construction and Collapse of the Comintern Network in East and Southeast Asia." *Southeast Asian Studies*, Vol. 5, No. 1 (2016): 122-123.

11. *The Straits Times*, various years.

12. ＜宋慶齡同志幫助胡志明同志找到黨組織＞，《人民日報》老資料網，1981 年 6 月 9 日第六版，擷取自 http://www.laoziliao.net/rmrb/1981-06-09-6#568564（瀏覽日期：2018 年 5 月 6 日）。

13. 丁新豹主編：《香港歷史散步（增訂本）》，香港：商務印書館，2009。

14. 何明新：《大館：中央警署 —— 跨世紀檔案》，香港：中華書局，2016。

15. 龍景昌主編：《明周城市系列：荷李活道》，香港：明報周刊，2013。

16. 香港歷史博物館：《百年過客 —— 早期香港的名人訪客》，香港：香港歷史博物館，2017。

17. 陳民先：《我們的胡伯伯》，河內：越南外文出版社，1972。

18. 陳碩聖：〈胡志明於域多利監獄〉，香港記憶網站，擷取自 http://www.hkmemory.hk/collections/victoria_prison/Ho_Chi_Minh_in_Victoria_Gaol/index_cht.html（瀏覽日期：2018 年 3 月 14 日）。

19. 黃錚編著：《胡志明與中國》，北京：解放軍出版社，1987。

20. 楊奎松：〈牛蘭事件及其共產國際在華秘密組織〉，愛思想網站，擷取自 http://www.aisixiang.com/data/64498.html（瀏覽日期：2018 年 3 月 30 日）。

以經濟角度管理公共衞生：造就「公廁大王」點糞成金

1. "Chan Pui." HKRS 144-3-3130, 1918.

2. "Contract for the Removal of Nightsoil from Public Privies." HKRS 149-2-534, 1869.

3. "Contract for the Removal of Nightsoil from Public Privies." HKRS 149-2-581, 1870.

4. "Contract for the Removal of Nightsoil from Public Privies." HKRS 149-2-688, 1872.

5. "General Scavenging." HKRS 149-2-1233, 1886.

6. "Hong Kong Colonial Surgeon Report." *HKSP*, 1865-1866.

7. "Ku Fai-shan." HKRS 144-4-2573, 1912.

8. "Latrine at Ship Street." HKRS 58-1-14-98, 1899.

9. "M. L. No. 140." HKRS 265-11D-2466-1, 1877.

10. "Medical and Sanitary." *HKAR*, 1910-1920.

11. "Nightsoil Revenue." *HKBB*, 1870-1920.

12. "Quok A Cheong to Tsoo Wing Yung." HKRS 205-11A-887-5, 1873.

13. "Removal of Excretal Matters." HKRS 149-2-1415, 1889.

14. "Sanitary Superintendent's Report." *HKSP*, 1890.

15. "Slaughter House Farm." HKRS 149-2-1123, 1884.

16. "Soong Hing." HKRS 144-3-180, 1867.

17. C.S.O. 1775 of 1873.

18. Chadwick, O. *Mr. Chadwick's Reports on the Sanitary Condition of Hong Kong; with appendices and plans.* UK: Great Britain, Colonial Office; London School of Hygiene and Tropical Medicine, 1882.

19. Chan, W. K. *The Making of Hong Kong Society: Three Studies of Class Formation*

in Early Hong Kong. Oxford: Clarendon Press, 1991.

20. Choa, G. H. *The Life and Times of Sir Kai Ho Kai: A Prominent Figure in Nineteenth-century Hong Kong*. Hong Kong: Chinese University Press, 1981.

21. Crown Property, 1891-1911.

22. Endacott, G. B. *A History of Hong Kong (Revised edition)*. Hong Kong: Oxford University Press, 1973.

23. Eng, R. Y. Y. *Imperialism and the Chinese Economy: The Canton and Shanghai Silk Industry, 1861-1932*. Michigan: University Microfilms International, 1986.

24. *HKRB*, HKRS 38-2, various years.

25. *Hong Kong Daily Press*, various years.

26. *Hong Kong Hansard*, various years.

27. *Hong Kong Telegraph*, various years.

28. King, F. H. *Farmers of Forty Centuries, or Permanent Agriculture in China, Korea and Japan*. Madison, Wis.: Mrs. F. H. King, 1911.

29. Lethbridge, H. J. *Hong Kong: Stability and Change. A Collection of Essay*. Hong Kong: Oxford University Press, 1978.

30. Munn, C. *Anglo-China: Chinese People and British Rule in Hong Kong, 1841-1880*. Hong Kong: Hong Kong University Press, 2011.

31. Peckham, R. & Pomfret, D. M. eds. *Imperial Contagions: Medicine, Hygiene, and Cultures of Planning in Asia*. Hong Kong: Hong Kong University Press, 2013.

32. *Report on the Urine and Urinal Accommodation of the City*, 1899.

33. So, A. Y. *The South China Silk District: Local Historical Transformation and World-System Theory*. Albany: State University of New York Press, 1986.

34. *South China Morning Post*, various years.

35. Symons, C. J. *Looking at the Stars: Memoirs of Catherine Joyce Symons*. Hong Kong: Pegasus Books, 1996.

36. *The China Mail*, 13 August 1901.

37. *The Hong Kong Government Gazette*, various years.

38. Trocki, C. A. *Singapore: Wealth, Power and the Culture of Control*. Oxon: Routledge, 2006.

39. Tsai, J. F. *Hong Kong in Chinese History: Community and Social Unrest in the British Colony, 1842-1913*. New York: Columbia University Press, 1993.

40. 《華字日報》，1905 年 5 月 29 日。

41. 中國社會科學院近代史研究所中華民國史研究室：《中國第一家銀行：中國通商銀行的初創時期，1897－1911》，北京：中國社會科學出版社，1982。

42. 余新忠：《清代江南的瘟疫與社會：一項醫療社會史的研究（修訂版）》，北京：北京師範大學出版社，2014。

43. 施其樂牧師資料集，香港政府檔案處。

44. 施振國：《上海環境衛生志》，上海：上海社會科學院出版社，1996。

暴發速亡的盧亞貴與文武廟

1. "William Caine to Colonial Office." CO 129/27/287. 25 February 1848. Hong Kong Public Records Office.

2. Bristow, M. R. *Land-use Planning in Hong Kong: History, Policies and Procedures*. Hong Kong: Oxford University Press, 1987.

3. Carroll, J. M. *Edge of Empires: Chinese Elites and British Colonials in Hong Kong*. Hong Kong: Hong Kong University Press, 2007.

4. Chan, W. K. *The Making of Hong Kong Society: Three Studies of Class Formation in Early Hong Kong*. New York: Oxford University Press, 1991.

5. Durkheim, E., trans. by Cosman, C. *The Elementary Forms of Religious Life*. Oxford: Oxford University Press, 2001.

6. Endacott, G. B. *A Biographical sketch-book of Early Hong Kong.* Hong Kong: Hong Kong University Press, 2005.

7. Holdsworth, M. & Munn, C. eds., *Dictionary of Hong Kong Biography.* Hong Kong: Hong Kong University Press, 2012.

8. Lethbridge, H. J. *Hong Kong: Stability and Change: A Collection of Essays.* Hong Kong: Oxford University Press, 1978.

9. Miners, N. J. *The Government and Politics of Hong Kong.* Hong Kong: Oxford University Press, 1975.

10. Munn, C. *Anglo-China: Chinese People and British Rule in Hong Kong, 1841-1880.* Richmond: Cruzon Press, 2001.

11. Norton-Kyshe, J. W. *The History of the Laws and Courts of Hong Kong from the Earliest Period to 1898.* Hong Kong: Vetch and Lee, 1971.

12. Smith, C. T. *A Sense of History: Studies in the Social and Urban History of Hong Kong.* Hong Kong: Hong Kong Educational Publishing Company, 1995.

13. Smith, C. T. *Chinese Christians: Elites, Middlemen, and the Church in Hong Kong.* Hong Kong: Hong Kong University Press, 2005.

14. Smith, G. *A Narrative of an Exploratory Visit to Each of the Consular Cities of China, and to the Islands of Hong Kong and Chusan, in behalf of the Church Missionary Society, in the years 1844, 1845, 1846.* London: Seeley, Burnside, 1847.

15. *South China Morning Post*, various years.

16. *The China Mail*, various years.

17. *The Friend of China*, various years.

18. *The Hong Kong Government Gazette*, various years.

19. *The Hongkong Almanack and Directory for 1846, with an appendix.* Hong Kong: The China Mail, 1846.

20. Tsang, S. *A Modern History of Hong Kong.* London: I.B. Tauris, 2007.

21. Wong, W. S. "*The Effects of Building Regulations Control on the Design of Private*

Residential Buildings." unpublished Ph.D. Dissertation, The University of Hong Kong, 2003.

22. 丁新豹、黃廼錕：《四環九約：博物館藏歷史圖片精選》（修訂再版），香港：香港歷史博物館，1999。

23. 丁新豹：〈香港早期華人社會：1841-1870〉，香港大學博士論文，1988。

24. 丁新豹：《香港歷史散步》，香港：商務印書館，2008。

25. 中國第一歷史檔案館編：《香港歷史問題檔案圖錄》，香港：三聯書店，1996。

26. 可兒弘明著，孫國群、趙宗頗譯；陳家麟、陳秋峰校：《「豬花」：被販賣海外的婦女》，鄭州：河南人民出版社，1989。

27. 余繩武、劉存寬編：《十九世紀的香港》，北京：中華書局，1994。

28. 宗力、劉群：《中國民間諸神》，石家莊：河北人民出版社，1986。

29. 林友蘭：《香港史話》，香港：芭蕉書房，1975。

30. 科大衛、陸鴻基、吳倫霓霞編：《香港碑銘彙編》，香港：香港市政局，1986。

31. 郝延平著，李榮昌、沈祖煒、杜恂誠譯：《十九世紀的中國買辦：東西間橋樑》，上海：上海社會科學院出版社，1988。

32. 高明士：《中國中古政治的探索》，台北：五南圖書出版，2006。

33. 張千帆、辛文芷、黃蒙田等編：《南星集》，香港：上海書局，1962。

34. 張連興：《香港二十八總督》，香港：三聯書店，2012。

35. 梁炳華：《香港中西區風物志》（修訂版），香港：中西區區議會，2011。

36. 陳鳴：《香港報業史稿（1841－1911）》，香港：華光報業有限公司，2005。

37. 曾銳生：《管治香港：政務官與良好管治的建立》，香港：香港大學出版社，2007。

38. 湯開建、蕭國健、陳佳榮：《香港6000年：遠古－1997》，香港：麒麟書

業 1998。

39. 廖麗暉：〈華人廟宇與殖民地的香港華人社會 —— 以上環文武廟為研究個案〉，香港大學碩士論文，2013。

40. 齊思和、林樹惠、壽紀瑜編：《鴉片戰爭》第三冊，上海：神州國光社，1954。

41. 齊思和：《籌辦夷務始末‧道光朝》，北京：中華書局，1964。

42. 劉海燕：《翰墨英風：文昌帝君與關聖帝君》，北京：宗教文化出版社，2006。

43. 劉義章、黃文江編：《香港社會與文化史論集》，香港：香港中文大學聯合書院，2002。

44. 蔡榮芳：《香港人之香港史 1841－1945》，香港：牛津大學出版社，2001。

45. 鄭宏泰、黃紹倫：《香港股史 1841－1997》，香港：三聯書店，2006。

46. 鄭宏泰、黃紹倫：《香港大老 —— 何東》，香港：三聯書店，2007。

47. 鄭宏泰、黃紹倫：《婦女遺囑藏著的秘密 —— 人生、家庭與社會》。香港：三聯書店，2010。

48. 魯金：《廟在其中》，香港：文彩坊，1988。

49. 蘇亦工：〈香港華人遺囑的發現及其特色〉，《中國社會科學》，第 4 期（2002），頁 100－113。

青樓妓院：遊走於燈紅酒綠的何姹顏

1. In the Supreme Court of Hong Kong, In Bankruptcy No. 6 of 1894, 14 September 1894. HKRS 62-2-51.

2. *Hong Kong Blue Book,* various years. Hong Kong: The Hong Kong Government Printer.

3. *Hong Kong Daily Press*, 24 July 1894.